동북아역사 자료총서 45

근세 한일관계 사료집Ⅳ

1764년 조선통신사 기록
조선인내빙기 보력(朝鮮人來聘記 寶曆)

윤유숙 편

동북아역사재단
NORTHEAST ASIAN HISTORY FOUNDATION

• 이 책은 2020년도 동북아역사재단 기획연구 수행 결과물임(NAHF-2020-기획연구-14).

서문

이 책에 수록된 사료는 1764년 조선통신사 기록 『조선인내빙기 보력(朝鮮人來聘記 寶暦)』이다. 1764년 통신사 일정 중 일부를 기록한 일본 고문서(古文書)이다. 소장처는 한국국립중앙도서관으로 원래 조선총독부 소장 고서(古書)로 분류되어 있었다. 저자와 작성된 시기는 불명확하다.

1764년 통신사는 삼사(三使)에 정사(正使) 부제학 조엄(趙曮), 부사(副使) 보덕(輔德) 이인배(李仁培), 종사관 수찬(修撰) 김상익(金相翊), 수행한 역관은 최학령(崔鶴齡), 이명윤(李命尹), 현태익(玄泰翼)으로 구성되었다. 정사 조엄의 사행록 『해사일기(海槎日記)』를 비롯하여 오대령(吳大齡)의 『계미사행일기(癸未使行日記)』, 성대중(成大中)의 『일본록사상기(日本錄槎上記)』, 김인겸(金仁謙)의 『일동장유가(日東壯遊歌)』 등 다수의 사행록이 전해진다.

이 통신사의 방일 명목은 '도쿠가와 이에하루(家治)의 쇼군 취임 축하'였다. 9대 쇼군 이에시게(家重)가 1760년 쇼군직에서 물러날 의사를 밝히고, 같은 해 9월 천황이 이에시게의 아들 이에하루를 정이대장군(征夷大將軍)에 보임하는 문서가 전달되었다. 1762년 조선과 쓰시마 사이에 통신사 파견에 대한 구체적인 논의가 진행되어, 1763년 8월 한성을 출발한 통신사 일행은 10월 부산을 출항했다. 통신사 일행은 해를 넘겨 1764년 2월 에도에 도착했고, 귀로에 올라 6월 부산에 도착, 7월에 한성으로 귀환했다.

이 사행의 경우 의례와 접대에서 이전과 달라진 부분이 있었다. 일본 측의 통신사 접대에서 술이 제외된 것인데, 이는 당시 조선에서 영조에 의해 금주령이 발포된 상태였기 때문이다. 그로 인해 2월 에도성(江戶城) 안의 오히로마(大廣間)에서 거행된 '진견(進見)의 예(禮)'에서 국서전명(國書傳命)은 조선의 요청에 의해 공배(空盃)로 행해졌다.

『조선인내빙기 보력』은 통신사가 한성을 출발하는 시점부터 시작해서 일본 각지와 막부에서 통신사 일행을 맞이한 인사들의 명단, 에도성 입성 명단, 일행이 지참한 깃발 · 무기 · 악기류 등의 그림, 쇼군과의 대면 및 국서(國書) 전달 장면, 국서 전달 시의 인원 배치도, 조선과 일본 양국 국서의 형태와 본문, 통신사 일행이 에도성에 들어갈 때의 복장과 여행 중의 복장 그림, 통신사 일행에게 제공된 향응(饗應) 요리의 목록, 마상재(馬上才) 인원과 마상재 관람 시의 배치도, 통신사 일행과 막부의 고위 관계자 사이에 오고 간 예물 목록 등을 수록하고 있다.

『국역 통신사등록(VI)』은 조선 후기 예조 전객사에서 편찬한 1764년 『통신사등록(通信使謄錄)』을 국역한 것으로, 조일(朝日) 간의 공식적인 외교관계에 대한 일차 사료로써 큰 의미를 지니지만 사행단이 일본의 혼슈(本州)에 도착해서부터 귀국길에 올라 오사카에 도착할 때까지 일어난 일에 관해서는 언급이 거의 없다.

따라서 『조선인내빙기 보력』은 조선의 문헌으로는 파악하기 어려운 일본에서의 사행 실태를 이해하는 데 필수적인 사료이다. 또한 사행단 구성원들의 전신 차림새, 의복 · 관(冠) · 모자, 지니고 있는 무기 · 악기 · 깃발 등의 그림, 이동할 때의 행렬도, 에도성 의례를 거행했을 때 양국 참석자의 배치도 등 각종 회화 자료가 풍부하게 수록된 점도 이 사료의 특징이다. 사료의 전체적인 구성이 해당 사행의 핵심적인 내용을 쉽게 파악할 수 있게 되어 있다.

재단은 지난 2015년 이래 『근세 한일관계 사료집 Ⅰ·Ⅱ·Ⅲ』 세 권의 사료집을 발간하였다. 그것에 연속해서 '조선통신사 기록'을 소재로 한 네 번째 사료집을 발간하게 된 것을 다행스럽게 여기며, 이 책이 18세기 조일관계와 조선통신사 연구의 기초자료로써 조금이나마 도움이 되기를 기대한다. 난해한 일본 고사료의 탈초와 번역 작업에 참여하여 애써주신 김선영 선생님(서울대 국사학과)께 깊은 감사의 뜻을 전한다.

2020년 11월

동북아역사재단 연구위원 윤유숙

일러두기

탈초문

1. 한자는 상용한자의 사용을 원칙으로 했으며, 이체자(異體字)도 상용한자로 바꾸었다.
   예) 国 → 國, 体 → 體, 訳 → 譯, 処 → 處
2. 원문에 나오는 〆(しめ), ゟ(より)는 그대로 표기하였고, 헨타이가나(變體假名) ニ, ハ, 江, 而, 茂, 者 외에는 히라가나로 고쳤다.
3. 헨타이가나(變體假名)는 본문보다 작은 글자로 표시하였다.
   예) 候而, 然者, 何分ニ茂
4. 결자(闕字), 개행 등은 원본의 체제를 유지했다.
5. 원문이 확실하게 잘못된 경우는 해당 글자에 덧말넣기 「ママ」로 표기하였다.
   예) 右(ママ)筆 → 원래는 佑筆
6. 원문의 손상으로 인해 판독이 안되는 곳은 「□」로 처리하였다.
7. 판독하지 못한 곳은 「■」로 처리하였다.
8. 「ホ(など)」는 「なと」로 표기하였다.
9. 탈초 원고의 본문에 구두점(,) 과 병렬점(·)을 넣었다.
10. 반복을 나타내는 부호(ヽ, ゝ, 々)도 원본을 따랐다. 가타가나는 ヽ, 히라가나는 ゝ, 한자는 々을 사용하였다.

역주문

1. 역주문의 순서는 저본의 쪽 단위로 탈초문(활자체)을 앞에 두고 이어서 번역문을 배치하였다. 마지막에 초서체 원문을 연이어 배치하였다.
2. 번역문의 문단은 기본적으로 저본에 따랐으나 문장의 가독성을 높이기 위해 전체 내용 이해에 곤란을 주지 않는 범위 내에서 임의로 나눈 부분도 있다.
3. 이 책에 수록된 사료는 에도시대에 기록된 일본의 사료이므로 인명, 지명, 관직명 등 고유명사와 연호(年號) 등은 일본발음으로 기재하되 정확한 의미 전달을 위해 한자표기를 괄호( )로 附記하였다.
4. 일본발음의 표기는 국립국어원의 외래어 표기법을 기준으로 하였다.
5. 번역은 직역을 원칙으로 하되, 문투를 어색하게 하지 않기 위해 가급적 현대적인 표현으로 바꾸었다. 번역문에서 내용의 이해와 문맥의 순조로운 연결을 위해 원문표기가 필요한 곳은 괄호( )로 부기하였다.
   대괄호[ ] 안의 문장은 원문에는 없는 표현이지만 문장의 의미를 명확하게 하기 위해 역자가 임의로 추가한 것이다.
6. 역주 작업에서 다른 문헌을 인용하거나 참고문헌이 필요한 경우 참고문헌의 약칭(略稱)을 기재하고, 각 사료의 말미에 제시한 〈참고문헌〉에서 그 문헌의 자세한 서지사항을 밝혔다.
7. 타인의 발언을 전하는 전언(傳言)이나 또는 다른 문건의 내용을 인용하는 부분은 그 전체를 쌍따옴표(“ ”)로 묶었다.

차례

서문 003

일러두기 006

1764년 조선통신사 기록

『조선인내빙기 보력(朝鮮人來聘記 寶曆)』 해제 011

『조선인내빙기 보력(朝鮮人來聘記 寶曆)』 본문 019

탈초문 · 역주문 019

사료 원문 251

참고문헌 302

참고자료 1(1763년 조선국왕국서 · 별폭) 304

참고자료 2(조선통신사 사행길) 308

찾아보기 310

1764년 조선통신사 기록

조선인내빙기 보력
(朝鮮人來聘記 寶曆)

해제

1764년 조선통신사

1764년 통신사는 삼사(三使)에 정사(正使) 부제학 조엄(趙曮), 부사(副使)는 보덕(輔德) 이인배(李仁培), 종사관은 수찬(修撰) 김상익(金相翊), 수행한 역관은 최학령(崔鶴齡), 이명윤(李命尹), 현태익(玄泰翼)으로 구성되었다. 정사 조엄의 사행록『해사일기(海槎日記)』를 비롯하여 오대령(吳大齡)의『계미사행일기(癸未使行日記)』, 성대중(成大中)의『일본록사상기(日本錄槎上記)』, 김인겸(金仁謙)의『일동장유가(日東壯遊歌)』등 다수의 사행록이 전해진다.

이 통신사의 방일 명목은 '도쿠가와 이에하루(德川家治)의 쇼군 취임 축하'였다. 9대 쇼군 이에시게(家重, 재임 1745~1760)가 1760년 5월 쇼군에서 물러날 의사를 밝히고 에도성의 니노마루(二の丸)로 거처를 옮기어 항례에 따라 '오고쇼(大御所)'라 칭하였다. 같은 해 9월 이에시게의 아들 이에하루의 쇼군 선하(宣下), 즉 천황이 이에하루를 정이대장군(征夷大將軍)에 보임하는 문서가 전달되었다.

대개 이 무렵부터 쓰시마번은 통신사 빙례 준비에 착수하여 막부에 통신사의 방일에 관해 보고하곤 하는데, 당시의 번주 소 요시아리(宗義蕃)는 수년 전부터 잦은 질환과 현기증에 시달리고 있던 터라 그해에 예정되어 있던 에도 참근(參勤)이 연기된 상태였다. 조선에 쇼군의 교체를 알리는 쓰시마의 사신(使臣) 차왜(差倭)가 파견되었다.

1761년 6월 전(前) 쇼군 이에시게가 세상을 떠나자 이듬해 1762년 정월, 조선은 전(前) 쇼군 사거(死去)에 대한 조위(弔慰)를 표하는 사절로 역관 현덕연(玄德淵), 이명화(李命和) 등으로 구성된 문위행(問慰行)을 쓰시마에 파견하였고, 조선과 쓰시마 사이에 통신사 파견에 대한 구체적인 논의가 진행되었다. 1762년 5월 쓰시마 번주 소 요시아리가 번주에서 물러나고 소 요시나가(宗義暢)가 가독(家督)을 계승하여 새로운 번주가 되었다. 그사이 막부에서도 통신사를 맞이할 체제를 갖추어 갔다.

한편 조선은 1762년, 일단 정사 서명응(徐命膺)을 비롯한 삼사(三使)를 임명했으나 인사이동으로 인해 삼사가 모두 교체되어, 1763년 7월, 조엄을 필두로 하는 삼사가 다시 임명되었다. 그해 8월 한성을 출발한 통신사 일행은 8월 부산에 도착하여 각종 준비와 해풍의 변화를 기다리면서 40일가량을 부산에서 보내다가 10월 부산을 출항했다. 통신사 일행은 해를 넘겨 1764년 2월 에도에 도착했고, 귀로에 올라 6월에 부산에 도착, 7월에 한성으로 귀환했다.

이 사행의 경우는 의례와 접대에서 이전과 달라진 부분이 있었다. 일본 측의 통신사 접대에서 술 제공이 제외되었는데, 이는 당시 조선에서 금주령이 발포된 상태였기 때문이다. 영조는 조선시대 국왕 중에서 가장 강력하게 금주령을 시행했다. 재위 52년 중 40년에 걸쳐 금주령을 내릴 정도였다. 숙종 대부터 가뭄과 홍수가 반복되자 영조는 귀한 쌀로 술을 빚어 마시는 것을 금지했다. 처음에는 온건 정책을 폈으나, 1755년 9월 8일 전교를 내려 이듬해인 1756년 정월부터 왕실에서부터 서민에 이르기까지 제사와 연례(宴禮)에는 감주(甘酒·식혜)만 쓰고 홍로(紅露)와 백로(白露), 기타 술이라 이름 붙은 것은 모두 금하고 이를 어긴 자는 중히 다스렸다. 단 군대의 회식 시 막걸리와 농민들이 먹는 보리술만은 허용했다. 이는 양반사대부를 비롯한 기득권층의 고급술 제조와 유통을 막고 흉년 시 곡식 절약뿐만 아니라 검소한 생활의 실천으로 사회 분위기를 바꿔 보려는 영조의 의도가 들어 있었다.[1]

---

1 조선시대에 금주령은 1392년 조선 개국 직후부터 빈번하게 시행되었다. 태종 때는 거의 매년 내려졌고, 성종과 연산군 때도 자주 시행되었다. 조선 후기에 전국적인 금주령은 거의 없었으나, 1758년에는 큰 흉작으로 궁중의 제사에도 술 대신 차를 쓰는

삼사 일행은 사행 중이라 해도 국금(國禁)을 범해서는 안 된다며 쓰시마에 도착하자마자 삼사연명으로 쓰시마 번주에게 술 대신에 '청차(淸茶)'로 접대해 줄 것을 요청했다. 쓰시마는 이를 막부에 보고했다.

그로 인해 2월 에도성 안의 오히로마(大廣間)에서 거행된 '進見의 禮'에서 국서전명(國書傳命)은 조선의 요청에 의해 공배(空盃)로 행해졌다. 마쓰노마(松の間)에서 내어온 국서는 상단(上段)에 놓였고, 삼사가 국서 너머로 앉아있는 쇼군에게 사배례(四拜禮)를 하고 물러나오면 막부의 접대역할이 정사(正使)에게 술을 따라주는 '사배(賜盃)의 의(儀)'가 행해졌는데 사배의 의는 공배(空盃)로 진행되었다.

1764년 통신사는 유난히 불상사가 많았던, 그야말로 연이은 사건 사고로 인해 고난으로 점철된 사행이었다. 우선 앞서 설명했듯이 일정 자체가 대폭 지체되었다. 부산에서 쓰시마로 가기 위해서는 북풍(北風)을 기다려야 하는데, 풍향이 안정되지 않아 일행은 부산에서만 40일을 소요했다. 부산에서 쓰시마의 후추(府中)까지 이동하는 과정에서도 악천후가 계속되어 통상 2~3박이면 도착하던 것이 20일이나 걸렸다. 그 후에도 악천후는 계속되었고 사건 사고가 발생하는 바람에, 모든 여정을 마치고 한성으로 귀환하기까지 무려 11개월이 소요되었다. 조선후기 12회의 통신사 중 가장 긴 여정이었다.

이렇게 악조건 속에서 장기간 이동하다 보니 사행단에는 사고와 병자가 속출했다. 정사 조엄을 비롯하여 종사관 김상익, 종사관 선장 정윤보는 질환으로 인해 일본 현지에서 계속 치료를 받았고, 역관 현태익은 심졸(心猝)이 발병하여 수행을 포기했다. 쓰시마에 도착했을 무렵 부사선(副使船)의 일부가 파손되었고, 부사선은 규슈(九州) 아이노시마(藍島)에 이르러 강풍으로

등 엄격한 금주령이 발표되었고, 영조가 홍화문(弘化門)에 나가 직접 백성들에게 금주윤음(禁酒綸音)을 발표했다. 이 법령은 주로 가뭄이 심한 봄·여름에 반포되어 추수가 끝나는 가을에 해제되는 것이 보통이었으나 때로는 10~12월에도 시행되는 경우가 있었다. 대개는 중앙정부에서 결정되어 발표되지만 경우에 따라서는 지방관찰사들의 건의로 시행되기도 했다. 금주령은 지방에서는 비교적 엄격하게 준행되었으나, 서울의 사대부·관료사회에서는 잘 지켜지지 않았고 단속도 사실상 어려웠다. 다만, 공·사의 연회가 금지되고 과도한 음주·주정 등의 행위가 제재되는 정도였다.

인해 접안하지 못하고 침몰했다. 다행히 부사는 작은 배로 갈아타는 데 성공해서 육지에 상륙할 수 있었지만, 배에 탑재되었던 물건들 특히 쇼군에게 증정하기 위해 준비한 예물의 상당 부분을 잃어버리고 말았다. 이 사실은 사료 본문의 도입 부분에도 기록되어 있다.

쓰시마 오우라(大浦)에서는 부사선의 선장이 배에서 추락, 중상을 입어 끝내 사망했고, 후추에서는 사행원 중 6명이 숙병(宿病), 창질(瘡疾)의 고통을 호소하며 조선에 돌아가기를 원하여 부산으로 환송되었다. 역관 현태익이 데리고 있던 소년 김한중(金漢重)이 발병하여 오사카 근방의 사원에서 요양하던 중 1764년 2월 숨졌고, 나주격군(羅州格軍) 이광하(李光河)라는 인물이 자결하는 일도 발생했다.

원래 통신사 일행은 오사카에서부터 오사카 잔류 그룹과 에도행 그룹으로 나누어지는데 중관(中官)과 하관(下官)의 일부가 잔류 그룹에 속했다. 상관(上官)에는 동의학(東醫學)에 정통한 의사, 통사, 글씨에 능한 사자관(寫字官), 서기(書記), 화원(畵員)이 속하며, 중관은 승마술에 능한 마상재(馬上才), 전악(典樂), 선장, 하관은 풍악수와 격군(格軍: 船夫) 등이었다. 잔류 그룹은 오사카 가와구치(川口)에 계류(繫留)된 사선(使船) 안에 체류하도록 되어 있어, 육지 상륙은 물론 일본인과의 접촉도 호위를 담당하는 쓰시마 번사(藩士)하고만 가능했다.

에도로 간 정사 일행이 다시 오사카로 돌아올 때까지 선상 생활을 오랫동안 하다 보니 선박 안의 위생 상태는 매우 나빴다고 한다. 통신사 총인원은 약 470명, 그중 오사카 잔류 인원은 100명 조금 넘는 정도였다. 정확한 원인은 알 수 없지만 격군 이광하는 정신이상 증세를 보이기 시작하여 바다에 뛰어들거나 간병인에게 상처를 입히다가 4월 배 안에서 자결했다.

심지어 귀로에서는 살인사건이 발생했다. 귀로에서 사행이 오사카에 머물고 있던 4월 밤 쓰시마의 번사이자 통사(通詞) 스즈키 덴조(鈴木伝蔵)가 도훈도(都訓導) 최천종(崔天宗)을 살해한 것이다. 포박된 후 스즈키가 제출한 구술서에 의하면 '최천종이 일본의 치욕이 되는 말싸움을 걸어왔고, 많은 사람이 지켜보는 가운데 맞았기 때문에 밤에 상대의 침실에 숨어들어 사살했다'고 했다. 한편 최천종은 습격을 받은 직후 잠시 의식도 있고 말도 할 수 있는 상태라서 '자신은 사행 중에 일본인과 다투거나 원한을 살 만한 일을 한 적이 없고, 왜인이 자신을 살해하는 것이 목적이었다'고 진술했다. 스즈키와는 정반대의 진술이었다.

붙잡힌 스즈키 덴조에게는 '자살(刺殺) · 도주라는 중죄를 저질렀으므로 사죄(死罪)'라는 판결이 내려져 통신사가 입회한 가운데 5월에 사형되었고, 스즈키의 도주를 도왔다는 이유로 관계자 20여 명이 처벌을 받았다. 쓰시마번의 가로, 고위 번사, 통사 등이 막부로부터 '근신·유폐(押込) 100일'에 처해졌다. 이처럼 막부는 조선 측의 추궁과 불신을 최대한 피하기 위해 조속하게 처벌을 진행했고, 쓰시마는 상관(上官) 이해문(李海文) 등을 먼저 귀국케 하여 통신사가 귀국하기 전에 이 사건을 조정에 보고하도록 조처했다. 여정 중에 일본에서 세상을 떠난 3명의 유해는 사선으로 조선에 송환되었다. 사행단의 귀국 후 영조는 최천종이 살해된 책임을 물어 삼사의 관직을 삭탈했다.

사료 소개

이 책에 수록된 사료는 1764년 조선통신사 기록인 『조선인내빙기 보력(朝鮮人來聘記 寶曆)』이다. 1764년 통신사 일정 중 일부를 기록한 일본의 고문서(古文書)로 제목에 보이는 '보력'은 일본의 연호 '호레키 14년(1764)'을 의미한다. 소장처는 한국국립중앙도서관이며 원래 조선총독부 소장 고서(古書)로 분류되어 있었다. 저자와 작성된 시기는 불명확하다.

조선통신사 일행의 궤적을 기록한 일본의 사료로는 에도시대 쓰시마번이 생산한 이른바 '쓰시마종가기록(對馬宗家記錄)'이 대표적이다. 통상 쓰시마는 통신사를 초빙하는 단계부터 에도성(江戶城)에서 쇼군에게 조선국왕의 국서(國書)를 전달하고 조선으로 귀국하는 순간까지를 기록했다. 이 모든 과정을 주도하며 통신사 일행을 호행(護行)하는 역할을 했던 쓰시마로서는 자연스러운 현상이었지만 수개월씩 걸리는 사행의 전 기간을 기록하다 보니 17세기 후반 이후에 작성된 쓰시마의 통신사기록은 사행 1회분만으로도 방대한 양에 이르렀다.

현재 일본 게이오(慶應)대학 도서관에 1764년의 통신사행을 기록한 쓰시마종가기록 『보력신사기록(寶曆信使記錄)』 총 130책이 소장되어 있다. 다만 이 책에 수록한 『조선인내빙기 보력』과 종가기록 『보력신사기록』과의 관련성은 불명확하다.

『조선인내빙기 보력』이 담고 있는 내용을 구체적으로 소개하면 다음과 같다. 통신사가 한성을 출발하는 시점부터 시작해서, 일본 각지와 막부에서 통신사 일행을 맞이한 인사들의 명단, 에도성 입성 명단 및 일행이 지참한 깃발·무기·악기류 등의 그림, 쇼군과의 대면, 국서(國書) 전달 장면, 국서 전달 시의 인원 배치도, 조선과 일본 양국 국서의 형태 및 본문, 통신사 일행이 에도성에 들어갈 때의 복장과 여행 중의 복장 그림, 통신사 일행에게 제공된 향응(饗應) 요리의 목록, 마상재(馬上才) 인원과 마상재 관람 시의 배치도, 통신사 일행과 막부의 고위 관계자 사이에 오고간 선물 목록 등을 수록하고 있다. 한성을 출발하는 시점부터 서술하고는 있지만 이는 지극히 일부에 지나지 않고, 일본 내에서의 이동, 에도에서의 외교의례와 향응에 서술이 집중되어 있다.

한편 1764년 통신사는 예조 전객사가 편찬한 『통신사등록(通信使謄錄)』에도 수록되어 있으며, 부산광역시사편찬위원회에서 국역작업을 진행한 결과 『국역 통신사등록(Ⅵ)』(2019. 9)으로 출간되었다. 『통신사등록』에는 통상 각각의 통신사행에 대한 준비와 파견, 귀환에 이르는 과정에서 경상감사·동래부사, 예조·비변사·승정원, 또는 통신사의 정사와 부사 등에 의해 작성된 공식 기록들이 수록되어 있다. 일본에 파견된 이후의 것으로는 수시로 보내오는 통신사의 보고, 예물 및 인원에 대한 변동 사항, 예물 및 문서(書契)의 증여 내용, 도중 기착지에서의 접촉 내용과 활동 상황, 조선으로 귀환한 후의 내용으로는 일본에서 받아온 문서 및 일본이 바친 진상품의 목록 등이 포함되어 있다.

『국역 통신사등록(Ⅵ)』은 1764년 조일(朝日) 간의 공식적인 외교관계에 대한 일차 사료로서 큰 의미를 지니지만, 사행단이 일본의 혼슈(本州)에 도착해서부터 귀국길에 올라 오사카에 도착할 때까지 일어난 일에 관해서는 거의 언급이 없다. 그에 비해 『조선인내빙기 보력』은 일본에서 에도로 이동하는 과정과 에도에서 있었던 일들을 소개하고 있어서, 조선의 문헌으로는 파악할 수 없는 일본에서의 사행 실태를 이해하는 데 필수적인 사료이다. 더구나 분량 면에서도 일반적인 '쓰시마종가기록'의 1~2책 정도로 정리되어 있어, 핵심적인 내용을 손쉽게 파악할 수 있다는 장점을 지닌다.

이 사료의 또 하나의 특징은 각종 회화 자료가 풍부하게 수록되어 있다는 점이다. 사행단의 구성원들을 지위별로 나누어, 에도성에 등성할 때의 모습과 평상시의 모습을 전신 그림으로 묘사했다. 그림에는 그들의 의복, 관(冠), 모자, 지니고 있는 무기, 악기, 깃발을 묘사하고 용도를 함께 기재했다. 그뿐만 아니라 이동할 때의 행렬도, 에도성에서 의례를 거행했을 때 양국 참석자 전원의 위치까지 상세히 기록하는 등 그림을 통한 자료 제공이 매우 충실하다. 사료의 구성이 마치 조선통신사에 관한 사전지식이 없는 독자에게 '조선인'이라는 타국인 일행의 실상과 그들을 대상으로 한 각종 행사의 내역을 알려주는 '다이제스트' 서적과 유사하다는 인상을 받는다.

사료의 가장 마지막 부분에서는 1748년 통신사와 관련된 사항이 기재되어 있다. 사행단이 머물고 있던 히가시혼간지(東本願寺) 여관에 일본인들이 방문하여, 제술관 박경행(朴敬行), 정사서기(正使書記) 이봉환(李鳳煥), 종사서기(從事書記) 이명계(李命啓)와 일본인들이 이른바 '필담창화(筆談唱和)'를 하며 남긴 글과 '한시(漢詩)'가 여러 편 수록되어 있다. 또한 1748년 통신사행 때 교환했던 양국의 국서도 수록되어 있다.

1764년 통신사는 한성과 일본의 에도를 왕복하는 형태로는 최후의 사행이 되었다. 뒤이은 1811년 통신사는 사행길이 에도가 아닌 '쓰시마까지'로 변경되었고 각종 의례도 수정되어 진행되었으며 결국 조선후기 최후의 사행이 되었다. 따라서 1764년 통신사 기록은 17·18세기 150년간 반복된 사행의 관행을 엿볼 수 있다는 점에서 유의미한 사료라 할 것이다.

탈초문·역주문

조선인내빙기 보력 전(朝鮮人來聘記 寶曆 全)

一. 將軍家治公將軍宣下相濟, 寶曆十四甲申年

朝鮮人來聘, 二月十六日江府着.

一. 寶曆十三未年八月朝鮮國發駕日數

十七日ニシテ東莱府ニ至, 三十日ニメ乗船, 日數

十日釜山海湊出帆.

釜山海より　對馬迄海上廿五里

對馬より　壹岐迄同三十里

壹岐より　平戶迄同拾三里

平戶より　筑前迄同拾里

一. 쇼군 이에하루(家治)가 쇼군 선하(宣下)[1]를 마치고[2] 호레키(寶曆) 14년(甲申)[3]에 조선인이 내빙(來聘), 2월 16일 에도(江府)에 도착하다.

一. 호레키 13년(癸未)[4] 8월 조선국에서 출발한 지 17일로 동래부(東萊府)에 이르렀고, 30일 만에 승선, 10일 만에 부산해 항구를 출범하다.[5]

부산해에서 쓰시마(對馬)까지 해상 25리

쓰시마에서 이키(壹岐)[6]까지 同 30리

이키에서 히라도(平戶)까지 同 13리

히라도에서 치쿠젠(筑前)[7]까지 同 10리

---

1 쇼군 선하(宣下) : 무가시대에 교토의 조정(朝廷)이 선지(宣旨)를 내려 정이대장군(征夷大將軍)을 보임하는 의식. 1192년 가마쿠라(鎌倉) 막부 초대 쇼군인 미나모토노 요리토모(源賴朝)를 임명한 것이 최초이다. 선지(宣旨)란 헤이안(平安) 말기 이후 천황의 명령을 전하는 공문서를 말한다. 천황이 파견한 칙사(勅使)가 선지를 쇼군에게 전달하면, 쇼군은 선지가 담긴 상자에 사금(砂金)을 넣어 돌려보내는 것이 항례였다.

2 이 통신사의 방일 명목은 '도쿠가와 이에하루의 쇼군 취임 축하'였다. 9대 쇼군 이에시게(家重)가 1760년 5월 쇼군에서 물러나고, 9월 이에하루(家治)가 천황으로부터 정이대장군(征夷大將軍)에 보임되었다. 그 후 1761년 6월 前 쇼군 이에시게의 사거(死去), 1762년 정월 조선의 문위행 파견, 1762년 5월 쓰시마의 번주 교체(소 요시아리[宗義蕃]가 물러나고 소 요시나가[宗義暢]가 가독을 계승) 등이 이어졌고, 조선에서는 1763년 7월 정사(正使) 부제학(副提學) 조엄(趙曮), 부사(副使) 보덕(輔德) 이인배(李仁培), 종사관 수찬(修撰) 김상익(金相翊)이 三使에 임명되었다. 그해 8월 한성을 출발한 통신사 일행은 8월 하순 부산에 도착하여 해풍의 변화를 기다리면서 40일가량을 부산에서 보내다가 10월 초순 부산을 출항했다. 1764년 2월 중순 에도에 도착했다. 이에하루의 쇼군 취임 후 통신사의 에도 도착이 실현되기까지 3년 반 정도의 시간이 걸린 셈이다.

3 1764년.

4 1763년.

5 본문에 '8월에 조선국을 출발하다'고 되어 있으나, 통신사 일행이 한성(漢城)을 출발한 것이 8월이다. (『朝鮮通信使と徳川幕府』, 259쪽)

6 이키노시마(壹岐島)는 규슈(九州) 북쪽의 현해탄에 있는 남북 17km·동서 14km의 섬이다. 규슈와 쓰시마의 중간에 위치한다. 중세에는 마쓰라도(松浦党)의 세력하에 있었고, 몽골과 고려 연합군에 의해 두 차례 침략을 받았다. 에도시대에는 마쓰라도의 흐름을 이은 히라도 마쓰라(松浦)씨가 다스리는 히라도번(平戶藩)의 일부였다.

7 현재 규슈 후쿠오카(福岡)현 지역을 지칭하는 옛 국명(國名).

筑前より ケンカイ迄同拾五里

ケンカイより　下關迄同拾四里

下關より 大坂迄

釜山海より大坂迄海上二百五拾三里, 朝鮮

國發駕より江戸無恙候得者, 凡日數

百七拾餘日.

但, 筑前着之節, 副使之船破船, 於筑前

修理之儀吟味有之所, 日數かゝり候ニ付,

疊之朝鮮國ニ送ル. 此時廿日餘筑前滯留

치쿠젠에서 겐카이[8]까지 同 15리

겐카이에서 시모노세키(下關)까지 同 14리

시모노세키에서 오사카(大坂)까지

부산해에서 오사카까지 해상 253리, 조선국 출발로부터 에도까지 무탈하다면 대략 소요되는 일수가 170여 일.

단, 치쿠젠에 도착할 무렵 부사(副使)가 탄 배가 파선(破船)되어[9] 치쿠젠에서 수리하려고 살펴보았으나 시일이 걸려서 그만두고 조선으로 보내다. 이때 20여 일 치쿠젠에 체류하다.

---

8 겐카이(玄海)는 후쿠오카현 북부 무나카타군(宗像郡)에 있던 옛 지명이자 사가(佐賀)현 북부 겐카이나다(현해탄, 玄界灘)에 면한 지명을 가리키는데, 통신사의 배는 히라도에서 오사카를 향해 항해하므로 방향상 후쿠오카의 지명으로 추정된다.

9 규슈 아이노시마(藍嶋)에 왔을 때 부사 이인배(李仁培)가 승선한 배가 침몰했다. 부사는 작은 배로 갈아타는 데 성공해서 육지에 상륙할 수 있었다.

海陸御馳走人組	
壹岐勝本	松浦肥前守
筑前藍嶋	松平筑前守
長門赤間關	松平大膳大夫
周防上ノ關	同人
安藝蒲刈	松平安藝守
備後鞆	中川修理大夫
御代官	揖斐十太夫
	川崎平太夫

해륙(海陸)의 접대인[10] 편성

이키 가쓰모토(勝本)[11] 마쓰라 히젠노카미(松浦肥前守)[12]

치쿠젠 아이노시마(藍嶋) 마쓰다이라 치쿠젠노카미(松平筑前守)[13]

---

10 통신사 일행의 해륙 접대(御馳走)에 관해서는 쓰시마번과 오사카마치부교(大坂町奉行)가 논의해서 대략 다음과 같은 기준을 세웠다.

① 해로(海路)는 전원에게 지급. 도중 육로는 상관(上官)까지 지급.

② 중관(中官), 하관(下官) 통사(通詞), 통사소자(通詞少者)는 에도, 교토, 오사카 도착·출발 시에 요리를 지급.

③ 에도, 오사카 체제 중에는 전원에게 지급. (『朝鮮通信使と徳川幕府』, 260쪽)

11 이키(壱岐)섬 북단에 위치하는 가스고(可須郷) 지역. 진구(神功) 황후가 신라에 출진할 때 이 땅을 '가자모토(風本)'라 이름 붙이고, 개선할 때 '가쓰모토(勝本)'로 개칭했다는 설화가 전해진다. 쓰시마는 에도시대에도 이 항구를 통상 '가자모토(風本)'라고 불렀고, 통신사 일행이 일본으로 올 때 11번, 조선으로 갈 때 8번 이곳에 입항했다고 한다. 쓰시마는 혼슈(本州)와 쓰시마를 왕복할 때의 연락기관, 혹은 휴식소로 사용하기 위해 가자모토에 저택을 세우고 상주하는 사람들도 두었다고 한다.

12 마쓰라 사네노부(松浦誠信). 히젠노쿠니(肥前國) 히라도(平戶)번 8대 번주.

13 구로다 쓰구타카(黒田継高). 치쿠젠노쿠니(筑前國) 후쿠오카(福岡)번 6대 번주.

나가토(長門) 아카마가세키(赤間關)	마쓰다이라 다이젠노다이부(松平大膳大夫)[14]
스오(周防) 가미노세키(上ノ關)	같은 사람
아키(安藝) 가마가리(蒲刈)	마쓰다이라 아키노카미(松平安藝守)[15]
빈고(備後) 도모(鞆)	나카가와 슈리노다이후(中川修理大夫)
다이칸(代官)[16]	이비 주다유(揖斐十太夫)
	가와사키 헤이다유(川崎平太夫)

拾萬石以上者, 領主下行

　兩宿之分ハ, 一宿ハ領主, 一宿ハ御代官

拾萬石以下ハ, 御代官下行

　備前牛窓 松平伊豫守

　播磨室津 酒井雅樂頭

泊

　攝州兵庫　　松平遠江守

14 모리 시게나리(毛利重就). 나가토노쿠니(長門國) 초후(長府)번 8대 번주.

15 아사노 시게아키라(浅野重晟). 히로시마(広島)번 7대 번주, 아사노 시게아키라가 번주로서 가독을 상속한 것이 1763년 2월이므로 1763년 말 통신사 접대를 담당한 번주로 추정된다.

16 ①막부의 다이칸(代官)은 군다이(郡代)와 함께 간조부교(勘定奉行)의 지배를 받으며 소록(小祿)의 하타모토(旗本)의 지행지(知行地)와 천령(天領, 막부 직할령)을 통치하는 직책이다. 제번(諸藩)에도 다이칸이 있었는데 가신들의 지행지에서 징세하거나 관리하는 역할이었다. ②정원(正員)을 대신하여 직책을 대행하는 사람.

御代官　　竹垣庄藏

風祭甚三郎

西本願寺旅館

同 大坂　　岡部内膳正

御代官　　內藤十右衛門

飯塚伊兵衛

10만 석 이상은 영주가 지급

이틀 머무는 분량은 1숙(宿)은 영주, 1숙은 다이칸(代官)

10만 석 이하는 다이칸(代官)이 지급

비젠(備前) 우시마도(牛窓)　　마쓰다이라 이요노카미(松平伊豫守)[17]

하리마(播磨) 무로쓰(室津)　　사카이 우타노카미(酒井雅樂頭)[18]

숙박

셋슈(攝州) 효고(兵庫)　　마쓰다이라 도토미노카미(松平遠江守)[19]

다이칸　　다케가키 쇼조(竹垣庄藏)

가자마쓰리 진사부로(風祭甚三郎)

니시혼간지(西本願寺)[20] 여관

---

17 이케다 무네마사(池田宗政). 비젠노쿠니(備前國) 오카야마(岡山)번 4대 번주. 오카야마번 이케다(池田)가문 宗家 6代. 무네마사는 1764년 3월에 사거했다.

18 사카이 다다즈미(酒井忠恭). 하리마(播磨) 히메지(姫路)번 초대 번주. 히메지에 전봉된 것이 1749년.

19 마쓰다이라 다다아키라(松平忠名). 셋쯔노쿠니(摂津国) 아마가사키(尼崎)번 2대 번주. 막부 명령으로 조선통신사 접대역(接待役)에 임명되었다.

20 오사카에서 통신사의 숙소는 현재 오사카시에 위치하는 혼간지(本願寺) 쓰무라베쓰인(津村別院)으로, 통칭 기타미도(北御堂)

同 오사카 오카베 나이젠노카미(岡部內膳正)[21]

다이칸 나이토 주에몬(內藤十右衛門)

이즈카 이베에(飯塚伊兵衛)

休

河內平方 松平紀伊守

御代官 平岡庄兵衛

泊

山城淀 稻葉丹後守

本願寺旅館

京 本多隱岐守

御代官 小礒數馬

角倉與市

休

江州大津 靑山下野守

御代官 石原淸左衛門

라고 불렀다.

21 오카베 나가스미(岡部長住). 기시와다(岸和田)번의 6대 번주. 기시와다번의 번청은 현재 오사카부 기시와다시. 통신사 일행이 오사카에 숙박하는 기간은 왕복로 3~10일 정도였다. 막부는 접대를 오사카마치부교(大坂町奉行)에게 지시하여 마치의 유력자, 호상(豪商) 등에게 분배하여 물력을 충당시켰다. 호상의 재력과 물자 조달력을 기대한 것이었다. 나중에 기시와다 번주가 접대를 담당하게 되었지만 통신사의 접대에 필요한 물자의 조달과 재정부담은 여전히 오사카 상인들이 담당했다. (https://tei1937.blog.fc2.com/blog-entry-686.html?sp 참조)

泊

同 守山　　石川主殿頭

御代官　　志村新左衛門

多羅尾四郎左衛門

休

同 八幡　　加藤佐渡守

御代官　　齋藤新八郎

휴식

가와치(河內) 히라카타(平方)　　마쓰다이라 기이노카미(松平紀伊守)

다이칸　　히라오카 쇼베에(平岡庄兵衛)

숙박

야마시로(山城) 요도(淀)　　이나바 단고노카미(稻葉丹後守)[22]

혼간지(本願寺) 여관

교토　　혼다 오키노카미(本多隱岐守)

다이칸　　고이소 가즈마(小礒數馬)

스미노쿠라 요이치(角倉與市)

휴식

고슈(江州)[23]　　오쓰(大津)[24]　　아오야마 시모쓰케노카미(青山下野守)

---

22 이나바 마사요시(稻葉正益). 야마시로노쿠니(山城國) 요도(淀)번의 5대 번주.

23 오미노쿠니(近江國)의 별칭.

24 오쓰(大津): 시가현(滋賀県) 서부에 위치하는 시이자 현청 소재지. 667년에 덴지(天智) 천황이 현재의 오쓰시로 천도하여 오쓰쿄(大津京)라고 한 것을 비롯해 오랜 역사를 갖는 고도(古都)이며, 신사와 절이 많다. 동쪽은 비와(琵琶) 호수에 접하고, 서쪽

다이칸　　　　　　　　　　이시하라 세이자에몬(石原清左衛門)

숙박

同 모리야마(守山)　　　　이시카와 도노모노카미(石川主殿頭)[25]

다이칸　　　　　　　　　　시무라 신자에몬(志村新左衛門)

다라오 시로자에몬(多羅尾四郎左衛門)

휴식

同 하치만(八幡)[26]　　　　가토 사도노카미(加藤佐渡守)[27]

다이칸　　　　　　　　　　사이토 신파치로(齋藤新八郎)

泊

遠州吉田　松平伊豆守

御代官　　町野惣右衛門

吉田源之丞

休

同 新井　同人

은 교토시와 경계선을 접하고 있다.

25 이시카와 후사요시(石川総慶). 야마시로(山城) 요도(淀)번의 3대 번주, 빗추(備中) 마쓰야마(松山)번주를 거쳐 이세(伊勢) 가메야마(亀山)번의 초대 번주가 되었다. 1744년, 이타쿠라 가쓰즈미(板倉勝澄)와 교대하는 형태로 이세가메야마(伊勢亀山)로 이봉되었다. 가메야마에 이봉된 후 1748년과 1764년에 모리야마(守山) 宿에서 조선통신사 향응역(饗應役)에 임명되어 다액의 지출을 했고, 前 번주 이타쿠라가 가메야마 영내에서 진 빚 4만 9천 9백 냥을 변제하지 않고 떠나는 바람에 그 변제까지 떠안아 번 재정이 매우 궁핍했다.

26 오미노쿠니(近江國), 현재 시가(滋賀)현의 하치만시.

27 가토 아키히로(加藤明熙)로 추정된다. 오미(近江) 미나구치(水口)번의 3대 번주.

同　　大野佐左衛門

新居船渡奉行　　中根大隅守

松平源八郎

泊

同 濱松　　井上河內守

御代官　　今井平三郎

萬年七郎左衛門

休

同 見附　　三浦志摩守

同　　山本平八郎

泊

同 掛川　　太田攝津守

同　　大原太郎左衛門

宮村孫左衛門

숙박

엔슈(遠州) 요시다(吉田) 마쓰다이라 이즈노카미(松平伊豆守)[28]

다이칸　　마치노 소에몬(町野惣右衛門)

요시다 겐노조(吉田源之丞)

휴식

同 아라이(新井)　　같은 사람

28 마쓰다이라 노부나오(松平信復). 도토미(遠江) 하마마쓰(浜松)번 2대 번주. 미카와(三河) 요시다(吉田)번 초대 번주. 1749년 하마마쓰에서 요시다로 전봉되어 재임기간 1752~1768년.

同 오노 사자에몬(大野佐左衛門)

아라이(新居) 후나와타시부교(船渡奉行) 나카네 오스미노카미(中根大隅守)

마쓰다이라 겐파치로(松平源八郎)

숙박

同 하마마쓰(濱松) 이노우에 가와치노카미(井上河內守)[29]

다이칸 이마이 헤이자부로(今井平三郎)

만넨 시치로자에몬(萬年七郎左衛門)

휴식

同 미쓰케(見附) 미우라 시마노카미(三浦志摩守)

다이칸 야마모토 헤이하치로(山本平八郎)

숙박

同 가케가와(掛川)[30] 오타 셋쓰노카미(太田攝津守)[31]

同 오하라 다로자에몬(大原太郎左衛門)

미야무라 마고자에몬(宮村孫左衛門)

---

29 이노우에 마사쓰네(井上正経). 1758년 교토쇼시다이(京都所司代)가 되었고, 그해 12월 도토미(遠江) 하마마쓰(浜松)에 이봉되었다. 1760년 로주에 취임하여 1763년 3월 로주 사임, 1766년 사거.

30 현재 시즈오카현(静岡県) 가케가와시(掛川市)에 위치했던 번. 예전에는 '懸川'으로 표기하기도 했다.

31 오타 스케토시(太田資俊). 1746년 다테바야시(館林)에서 가케가와(掛川)로 이봉되어, 1763년 12월 사거. 사거했을 시기에 통신사는 아직 에도를 향해 이동하고 있었으므로 접대 역할은 스케토시의 뒤를 이은 오타 스케요시(太田資愛)가 담당했을 것으로 추정된다.

泊

　同 彦根　　　井伊掃部頭

休

　同 今須　　　同人

　　御代官　　　千草清右衛門

泊

　美濃大柹　　　戶田采女正

休

　尾州起　　　尾張殿

泊

　三州岡崎　　　松平周防守

　　御代官　　　布施彌十郎

　　　　　　　淺井作左衛門

休

　同 赤坂　　　稻垣對馬守

　　御代官　　　鵜飼左十郎

泊

同 히코네(彦根)[32] 이이 가몬노카미(井伊掃部頭)[33]

---

32 사가(滋賀)현 히코네시(彦根市).

33 이이 나오히데(井伊直幸). 히코네(彦根)번 12대 번주. 번주 재임기간 1755~1789년. 에도시대 히코네 번을 다스리던 이이(井伊) 가문은 초대 번주부터 5대에 이르기까지 6번 대로직(大老職)을 배출한, 후다이 다이묘(普代大名)의 필두가문이다. 다른 유력한 후다이 다이묘들 예를 들어 홋다(堀田), 우타노카미사카이(雅楽頭酒井), 혼다(本多)씨가 전봉을 반복하는 와중에 이이

休

同 이마스(今須)[34] 같은 사람

다이칸 지구사 세에몬(千草淸右衛門)

泊

미노(美濃) 오가키(大柹)[35] 도다 우네메노카미(戸田采女正)[36]

休

비슈(尾州) 오코시(起) 오와리(尾張)님[37]

泊

산슈(三州) 오카자키(岡崎)[38] 마쓰다이라 스오노카미(松平周防守)[39]

다이칸 후세 야주로(布施彌十郎)

아사이 사쿠자에몬(淺井作左衛門)

休

가문은 한 번도 전봉된 적이 없었다.

34 세키가하라(関ヶ原)와 가시와라(柏原) 사이에 있던 추산도(中山道) 숙역(宿驛) 중의 하나. 현재의 기후(岐阜)현 후화군(不破郡) 세키가하라초(関ヶ原町) 이마스(今須).

35 미노노쿠니(美濃國) 오가키(大垣)번. 현재 기후(岐阜)현 오가키시에 위치. 에도시대 초기에는 단기간에 4개 가문의 번주가 교체되었으나 1635년 이후에는 도다(戸田) 가문이 10만 석으로 입봉하여 메이지(明治) 유신 시대까지 존속했다.

36 도다 우지히데(戸田氏英). 오가키번 6대 번주. 번주 재임기간 1735~1768년.

37 오와리(尾張)번 제9대 번주 도쿠가와 무네치카(徳川宗睦). 관위는 從二位行權大納言. 번주 재임기간 1761~1799년. 오와리번은 현재의 아이치(愛知)현 서부에 위치하면서, 오와리(尾張) 일국(一國)과 미노(美濃), 미카와(三河) 시나노(信濃)의 각 일부를 지배하던 친번(親藩)이다. 오와리도쿠가와(尾張徳川) 가문은 도쿠가와씨(徳川氏)의 지계(支系) 도쿠가와고산케(徳川御三家)의 하나로, 오와리 번주를 하던 가계(家系)이다. 오와리다이나곤케(尾張大納言家), 오와리케(尾張家), 비슈케(尾州家)로도 칭해졌다. 고산케(御三家)의 필두격(筆頭格)이고, 모든 다이묘 중에서 최고의 가격(家格)을 자랑했다.

38 오카자키(岡崎)번. 현재 아이치(愛知)현 동부에 해당하는 미카와(三河)를 영유하던 번.

39 마쓰다이라 야스요시(松平康福). 로주. 1762년 오카자키 번주에 임명되어 1769년 하마다(浜田)번으로 이봉되었다.

同 아카사카(赤坂)[40]	이나가키 쓰시마노카미(稻垣對馬守)
다이칸	우카이 사주로(鵜飼左十郎)

休

同 金谷	同人
同	岩出伊右衛門

泊

駿州藤枝	
同	藤井勘助
	稻垣藤左衛門

休

同 府中	內藤丹後守
同	會田伊右衛門

泊

同 江尻	鍋島紀伊守
同	久保平八郎
	池田喜八郎

休

同 吉原	京極佐渡守
同	小林孫四郎

40 아카사카슈쿠(赤坂宿)는 '도카이도(東海道) 53次'의 36번째 슈쿠바(宿場)이다. 현재 아이치현 토요카와(豊川)시 아카사카(赤坂) 초에 해당한다. 1682년 미카와노쿠니(三河國)의 천령(天領)을 지배하기 위해 다이칸쇼(代官所)로서 아카사카진야(赤坂陣屋)가 설치되었다.

休

同 가나야(金谷) 같은 사람

同 이와데 이에몬(岩出伊右衛門)

泊

슨슈(駿州)[41] 후지에다(藤枝)

同 후지이 간스케(藤井勘助)

이나가키 도자에몬(稻垣藤左衛門)

休

同 후추(府中)[42] 나이토 단고노카미(內藤丹後守)

同 아이다 이에몬(會田伊右衛門)

泊

同 에지리(江尻)[43] 나베지마 기이노카미(鍋島紀伊守)

同 구보 헤이하치로(久保平八郞)

이케다 기하치로(池田喜八郞)

休

---

41 스루가노쿠니(駿河國)의 별칭. 스루가노쿠니는 현재 시즈오카(静岡)현의 중앙부.

42 현재의 시즈오카(静岡)시. 에도시대에는 스루가노쿠니(駿河國)의 국부(國府)가 설치된 도시라는 의미에서 슨푸(駿府)라 불렀고, 후추(府中)라고도 불렀다. 메이지 시대가 되어 '시즈오카'로 개칭했다. 슨푸는 도쿠가와 이에야스가 쇼군직에서 물러난 후 슨푸성에서 거주한 것으로 유명한데, 이에야스가 슨푸에 군림하고 있던 시기에는 '駿府九十六箇町'라 불리는 거리가 정비되어 인구 10만 명, 12만 명에 이르렀으며, 가미카타(上方;교토·오사카), 에도(15만 명)의 뒤를 잇는 대도시였다. 이 시기 명목상의 슨푸 성주(슨푸 번주)는 이에야스의 10째 아들 요리노부(賴宣)였으나, 이에야스의 사거 3년 후 요리노부는 기이(紀伊)로 이봉되어, 2대 쇼군 히데타다의 3째 아들 다다나가(忠長, 駿河大納言)가 슨푸 성주가 되었다. 그가 개역된 후에는 다이묘를 배치하지 않고 성대(城代)를 두었다. 막부의 직할도시로 삼아 슨푸조다이(駿府城代)·슨푸마치부교(駿府町奉行)를 두었다. 도카이도(東海道)가 정비되자 슨푸조카(駿府城下)에는 에도부터 계산해서 19번째 슈쿠바(宿場), 후추슈쿠(府中宿)가 설치되었다.

43 '東海道53次'의 18번째 슈쿠바(宿場). 현재의 시즈오카시 시미즈구(清水區).

同 요시와라(吉原)[44] 교고쿠 사도노카미(京極佐渡守)

同 고바야시 마고시로(小林孫四郎)

泊

豆州三島 松平左兵衛督

御代官 遠藤兵右衛門

江川太郎左衛門

休

相州箱根 大久保大藏大輔

川田玄蕃

泊

同 小田原 同人

休

同 大磯 脇坂淡路守

御代官 渡邊半十郎

泊

同 藤澤 稻葉能登守

同 岩松直右衛門

44 현재 시즈오카(静岡)현 후지(富士)시 요시와라(吉原) 지구(地区) 주변에 해당. 에도시대에 요시와라슈쿠(吉原宿)는 과거 도카이도(東海道) 宿場의 하나.

休

武州神奈川　溝口主膳正

同　伊奈半左衛門

泊

同 品川　伊東豊後守

同　同人

泊

즈슈(豆州) 미시마(三島)[45] 마쓰다이라 사효에노카미(松平左兵衛督)

다이칸　엔도 효에몬(遠藤兵右衛門)

에가와 다로자에몬(江川太郎左衛門)

休

소슈(相州) 하코네(箱根)[46]　오쿠보 오쿠라다유(大久保大藏大輔)[47]

가와다 겐바(川田玄蕃)

泊

同 오다와라(小田原)　같은 사람

休

同 오이소(大磯)　와키자카 아와지노카미(脇坂淡路守)

---

45 '東海道53次'의 11번째 宿場. 현재의 시즈오카현 미시마시(三島市)에 위치. 에도막부의 직할령이고, 1759년까지는 이즈노쿠니(伊豆國) 통치를 위해 다이칸쇼(代官所)가 설치되었다.

46 '東海道53次'의 10번째 宿場. 현재의 가나가와(神奈川)현 하코네마치(箱根町)에 위치.

47 오쿠보 다다오키(大久保忠興). 사가미노쿠니(相模國) 오다와라(小田原)번 4대 번주. 재임기간 1732~1763년. 오쿠보 다다요시(大久保忠由)가 뒤를 이었다.

다이칸　　　　　　　와타나베 한주로(渡邊半十郎)

泊

同 후지사와(藤澤)　　　이나바 노도노카미(稻葉能登守)

同　　　　　　　　　이와마쓰 나오에몬(岩松直右衛門)

休

부슈(武州) 가나가와(神奈川)　　미조구치 슈젠노카미(溝口主膳正)

同　　　　　　　　　이나 한자에몬(伊奈半左衛門)

泊

同 시나가와(品川)　　　이토 분고노카미(伊東豊後守)

同　　　　　　　　　같은 사람

御用掛

御老中

松平右近將監

若年寄

松平攝津守

寺社奉行

松平和泉守

大目付

大井伊　守

御目付

曲淵勝次郎

太田三郎兵衛

御勘定奉行

安藤彈正少弼

막부의 접대 총괄자(御用掛)[48]

로주(老中)[49]

마쓰다이라 우콘노쇼겐(松平右近將監)[50]

와카도시요리(若年寄)[51]

마쓰다이라 셋쓰노카미(松平攝津守)[52]

지샤부교(寺社奉行)[53]

마쓰다이라 이즈미노카미(松平和泉守)[54]

오메쓰케(大目付)[55]

오이 이세노카미(大井伊勢守)[56]

---

48 고요가카리(御用掛)는 원래 궁내성(宮内省), 그 외 관청의 명을 받아 용무를 담당하는 직책 또는 그 직책에 있는 사람을 의미한다. 여기에서는 막부의 통신사 접대 총괄자.

49 로주는 도쿠가와 막부의 최고 관직. 쇼군에 직속되어 있으며, 막정(幕政)을 총괄하고 조정(朝廷)과 다이묘에 관한 일을 취급한다. 정원은 4~5명이고, 매월 당번제로 교대근무하며, 통상 3만 석 이상의 후다이 다이묘(譜代大名) 중에서 보임(補任)한다. 다이묘 신분이던 시기의 도쿠가와 가문의 도시요리(年寄)에서 유래하며, 간에이(寬永) 무렵에 로주라는 명칭이 정착했다. 로주의 최저 가록(家祿)은 2만 5,000석이며, 여기에 미치지 못하는 경우는 '로주카쿠(老中格)'라고 불렀다. 제번(諸藩)에서는 가로(家老)를 로주라고 부르는 경우도 있었다. (『官職と位階』)

50 마쓰다이라 다케치카(松平武元). 다케바야시(館林)번 번주 · 다나구라(棚倉)번 번주. 막부의 지샤부교, 로주(1746~1779년)를 역임.

51 와카도시요리는 막부에서 로주 다음가는 중직(重職)으로 쇼군에 직속하며 로주 지배 이외의 관리들 특히 하타모토(旗本), 고케닌(御家人)을 통할했다. 후다이 다이묘 중에서 소록(小祿)인 자를 보임했다. 정원은 3~5명, 월번(月番)으로 교대근무.

52 마쓰다이라 다다쓰네(松平忠恒). 재임기간 1748~1768년.

53 무가(武家)에서 종교 관계를 담당하는 직제. 막부의 경우 전국의 사찰과 신사(神社)에 딸린 토지를 관리하며, 영민(領民)을 비롯해서 승려 · 신관(神官) 등을 관할하고 소송을 수리했다.

54 마쓰다이라 노리쓰케(松平乗祐). 재임기간 1760~1764년.

55 오메쓰케(目付)란 에도막부의 제반 업무를 감독하고 다이묘들의 행동을 감찰하며 관리들의 태만을 적발하는 직책이다. (『役職讀本』, 『官職と位階』)

56 오이 미쓰히데(大井満英). 재임기간 1753~1756년. (http://kitabatake.world.coocan.jp/rekishi40.html 참조)

메쓰케(目付)[57]

마가리부치 가쓰지로(曲淵勝次郎)

오타 사부로베(太田三郎兵衛)

간조부교(勘定奉行)[58]

안도 단조쇼히쓰(安藤彈正少弼)[59]

御勘定吟味役

菰田仁右衛門

同 組頭

犬塚權之助

御勘定

鶴田左十郎

秋山三十郎

武島安左衛門

葉若彌四郎

儒家

57 에도막부의 메쓰케는 와카도시요리(若年寄)의 눈과 귀가 되어 하타모토와 고케닌을 감시하고, 제번의 경우 메쓰케는 번사(藩士, 馬廻格 이상)를 감찰하는 역직이다. (『役職読本』, 『官職と位階』)

58 에도막부의 관직명. 로주의 지배를 받으면서 막부 직할지의 다이칸(代官)·군다이(郡代)를 감독하고, 수세(収税)와 금전출납과 같은 막부의 재정, 영내(領內) 농민의 행정 소송을 관장했다. 에도막부의 간조부교는 지샤부교(寺社奉行)·마치부교(町奉行)와 함께 삼봉행의 하나였다. 효조쇼(評定所)의 구성원이기도 하며, 간조쇼(勘定所)의 장으로서 막부의 재정 전체를 총괄했다. (國史大辞典)

59 安藤惟要. 재임기간 1761~1782년.

林 大學頭

同 圖書頭

고간조긴미야쿠(御勘定吟味役)[60]

고모다 니에몬(菰田仁右衛門)

同 구미가시라(組頭)[61]

이누즈카 곤노스케(犬塚權之助)

고간조(御勘定)[62]

쓰루타 사주로(鶴田左十郎)

아키야마 산주로(秋山三十郎)

다케시마 야스자에몬(武島安左衛門)

하와카 야시로(葉若彌四郎)

유가(儒家)[63]

하야시 다이가쿠노카미(林大學頭)[64]

同 즈쇼노카미(圖書頭)

60 막부 간조쇼(勘定所)의 사무 일체를 검사하고 부교(奉行) 이하 관리들의 비위를 로주에게 보고하며, 간조쇼가 의정(議定)하는 막부 예산에도 찬부(贊否)를 상신한다. 로주의 지배를 받는다.

61 무가(武家)의 직제에서는 에도막부와 각 번의 군사조직으로서 徒組, 鉄砲組, 弓組 등 한 조의 우두머리. 한편 촌역인(村役人)의 직책 중 하나이기도 하여, 쇼야(庄屋) 또는 나누시(名主)를 보좌하여 촌(村)의 행정사무를 처리했다.

62 막부에서 회계를 담당하는 직책.

63 에도막부의 유가(儒家)로서 대대로 임명된 린케(林家)와 제2린케 두 가문 모두 하야시 라잔(林羅山)을 시조로 한다. 린케가 다이가쿠노카미(大學頭)를 칭한 것은 3대 하야시 호코(林鳳岡)부터이며, 호코까지는 승려의 모습이었다.

64 제5대 하야시 호코쿠(林鳳谷). 1747년 조선통신사 오세쯔고요(應接御用)로 일하여 종오위하(從五位下)·즈쇼노카미(圖書頭)가 되었다. 1758년 가독을 계승하여 다이가쿠노카미가 되었다. 다이가쿠노카미는 막부가 직할하는 학문소이자 주자학을 정학(正學)으로 삼았던 '쇼헤이자카가쿠몬죠(昌平坂學問所)'의 장관(長官)으로, 대대로 린케(林家)가 세습했다.

人馬割御代官

小田切新五郎

辻六郎左衛門

橫山傳右衛門

前澤藤十郎

內方鐵五郎

眞野惣十郎

御馳走人

加藤遠江守

毛利能登守

御賄御代官　辻源五郎

吉田久左衛門

■山市左衛門

인마(人馬) 배분 다이칸(代官)

오다기리 신고로(小田切新五郎)

쓰지 로쿠로자에몬(辻六郎左衛門)

요코야마 덴에몬(橫山傳右衛門)

마에자와 도주로(前澤藤十郎)

우치가타 데쓰고로(內方鐵五郎)

마노 소주로(眞野惣十郎)

접대인

가토 도오토미노카미(加藤遠江守)

모리 노토노카미(毛利能登守)

조달 다이칸(賄御代官)　　　　쓰지 겐고로(辻源五郎)

요시다 규자에몬(吉田久左衛門)

■야마 이치자에몬(■山市左衛門)[65]

御返翰持出御用掛り

表御右筆

赤坂平右衛門

同御右筆

新村登八郎

奥御右筆御返翰懸り

組頭

清須孫之丞

御右筆

上村政次郎

長坂忠七郎

답서(返翰)[66]를 가지고 가는 역할

오모테유히쓰(表右筆)[67]

아카사카 헤이에몬(赤坂平右衛門)

65 ■는 원문 훼손으로 인해 판독 불가능한 글자.

66 조선통신사가 가져온 국서에 대한 쇼군의 답서로 추정된다.

67 막부의 직명. 와카도시요리(若年寄) 휘하에서 통상적인 막부의 공문서 작성, 일기 작성 등을 담당.

同 유히쓰(右筆)[68]

니이무라 도하치로(新村登八郞)

오쿠유히쓰(奧右筆)[69] 답서 담당[70]

구미가시라(組頭)[71]

시미즈 마고노조(清須孫之丞)[72]

유히쓰(右筆)

우에무라 마사지로(上村政次郞);

나가사카 주시치로(長坂忠七郞)

一. 鞍馬鞍皆具差出候面々如左

參向之節淀ゟ新居迄

松平加賀守

松平阿波守

松平信濃守

68 귀인의 곁에서 문서 기록하는 일을 관장했던 사람.

69 막부의 기밀문서 관리나 작성을 하는 직책. 지위는 낮았지만 실제로는 막부의 수많은 직책 중에서 매우 중요한 역직(役職)으로, 오늘날의 정책비서에 가까운 존재였다. 다이묘들이 쇼군을 비롯하여 막부의 각 부서에 문서를 제출할 때에 반드시 오쿠유히쓰로부터 사전에 내용을 확인받는 것이 상례였다. 오쿠유히쓰의 의견에 따라 그 문서가 쇼군까지 도달할지 여부가 결정되었을 정도였고, 막부 내에서 쇼군에게 상신된 정책 등에 관해 쇼군의 명령을 받아 조사, 보고하는 직무도 겸하고 있었다. 그들의 보고 내용에 따라 정책이 변경되거나 특정 다이묘가 재정적, 개인적인 부담을 지는 사태도 발생할 수 있었기 때문에 다이묘들은 오쿠유히쓰의 존재를 두려워했다고 한다.

70 오쿠유히쓰가 쇼군의 답서를 청서(淸書)하거나 관리하는 역할을 맡은 것으로 추정된다.

71 오쿠유히쓰의 최고위직. 오쿠유히쓰구미가시라(奧右筆組頭).

72 사료의 뒷부분에는 '淸水孫之丞'로 기재되어 있다.

其外大名

三拾壹人

同舞坂より江戸迄

松平陸奥守

上杉大炊頭

一. 안장 얹은 말(鞍馬)와 마구(鞍皆具)를 차출한 사람들은 아래와 같다.

에도로 향할 때 요도(淀)에서 아라이(新居)[73]까지

마쓰다이라 가가노카미(松平加賀守)

마쓰다이라 아와노카미(松平阿波守)

마쓰다이라 시나노노카미(松平信濃守)

그 밖의 다이묘(大名)

31인

同 마이사카(舞坂)[74]에서 에도까지

마쓰다이라 무쓰노카미(松平陸奥守)

우에스기 오이노카미(上杉大炊頭)

佐竹次郎

松平大和守

73 아라이슈쿠(新居宿). 도카이도의 宿場. 현재의 시즈오카(静岡)현 고사이시(湖西市) 아라이마치(新居町).

74 마이사카슈쿠(舞坂宿). 도카이도의 宿場. 현재의 시즈오카(静岡)현 하마마쓰시 니시구(西区) 마이사카마치(舞阪町).

立花左近將監

榊原式部大輔

酒井東太郎

奥平大膳大夫

其外大名三拾壹人

歸國江戶ゟ舞坂迄

水戶殿

사타케 지로(佐竹次郎)

마쓰다이라 야마토노카미(松平大和守)

다치바나 사콘쇼겐(立花左近將監)

사카키바라 시키부다유(榊原式部大輔)

사카이 도타로(酒井東太郎)

오쿠다이라 다이젠노다이부(奥平大膳大夫)

그 밖의 다이묘 31인

귀국길 에도에서 마이사카(舞坂)까지

미토(水戶)님[75]

---

75 도쿠가와 무네모토(德川宗翰). 미토(水戶)번의 번주 재임기간은 1730~1766년. 미토번은 현재 이바라키(茨城)현 중부와 북부를 통치했던 번이다. 번청(藩廳)은 미토(水戶)시에 위치. 미토번은 도쿠가와 고산케(御三家)의 일원. 1603년 도쿠가와 이에야스의 10째 아들 요리노부(賴宣)가 20만 석으로 미토에 입봉했다. 1609년에 요리노부가 슨푸(駿府)번에 50만 석을 받아 전봉되고, 1619년에 다시 기이(紀伊)번 55만 석으로 전봉된 후 이에야스의 11째 아들 도쿠가와 요리후사(德川賴房)가 25만 석으로 미토에 들어왔다. 요리후사 이후의 번주 가문을 미토도쿠가와(水戶德川) 가문이라 부른다.

松平讚岐守

松平肥後守

松平下總守

松平越中守

小笠原伊豫守

松平直次郎

眞田伊豆守

其外大名四拾九人

同新井より淀迄

마쓰다이라 사누키노카미(松平讚岐守)

마쓰다이라 히고노카미(松平肥後守)

마쓰다이라 시모우사노카미(松平下總守)

마쓰다이라 엣추노카미(松平越中守)

오가사와라 이요노카미(小笠原伊豫守)

마쓰다이라 나오지로(松平直次郎)

사나다 이즈노카미(眞田伊豆守)

그 밖의 다이묘 49인

귀국길 아라이(新井)[76]에서 요도(淀)까지

76 아라이(新居).

紀伊殿

松平越前守

松平土佐守

有馬中務大輔

松平相模守

南部大膳大夫

其外大名三拾壹人

右之通出之. 各高ニ應三疋式五疋七疋出之.

기이(紀伊)님[77]

마쓰다이라 에치젠노카미(松平越前守)

마쓰다이라 도사노카미(松平土佐守)

아리마 나카쓰카사다유(有馬中務大輔)

마쓰다이라 사가미노카미(松平相模守)

난부 다이젠노다이부(南部大膳大夫)

그 밖의 다이묘 31인

위와 같이 차출한다. 각자의 석고(石高)[78]에 따라 3필, 5필, 7필을 제출한다.

---

77 도쿠가와 무네노부(德川宗將). 기이(紀伊)번 번주로 재임기간은 1757~1765년. 도쿠가와 요리노부(德川賴宣)에서 시작해서 기이번의 7대 번주에 해당한다. 기이번은 도쿠가와 고산케의 일원이며, 현재 와카야마(和歌山)현과 미에(三重)현 남부를 통치했던 번이다. 번청은 현재의 와카야마(和歌山)시에 위치.

78 고쿠다카(石高, 석고)는 토지의 농업 생산력을 쌀의 양으로 환산하여 표시하는 제도. 또는 논과 밭의 조세 부담 능력을 高로 표시하여 조세 할당의 기준이 되기도 했다. 1573~1596년 무렵 히데요시가 실시한 타이코켄치(太閤検地)에서 시작되었다. 각 촌(村)마다 촌고(村高)가 부여되고, 다이묘나 무사가 지배하는 영지도 석고로 표시되었다. 에도시대에 막부가 다이묘와 하타모토를 대상으로 군사적인 봉사를 비롯하여 각종 의무를 부과할 때에도 석고를 기준으로 했다.

馬壹疋ニ口取貳人, 足輕貳人, 長柄持壹人, 沓箱

持等添之.

一. 東本願寺旅館𠀋登城, 其外對州招請, 亦其曲馬之

節, 御三家·御老中江上々官其外役官人相廻候

節之御馳走馬者, 御老中·若年寄萬石之御側衆𠀋

高ニ應各同斷馬數人足出之

말 1필에 마부 2인, 아시가루(足輕)[79] 2인, 긴 창(長柄) 들이 1인, 신발함 들이 등이 따른다.

一. 히가시혼간지(東本願寺)[80]의 여관에서 등성(登城)한다.[81] 그 밖에 쓰시마가 초청한 곡마(曲馬)를 할 때,[82] 고산케(御三家)·로주(老中)에게 당상관[83]과 그 외 관리들이 순방할 때의 접

79 평소에는 잡역에 종사하고, 전시에는 보졸로 출전하는 자. 에도시대의 최하급 무사. 잡병(雜兵).

80 조선통신사가 에도에서 숙박하는 곳은 바쿠로초(馬喰町)의 세이간지(誓願寺)였으나 세이간지가 후카가와(深川)로 이전한 후로는 아사쿠사혼간지(浅草本願寺)에서 숙박하게 되었다. 아사쿠사혼간지에는 「鷹部屋」, 「馬部屋」 등이 설치되어 있어, 쇼군에게 헌상하는 매·말을 수용했다고 한다.

81 통신사가 에도성으로 들어가는 것을 의미한다.

82 통신사와 함께 일본에 간 마상재(馬上才)가 기예를 선보이기 위해 마장(馬場)이나 다이묘의 저택을 방문하는 것을 의미한다. 마상재란 말 위에서 재주를 부리는 기예로 조선시대 무예 24가지 기술 중의 하나이다. 처음으로 조선의 마상재가 일본을 방문한 계기는 1634년, '쇼군(이에미쓰)이 조선의 기마가 천하제일이라고 들었으나 아직 본 적이 없어 이를 아쉬워하며 초청하기를 원한다'는 쓰시마의 요청을 조선정부가 수락하면서이다.

마침 1635년, 막부에서는 야나가와 잇켄(柳川一件)과 더불어 쓰시마번의 '국서개찬'에 대한 조사가 한창 진행되고 있던 시기였기 때문에 조선도 국서개작 폭로사건의 심리과정을 직접 탐색할 필요가 있었다. 역관 홍희남의 인솔하에 1635년 에도에 도착한 마상재 일행(마상재인 2명)은 쇼군 이에미쓰를 위시하여 막부의 고관들이 지켜보는 가운데 각종 연기를 펼쳐보였고, 이에미쓰는 이들에게 은화와 옷 등을 선물로 하사했다. 마상재가 에도에 도착했을 때 소씨와 야나가와씨의 분쟁은 소씨의 승리로 이미 결론이 난 상태였지만, 마상재 일행이 귀국한 후 동행한 역관들에 의해 막부의 결정사항이 조정에 보고되었다. (「조선후기 문위행(問慰行)에 관한 재고(再考)」 9~13쪽)

83 통신사를 수행한 조선의 역관 중 최고위 당상관(堂上官)을 상상관(上々官)이라 부름.

대 마필은 로주·와카도시요리(若年寄) 석고 만 석의 근신들로부터 고하(高下)에 따라 각자 말과 인부를 차출한다.

一. 未十一月十三日御書付, 松平右近將監殿被相傳之.

朝鮮國近年飮酒禁制ニ付, 今度來聘之

信使御饗應幷音物之酒及斷候ニ付, 御饗應

之節酒計不差出, 奈良産嶋臺·銚子·加エ

吸物·取肴等, 都而御酒ニ付候品者, 其儘差

出可申候.

一. 中官以下平日御料理, 其外下行物茂酒ハ

一向相止可申候.

一. 船中江被下物之內, 御樽之儀者相止, 代り

一. 미년(未年, 1763) 11월 13일 문서를 마쓰다이라 우콘노쇼겐님(로주)이 전하셨다.

조선국이 근년에 음주(飮酒)를 금지하여[84] 이번에 내빙하는 통신사가 향응과 예물용 술을 거절했으므로, 향응할 때 술은 내지 않고 나라산 시마다이(島臺)[85]·술병(銚子)·구와에

84 국왕 영조가 내린 금주령을 의미한다.

85 시마다이(島臺)는 결혼, 단체 향응 때 사용하는 장식물. 들쭉날쭉한 모래톱 모양의 대(臺) 위에 송, 죽, 매, 학, 거북이 등을 배치하며 노인과 노파의 모형을 세우기도 한다. 봉래산(蓬莱山)을 모방한 것이라고 한다.

(加)[86]·장국·안주(取肴)[87] 등 술과 함께 내는 요리는 그대로 제공한다.

一. 중관(中官) 이하의 평일 요리, 기타 지급하는 물목에서 술은 일체 금한다.

一. 선중(船中)에 지급하는 물목 중 술통은 지급하지 않고, 대체품도

品被下不及候.

一. 兩長老通詞前々御酒被下來候分者, 先格之
通可被下候. 幷朝鮮人同道ニ而一統酒不
出方ニ可有之哉, 此段宗對馬守方江承合
取計可被致候.

右之趣被得其意, 御馳走人御賄御代官江
可相達候.

一. 甲正月十九日御書付
朝鮮人与詩作贈答幷筆談等ニ罷出ル

지급하지 않는다.

一. 두 장로(長老)[88]가 통사(通詞)에게 미리 준 술은 선례에 따라 준 것이다. 그러나 조선인과 동행하면서 일관되게 술을 내지 않도록 할 것인지, 이것은 쓰시마 번주 소씨에게 문의하여 처리한다.

위의 내용을 접대하는 자와 접대물 조달 담당자에게 전달하라.

---

86 술을 잔이나 술병에 더하는 것. 또는 그러기 위해 사용하는 주기(酒器).

87 ①한 그릇에 담아놓고 각자가 덜어먹는 요리[술안주] ②정식 일본요리(本膳料理)에서 식사를 마치고 술과 함께 나오는 마지막 요리. 다음에 다과가 나온다.

88 주지승. 쓰시마 이테이안의 주지승으로 추정된다.

一. 갑년(甲年, 1764) 정월 19일 문서

조선인과 시 짓기(詩作), 증답(贈答), 필담(筆談) 등을 하러 나오는

者, 一通り之對話之趣相認候義, 且古來ゟ二儀
兩說之疑敷所等を詰, 或者風雅を以贈答
仕候樣成事者, 不苦候得共, 一分之學力を
自肩のため異國をなしり, 彼國の事を
尊ミ, 我國をあさけり候樣成事筆談等,
第一國體を不辨筋違候樣ニ相見候. 林大學頭
方ニ而天和以來弟子共差出候節, 詩作
贈答計ニ而, 筆談等者決而仕間鋪与申付
來候. 此度出席之者とも, 各ニ准詩作与唱

자는 대화의 내용을 대략 기록하거나 옛날부터 있어 온 이의양설(二儀兩說)의 의심스러운 부분을 파고든다거나 혹은 풍류와 기품을 가지고 증답하는 것은 문제가 없다. 그러나 짧은 학식을 자랑하기 위해 다른 나라의 일을 캐묻거나 그 나라를 존숭하고 아국을 조롱하는 필담은 무엇보다도 국체(國體)를 분별하지 못한, 사리에 어긋난 행위라 생각된다. 하야시 다이가쿠노카미(林大學頭)가 덴나(天和)[89] 이래로 제자들을 보낼 때 시 짓기와 증답만 하고 필담은 결코 하지 말라고 일러 왔다. 이번에 출석한 자들도 각자 시 짓기와

89 일본의 연호. 1681~83년. 1682년 조선통신사.

和之格別國體を心得違候樣成, 無用之雜事
筆談不仕候樣相心得, 尤右筆談并詩作唱和
之度ニ, 役人其席江立合不洩樣取集, 林
大學頭江不殘差出候筈ニ候. 且亦筆談之儀
相願候者之外, 給仕等ニ罷出, 又ハ相願難罷出
もの共茂, 有之樣相聞へ候. 此度者猶亦如何ニ候.
被相願候人數之外者, 詩作贈答堅仕間
敷事候.
右之趣, 松平右近將監殿被仰渡候.

창화(唱和)를 할 때는 각별히 국체를 오해할 수 있는 쓸데없는 잡사(雜事)를 필담하지 않도록 명심하고, 무엇보다 필담, 시짓기, 창화 때마다 역인(役人)은 그 자리에 입회하여 빠지는 것이 없도록 모아서 하야시 다이가쿠노카미에게 남김없이 제출할 것이다. 또한 필담을 원하는 자 이외에 급사(給仕)로 나가거나 또는 원하지만 나가기 어려운 자들도 있다고 들었다. 이번에는 또한 어떻겠는가. 원하는 사람들 인원수 외의 사람이 시 짓기와 증답하는 것을 엄하게 금지한다.

위와 같이 마쓰다이라 우콘노쇼겐님이 명하셨다.

一. 二月八日御書付
今度朝鮮人御禮之節, 萬石以上其外
諸大夫之面々衣冠重を着, 太刀帶候筈ニ候
事.

朝鮮人登城之節, 冠之細紙捻相用候

事.

一. 朝鮮人登城之節, 布衣以下之面々

殿中衣服之儀, 年始元日之通同御裝束

下足袋用申間鋪候事.

一. 2월 8일 문서

이번에 조선인이 의례를 행할 때 만 석 이상 그 밖의 여러 다이후(大夫)들은 의관을 차려입고 다치(太刀)[90]를 [허리에] 찰 것.

조선인이 [에도성에] 등성(登城)할 때 관모는 가느다란 종이끈(紙捻)을 사용할 것.

一. 조선인이 등성할 때 호이(布衣)[91] 이하 사람들[92]이 에도 성내에서 착용하는 의복은 정초 설날과 같은 예복(裝束)이며, 버선은 착용하지 말 것.

90 다치(太刀)는 한쪽 날(片刃)의 긴 칼. 날을 아래로 향하게 하여 허리에 차서 늘어뜨린 도검이다. 칼날을 위로 향하게 해서 허리에 차는 것이 '가타나(刀)', 헤이안(平安) 중기 무렵까지의 직도(直刀)는 '大刀', 그 이후 곡선 형태의 칼은 '太刀'라 써서 구별한다. (https://japanknowledge.com/lib/display/?lid=1001081306024004329 참조)

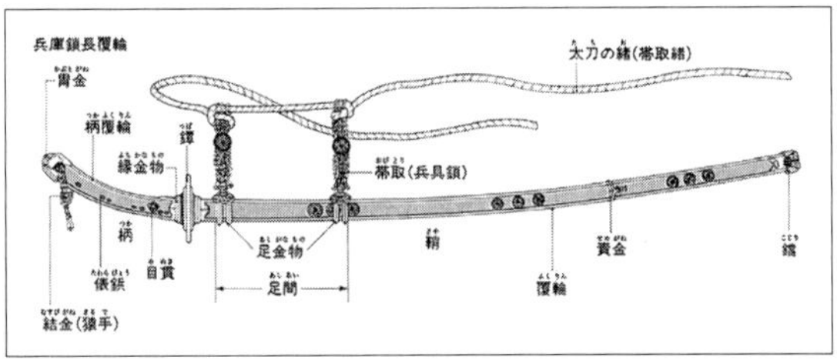

91 호이(布衣)는 에도시대 무위무관의 막부 소속 신하나 다이묘의 부하가 착용한 복장으로, 집안 문양이 들어있지 않은 궁정 귀족·무사의 상용 약식 복장.

92 막부의 관리를 신분으로 구분하면 '호이(布衣) 이상', '오메미에(御目見) 이상', '오메미에(御目見) 이하'의 셋으로 나눌 수 있다. 호이는 본래 문양이 없는 가리기누(狩衣)를 말하는데, 6위(位) 상당 신분의 대명사이다. 6위가 아니라 6위 상당인 것은 막부의 서임에는 5위보다 아래가 없기 때문이다. '오메미에(御目見) 이상'은 쇼군 배알이 가능한 것을 의미한다.

但痛所有之爲, 願足袋用候義者勝手

次第たるへき事.

右之通右近將監殿被仰渡候.

一. 二月十六日江戶着

當日爲迎品川迄罷出　町奉行 土屋越前守

於本願寺旅館御饗應

三使江　　七五三膳部

上々官

단 아픈 곳이 있어서 버선 착용을 원하는 경우는 마음대로 할 것.

위와 같이 우콘노쇼겐님이 명하셨다.

一. 2월 16일 [통신사] 에도 도착

당일 [통신사 일행을] 맞이하기 위해 시나가와(品川)까지 나가다. 마치부교(町奉行) 쓰치야 에치젠노카미(土屋越前守)[93]

혼간지 여관에서 향응

삼사 · 상상관(당상관)에게 7 · 5 · 3의 요리[를 대접하다][94]

---

93 쓰치야 마사카타(土屋正方). 당시의 에도마치부교. 하타모토. 1752년 교토마치부교(京都町奉行), 1754년에 에도마치부교에 임명되었다.

94 젠(膳)이란 접대를 위해 요리를 갖추어서 제공하는 상을 총칭한다. 일본 요리의 정식 상차림으로, 으뜸 상에 7찬(饌), 둘째 상에 5찬, 셋째 상에 3찬을 내는 성대한 요리이다.

冠官
次官　五々三膳部
小童
中官
日割
二月十六日　江戶着
十七口　國忌. 十八日上使
十九日　曲馬下見. 於對馬守宅
廿日　御精進日. 且, 廿一日ゟ廿六日迄御法事

관관(冠官) · 차관[95] · 소동[96] · 중관에게 5 · 5 · 3의 요리[97]

일정

2월 16일　에도 도착

95 차관(次官)은 통신사에 대한 일본 측의 분류 등급 중의 하나. 일본 측은 통신사의 등급을 삼사(三使) · 상상관(上上官) · 상관(上官) · 차관(次官) · 중관(中官) · 하관(下官) 등으로 구분했다. 차관에는 마상재(馬上才), 전악(典樂), 이마(理馬), 반당(伴倘), 선장(船將)이 해당된다. 마상재, 전악은 각 2명, 이마는 1명, 반당과 선장은 각 3명으로 삼사가 각 1명씩을 거느렸다. (조선시대 대일외교 용어사전, 이하 '대일외교 용어사전'으로 표기)

96 나이가 어린 10대 아동. 배소동(陪小童) · 소동자(小童子)라고도 한다. 소동은 직무나 소속에 따라 통인소동(通引小童), 소동통사(小童通事), 수역소동(首譯小童) 등으로 구분되며, 소동 중에는 간혹 갓을 쓸 정도의 나이인 성인도 있다. 통신사행 때 대체로 삼사(三使)가 각각 4명씩 거느렸고, 당상관이 각각 2명씩 거느렸으며, 제술관이 1명을 거느렸다. 사행 중 정사, 부사, 종사관, 제술관, 역관의 시중을 들며, 때로는 춤을 추거나 노래를 불러 사신 일행의 무료함을 달래주는 역할을 맡기도 했다. 일본 우시마도(牛窓)에는 사행 당시 소동들이 추었다고 하는 가라코 춤이 지금까지도 전해지고 있다. 통신사행 때 육로에서 소동은 상관(上官)과 마찬가지로 상마(上馬)를 타며 수종(隨從)하는 왜인들이 10명도 넘었다. (대일관계 용어사전)

97 7 · 5 · 3요리에서 7찬 요리를 5찬 요리로 대신한 것. 본선(本膳)에 밥을 넣어서 5종, 니노젠(二の膳)에 5종, 산노젠(三の膳)에 3종의 요리를 내는 것이다.

17일	국기(國忌). 18일 상사(上使)[98]
19일	곡마(마상재) 사전 확인. 쓰시마 번주 소씨 저택에서
20일	정진일(精進日).[99] 또한 21일부터 26일까지 법회[100]

廿七日	登城
廿八日	上々官
廿九日	
三月朔日	曲馬上覧
二日	國忌
三日 四日	御三家江上々官相廻ル. 別幅音物配之.
五日	三使對馬守宅江招請
六日	射藝. 於東叡山下寺相勤

但, 六日七日諸向ゟ贈物差出.

27일	[에도성] 등성
28일	당상관
29일	
3월 1일	마상재 관람(上覽)[101]

98 상사(上使)는 막부, 조정(朝廷), 주가(主家) 등 상부 권력자로부터 공명(公命)을 띠고 파견되는 사자.

99 정진(精進)을 행하는 특정일. 근친(近親)의 기일 등 육식을 삼가하고 불도(佛道)에 힘쓰는 날.

100 불교 식의 재를 거행.

101 쇼군이 조선의 마상재를 관람하다.

2일　　　국기(國忌)

3일 · 4일　　　고산케(御三家)를 당상관이 순방함. 별폭(別幅) 예물을 지급.

5일　　　삼사(三使)를 쓰시마노카미 저택으로 초청

6일　　　활쏘기. 도에이잔(東叡山)[102] 말사(末寺)[103]에서 개최

단, 6일 · 7일에 여러 분들이 선물을 보내다.

七日　　　御暇

九日　　　對馬守御暇

十一日　　　發足

二月十八日 上使　　　松平右近將監

松平右京大夫

於本願寺饗應有之.

一. 進上御馬二月　日先達而江戶着至本願寺.

鹿毛　　一匹

靑毛　　一匹

7일　　　용무 없음

9일　　　쓰시마노카미 용무 없음

---

102 도쿄 우에노(上野)에 소재하는 간에이지(寬永寺)의 산호(山號)가 도에이잔(東叡山)이다. 간에이지는 천태종 관동(關東) 총본산. 도쿠가와 쇼군 가문의 기도소(祈禱所)이자 보다이지(菩提寺)로, 도쿠가와 역대 쇼군 15명 중 6명이 간에이지에 잠들어 있다.

103 원문은 하사(下寺). 게지는 본사(本寺)에 소속하는 사원, 말사(末寺)의 의미.

11일 출발

2월 18일 상사(上使) 마쓰다이라 우콘노쇼겐(松平右近將監)

마쓰다이라 우쿄노다이후(松平右京大夫)

혼간지에서 향응이 있었다.

一. 진상용 말[104]은 2월 일 [통신사보다] 앞서 에도에 도착하여 혼간지에 이르렀음.

녹모(鹿毛)[105] 1필

청모(靑毛)[106] 1필

曲馬 疋

鹿毛

月毛

御馬附

次官 一人

中官 小通詞 壹人

中官 三人

宗對馬守家來 二人

104 통신사가 쇼군에게 진상하는 말.

105 털빛이 노루와 같은 갈색의 말. 갈기, 꼬리, 발 아래쪽은 검은색.

106 털빛이 온통 검은 말. 흑색마는 청모(靑毛), 가라마(加羅馬)라고도 한다. 예로부터 조랑말의 털 색깔에 따라 말의 우수성을 구분하여 명칭도 다양했다. 제일 우수한 말은 검은색인 청가라(靑加羅)이고, 갈기와 꼬리가 파르스름한 청총말, 얼룩무늬가 있는 워라말(月羅馬), 붉은 빛깔의 적다마(赤多馬), 그리고 백마(白馬)의 순서대로 우수하다고 여겼다. (대일관계 용어사전)

곡마(曲馬) 필

녹모(鹿毛)

월모(月毛)[107]

말에 붙는 인원

차관 1인

중관 소통사(小通詞) 1인

중관 3인

소(宗) 쓰시마노카미(對馬守)의 가신 2인

登城道筋

一. 本願寺より東仲町, 雷神門前, 駒形町, 淺草御門, 横山町, 本町通, 常盤橋御門, 夫ゟ大手

御三家方江上々官相廻道筋

本願寺より上野黑門前, 夫より下谷廣小路石川主殿頭屋敷前, 昌平橋外聖堂前, 水道橋外水戸殿江參り, 御堀端通り市谷八幡前尾張殿江參, 夫より又八幡前へ歸り, 御堀端四谷御門麹町五町目紀州殿江參り, 夫より衆前之道筋

등성(登城) 행로

一. 혼간지(本願寺)에서 히가시나카초(東仲町), 라이진몬(雷神門) 앞, 고마가타마치(駒形町), 아

107 털빛이 밤색이면서 약간 붉은색을 띠는 말.

사쿠사고몬(淺草御門), 요코야마초(橫山町), 혼마치(本町)거리, 도키와바시고몬(常盤橋御門), 거기에서 오테몬(大手門)[108]으로.

고산케(御三家)를 상상관이 순방한 행로

혼간지로부터 우에노(上野) 구로몬(黑門) 앞 그리고 시타야(下谷) 히로코지(廣小路) 이시카와 도노모노카미(石川主殿頭) 저택 앞, 쇼헤이바시(昌平橋) 세이도(聖堂)[109] 앞, 스이도바시(水道橋) 미토님에게 가고, 오호리바타(御堀端) 거리 이치가야(市谷) 하치만(八幡) 앞 오와리님에게 가며, 거기에서 다시 하치만 앞으로 돌아와 오호리바타 요쓰야고몬(四谷御門) 고지마치(麹町) 고초메(五町目) 기슈님에게 가서 그로부터 모두가 있는 곳으로 오는 행로.

老中·若年寄江上々官相廻
先達而登城　　宗 對馬守
相國寺 膽長老
東福寺 芳長老

로주(老中)·와카도시요리(若年寄)를 상상관이 순방함
먼저 등성　　소 쓰시마노카미

108 에도성의 정문.

109 유시마세이도(湯島聖堂). 도쿄도 분쿄구(文京區)에 위치했던 사적. 1690년 5대 쇼군 도쿠가와 쓰나요시(德川綱吉)에 의해 건설된 공자묘(孔子廟)로, 후에 막부가 직할하는 학문소(學文所)가 되었다. 오른쪽 그림은 유시마세이도의 전경을 그린 그림.

『江戶名所繪圖』

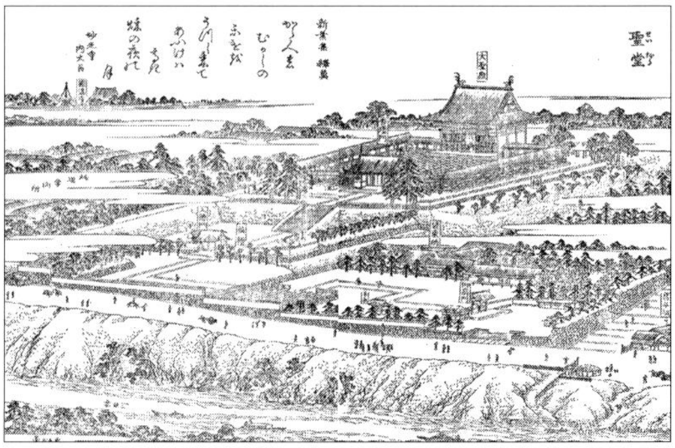

쇼코쿠지(相國寺)[110] 담(膽) 장로(長老)

도후쿠지(東福寺) 방(芳) 장로

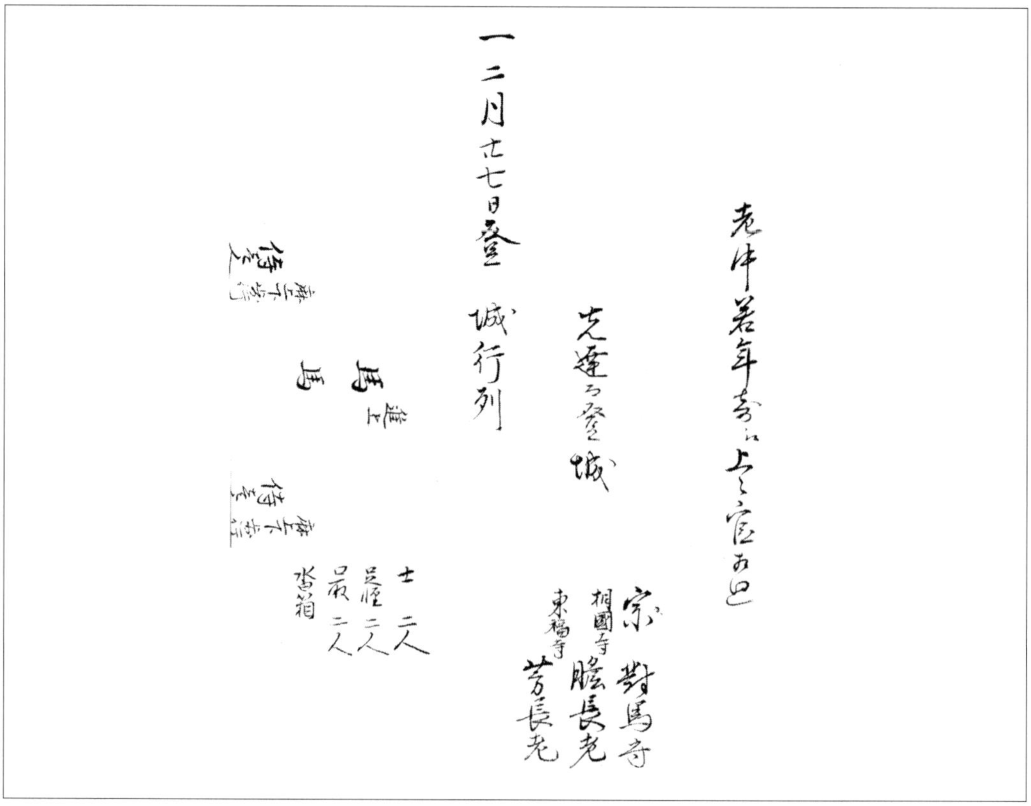

十二月廿七日登城行列

老中若年寄以上之官名也

宗對馬守

相國寺 膽長老

東福寺 芳長老

---

110 현재의 교토시(京都市) 가미교구(上京區)에 위치한 임제종(臨濟宗) 사원. 정식 명칭은 만넨잔쇼코쿠조텐젠지(萬年山相國承天禪寺)이다. 선종(禪宗) 사원에서 가장 높은 사격(寺格)을 나타내는 5개의 관사(官寺: 정부가 주지를 임명하는 사원)를 고잔(五山)이라 하며, 십찰(十刹)보다 우위에 위치한다. 쇼코쿠지는 교토오산(京都五山) 제2위의 명찰(名刹)로 조일 교린(交隣)의 고문 역할을 담당했다. 야나가와잇켄(柳川一件)을 계기로 쓰시마가 조일 양국의 국서(國書)를 고쳐 쓴 전력이 드러나자 막부는 교토의 학식 있는 승려를 쓰시마 이테이안(以酊菴)에 주재시켜 외교 사무를 맡아 보게 했는데, 쇼코쿠지 승려도 덴류지(天龍寺)·겐닌지(建仁寺)·도후쿠지(東福寺)·만주지(萬壽寺) 등의 승려와 번갈아가며 이테이안에 파견되어 대조선 외교업무를 담당했다. (대일외교 용어사전)

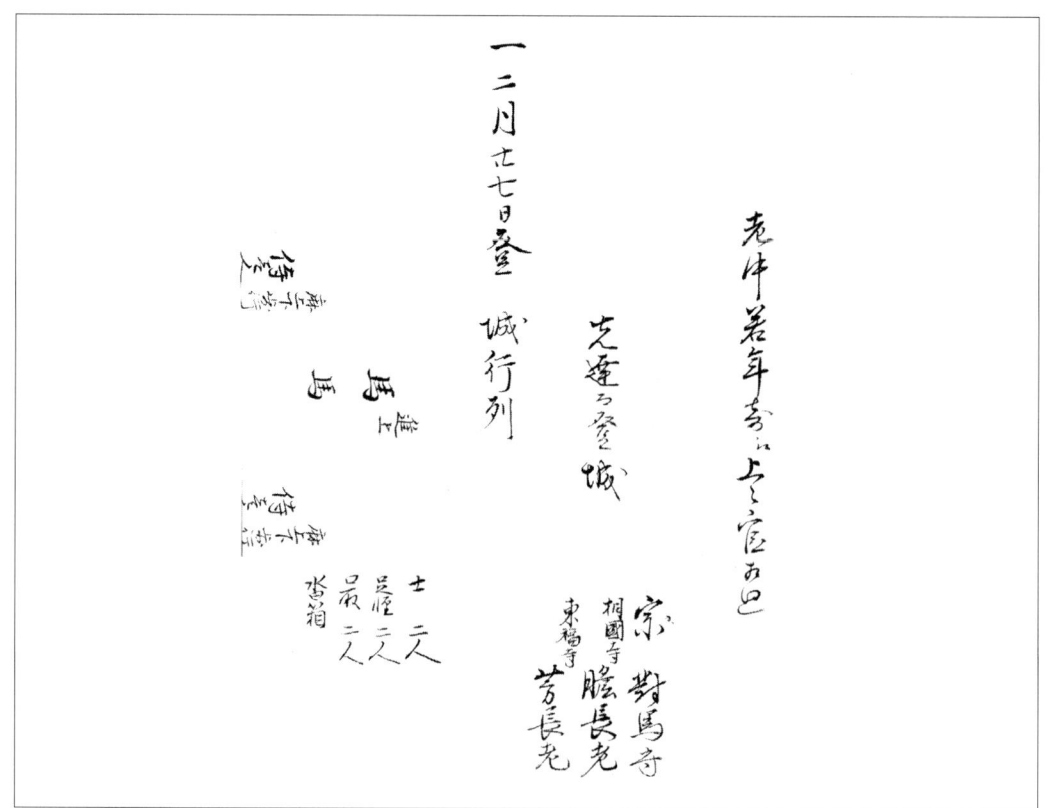

一. 二月卄七日登城行列

麻上下步行	馬 進上	麻上下步行	士 二人
侍壹人	馬	侍壹人	足輕 二人
			口取 二人
			沓箱

一. 2월 27일 [통신사] 등성 행렬[111]

마(麻) 상하의, 보행(步行)	말 진상	마 상하의, 보행	사(士) 2인
사무라이(侍) 1인	말	사무라이 1인	아시가루(足輕) 2인
			마부 2인
			신발함

111 위 그림은 사료에 기록된 그대로의 통신사 행렬이다. 가장 선두에 쇼군에게 진상하는 말 두 마리가 서고 말의 좌우로 수행하는 사람들의 직책, 인원수, 복장 등이 글자의 크기를 달리하여 상세하게 적혀 있다. 행렬을 구경하는 입장에서 사행단이 횡으로 이동하는 느낌을 살리려 했는지 글자를 옆으로 뉘어서 기록했고, 사료 자체를 옆으로 돌리면 마치 공중에서 부감으로 행렬을 내려다보는 효과를 느낄 수 있다.

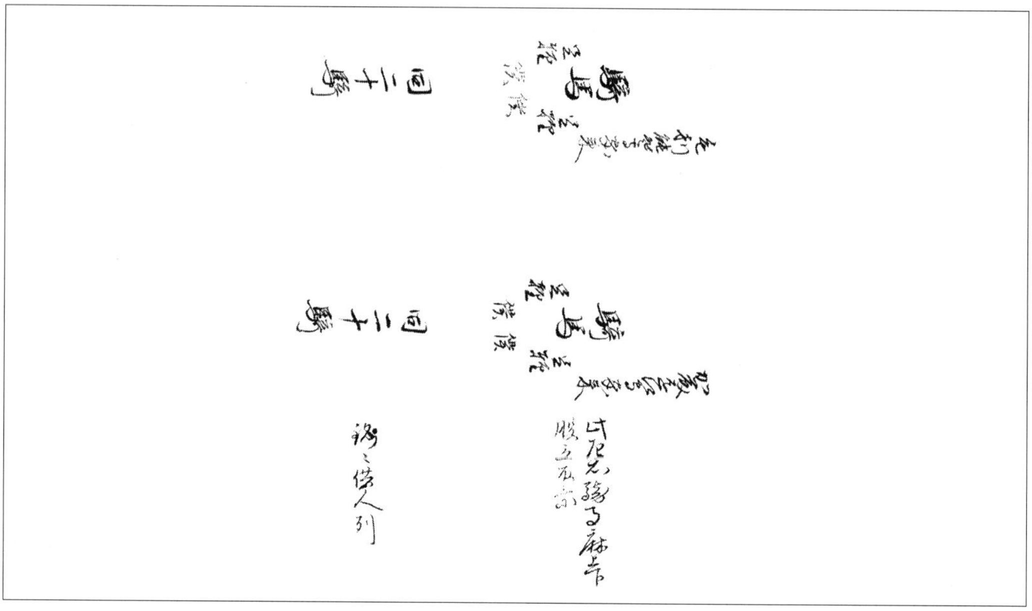

騎馬 毛利能登守家來	**騎馬** 加藤遠江守家來	此左右騎馬麻上下
足輕　足輕	足輕　足輕	股立取乘
僕 僕	僕 僕	
同二十騎	同二十騎	路二供人列

모리 노토노카미(毛利能登守) 가신　　가토 도토미노카미(加藤遠江守) 가신

기마(騎馬)　　기마　　좌우 기마는 마(麻) 상하의에

아시가루(足輕)　아시가루　아시가루　아시가루　　모모다치(股立)[112]를 허리춤에

112 하카마(袴, 하의) 좌우의 열려 있는 부분을 꿰매 붙인 곳.

하인 하인 하인 하인 끼고 승마

同 20기(騎) 同 20기 길에 종자[供人]들 늘어섬

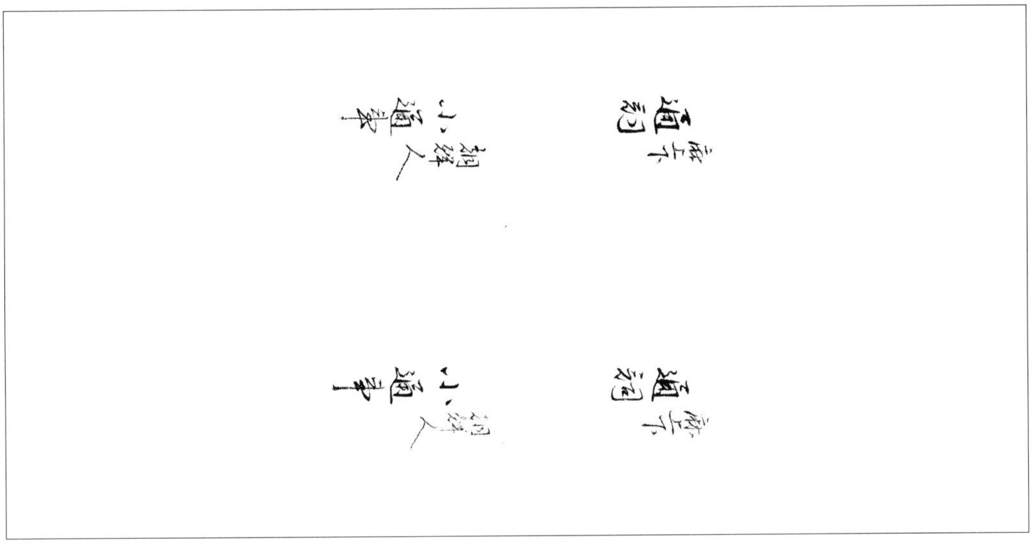

通詞 麻上下 **通詞** 麻上下

小通事 朝鮮人 **小通事** 朝鮮人

통사(通詞) 마(麻) 상하의 통사 마 상하의

소통사(小通事)[113] 조선인 소통사 조선인

---

113 중앙에서 파견한 왜학역관(倭學譯官)인 훈도(訓導)와 별차(別差)를 보좌하는 하급 통사(通事). 소통사는 조선전기의 왜학 생도와 비슷한 존재이며, 삼포 왜관 시대에도 부산포 왜관에 왜학생도가 있었다. 소통사의 정원은 시기에 따라 달랐는데, 처음에는 16인을 두었고, 1703년에 35인으로 증가했다가 1739년에 30인으로 정해졌다. 중앙에서 파견된 훈도·별차와 동래 현지

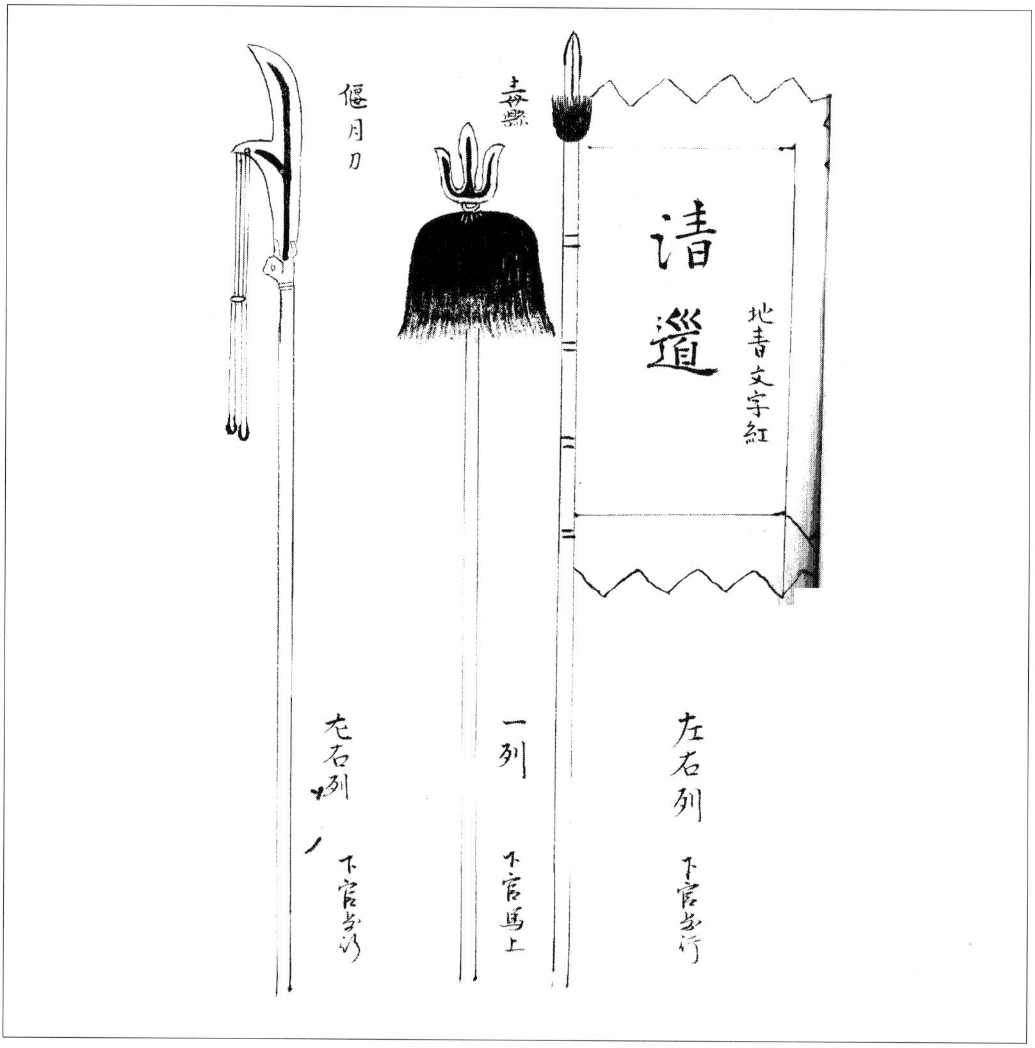

인으로서 이들을 보좌하는 소통사는 통역관의 위계나 역할에서 구분되었다. 소통사는 사절의 연향을 준비하고, 양국인의 왕래를 규제하며, 왜관의 물품 관리나 통역 등은 물론 통신사행과 문위행에 참여했다. 『증정교린지』에는 통신사행에 10인, 문위행에 4인의 소통사가 수행한다고 규정하고 있다. 소통사의 경우 맡은 일에 따라 다양하게 일컬었는데, 문위행 때 쓰시마에 도해하는 소통사를 도해통사(渡海通事), 통신사행을 수행하는 소통사를 신행통사(信行通事), 임소의 문부(文簿)를 관장하는 소통사를 서기통사(書記通事), 잔심부름을 하는 소통사를 통인통사(通引通事)라고 했다. (대일외교 용어사전)

地青文字紅		
清道	左右列	下官步行
纛	一列	下官馬上
偃月刀	左右列	下官步行

[통신사 행렬이 들고 있는 깃발 묘사]

바탕 청색, 글자 홍색		
청도(淸道)[114]	좌우열(左右列)	하관(下官)[115] 보행
독(纛)[116]	일렬	하관 마상
언월도(偃月刀)[117]	좌우열	하관 보행

114 청도기(淸道旗). 사행 때 앞서 가면서 길을 열어주는 역할을 하는 깃발. 원래는 행군할 때 사용하는 군기(軍旗)의 일종이다. 남빛 바탕에 가장자리와 화염(火焰)은 붉은 빛이며, '淸道'라고 쓰여 있다. 청도기를 들고 가는 사람을 청도기수(淸道旗手)라고 하고, 일본에서 구분한 통신사의 등급 가운데 중관(中官)에 속한다. 1694년 쓰시마 번주 소 요시쓰구(宗義倫)가 사망하자 소 요시미치(宗義方)가 11살의 어린 나이로 승습하고, 은퇴했던 소 요시자네(宗義眞)가 섭정하게 되자 조선은 이 일로 문위행(問慰行)을 파견했는데 이때부터 청도기를 사용했다. 임금의 명을 전하는 국서전명의식 때 의장대를 설치하여 북을 치고 나팔을 분다. 통신사행 때 청도기가 행렬의 맨 앞에 서고 독기(纛旗), 형명기(形名旗), 순시기(巡視旗), 영기(令旗)가 그 뒤를 잇는다. (대일외교 용어사전)

115 통신사에 대한 일본 측 등급 중의 하나. 사신단에서 풍악수(風樂手), 도우장(屠牛匠), 격군(格軍)을 부르는 호칭. (대일외교 용어사전)

116 독기(纛旗). 통신사행 때 청도기(淸道旗)와 함께 든다.

117 언월도는 대도(大刀)의 일종으로 관도(關刀)라고도 하는데, 초승달과 같이 생겼고 칼등은 두 갈래로 나뉘어 있으며 칼끝에 긴 자루가 달려 있다. 중국 삼국시대의 명장 관우(關羽)가 이 무기를 사용한 것에서 유래했는데 무거운 무게로 인해 실전에서는 잘 사용하지 않았으며 주로 군사훈련 시에 사용했다. 통신사행 때 대개 정사와 부사가 각각 2명씩 총 4명을 거느리고 갔고, 일본 측은 중관(中官)으로 분류했다. (대일외교 용어사전)

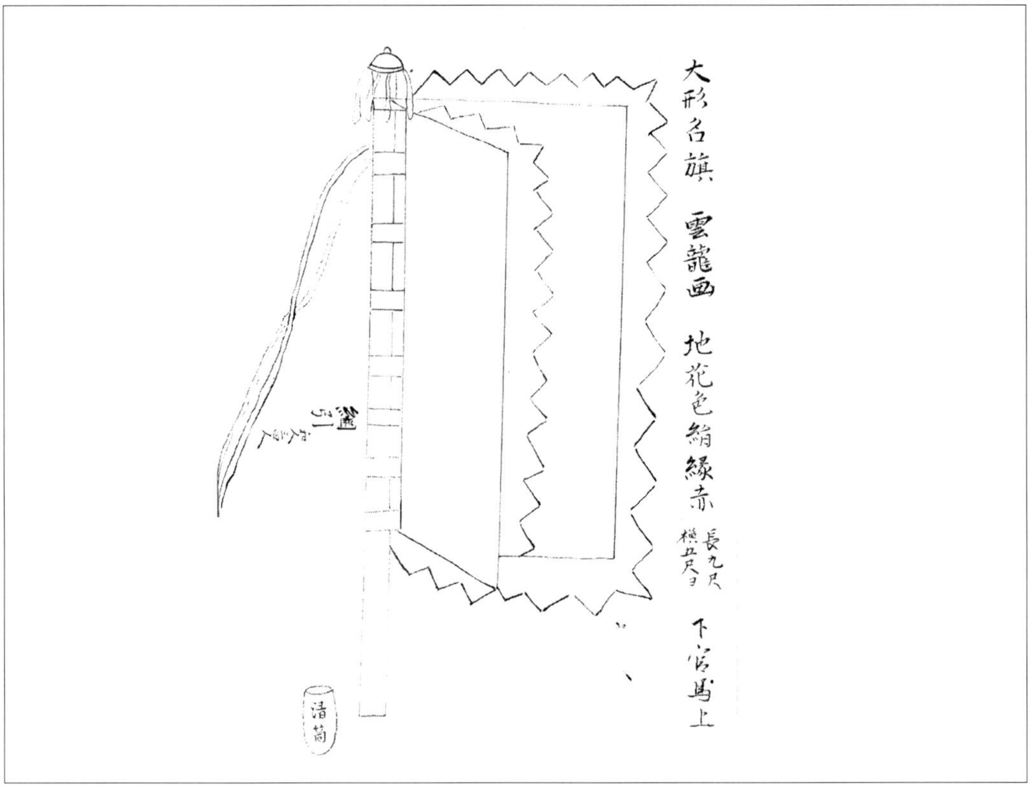

大形名旗　雲龍畵　地花色絹縁赤　長九尺横五尺ヨ 下官馬上

綱引

和人三四人　清筒

대형명기(大形名旗)[118] 운룡화(雲龍畵). 바탕 엷은 남색, 가장자리는 붉은색. 길이 9척 폭 5척

---

118 형명기(形名旗)는 조선 왕권의 상징인 용(龍)이 그려져 있는 깃발. 형명기독(形名旗纛)이라고도 한다. 형명(形名)의 형(形)은 깃발을, 명(名)은 징이나 북을 뜻한다. 사행 때에 북을 울리면서 기폭(旗幅)을 이용하여 사행단의 여러 가지 행동을 호령하며

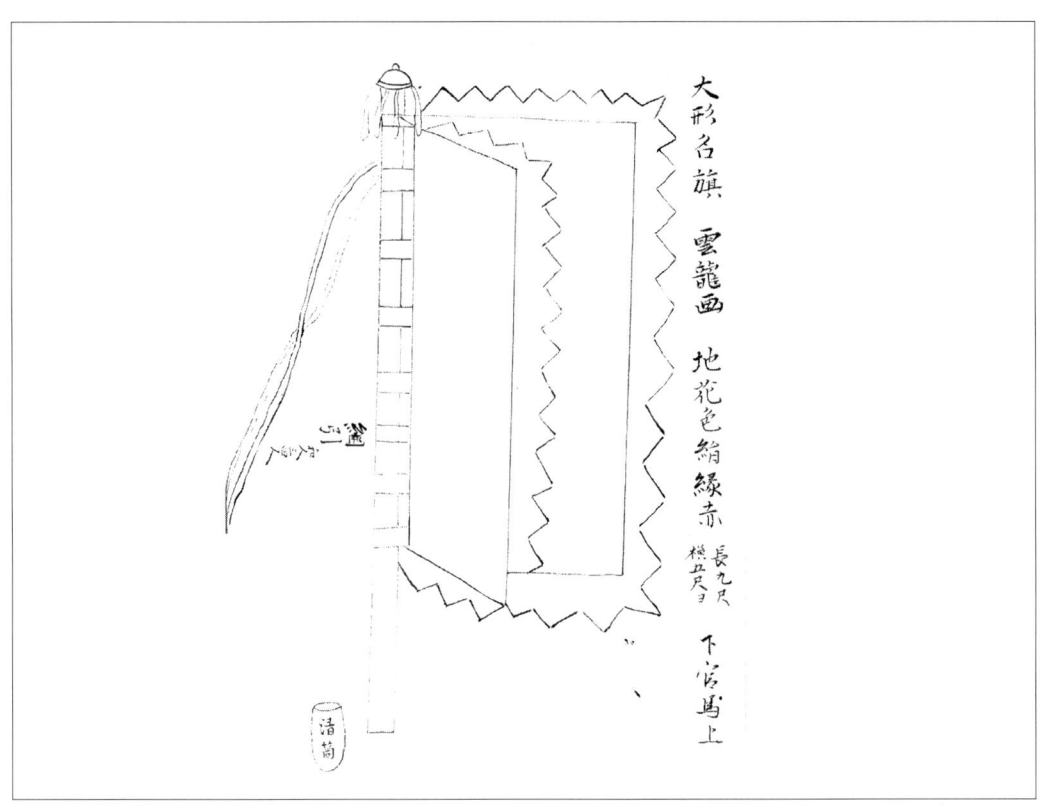

정도. 하관(下官) 마상(馬上)

밧줄잡이(綱引) 일본인 3,4인 청통(淸筒)

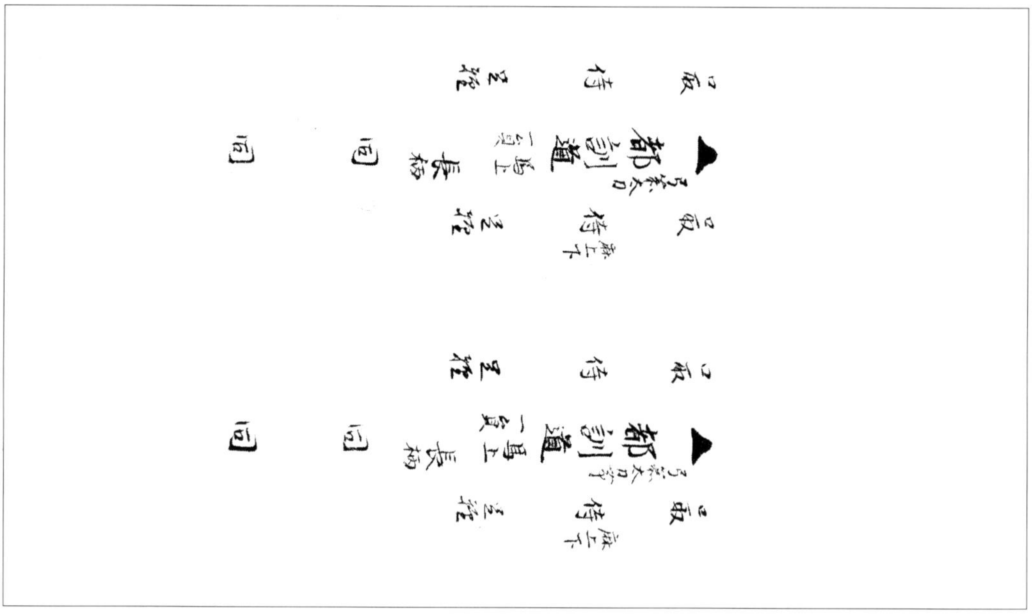

口取 ▲ 口取　　口取 ▲ 口取

弓箭太刀　　弓箭太刀帶

侍 **都訓道** 侍 麻上下　　侍 **都訓道** 侍 麻上下

馬上一員　　馬上一員

신호를 보냈다. 형명기를 받들고 가는 사람을 형명기수(形名旗手)라고 하며, 일본에서 통신사절단을 구분하는 등급 가운데 중관(中官)에 속한다. 통신사행 때 대개 정사(正使)와 부사(副使)가 각각 1명씩 거느렸다. 형명기는 청도기(淸道旗), 독기(纛旗), 순시기(巡視旗) 등과 함께 통신사행 때의 경외노수(京外路需) 품목에 포함되어 있고, 각 도(道)에 복정(卜定)하여 거두어들였다. (대일외교 용어사전)

足輕　足輕　足輕　足輕

長柄　長柄

同　同

同　同

마부 ▲ 마부　마부 ▲ 마부

활·화살(弓箭)·태도(太刀)[119] 휴대　활·화살·태도 휴대

사무라이 도훈도(都訓道)[120] 사무라이　사무라이 도훈도 사무라이

마(麻) 상하의　마 상하의

마상(馬上) 1인　마상 1인

아시가루 아시가루　아시가루 아시가루

긴 창(長柄)　긴 창

同　同

同　同

---

119 활, 화살, 태도를 휴대한 자.

120 조선의 역관 훈도(訓導)의 우두머리. 훈도는 조선시대 한양의 4학(學)과 지방의 향교에서 교육을 담당한 교관(敎官)으로 산학(算學), 율학(律學), 역학(譯學), 지리학, 의학 등 전문적인 기술교육을 담당했다. 통신사행렬 때에는 주로 청도기(淸道旗), 독기(纛旗), 형명기(形名旗) 다음과 영기(令旗) 다음, 그리고 마상재(馬上才), 전악(典樂) 주변에 위치하여 나졸들과 하부 원역(員役)들을 통솔하는 임무를 맡았다. 통신사행 때 삼사신이 각각 1,2명씩 총 3~6명을 거느렸다. 일본에서 사절단을 구분하는 등급 가운데 문위행(問慰行) 때에는 상관(上官)에, 통신사행 때에는 중관(中官)에 속했다. (대일관계 용어사전)

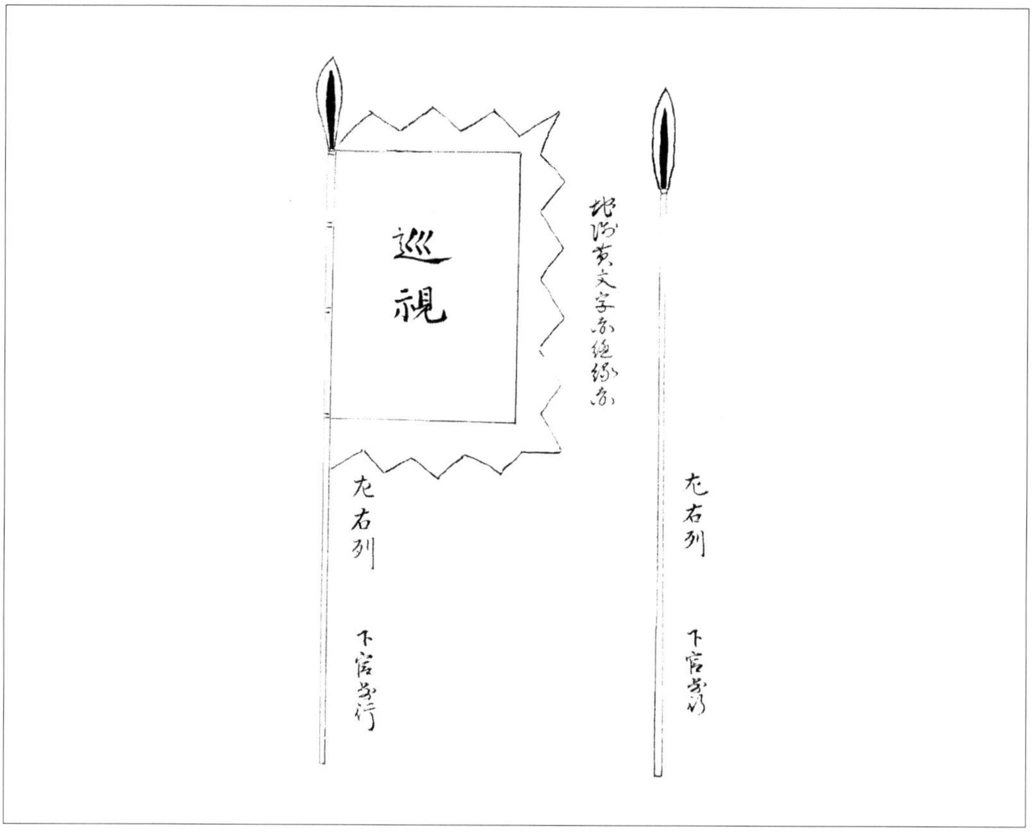

左右列　　下官步行

地淺黃, 文字赤, 絶綠赤

巡視　　左右列　　下官步行

좌우열(左右列)　　하관(下官) 보행

바탕은 엷은 황색, 글자는 붉은색, 가장자리는 붉은색

순시(巡視)　　좌우열　　하관 보행

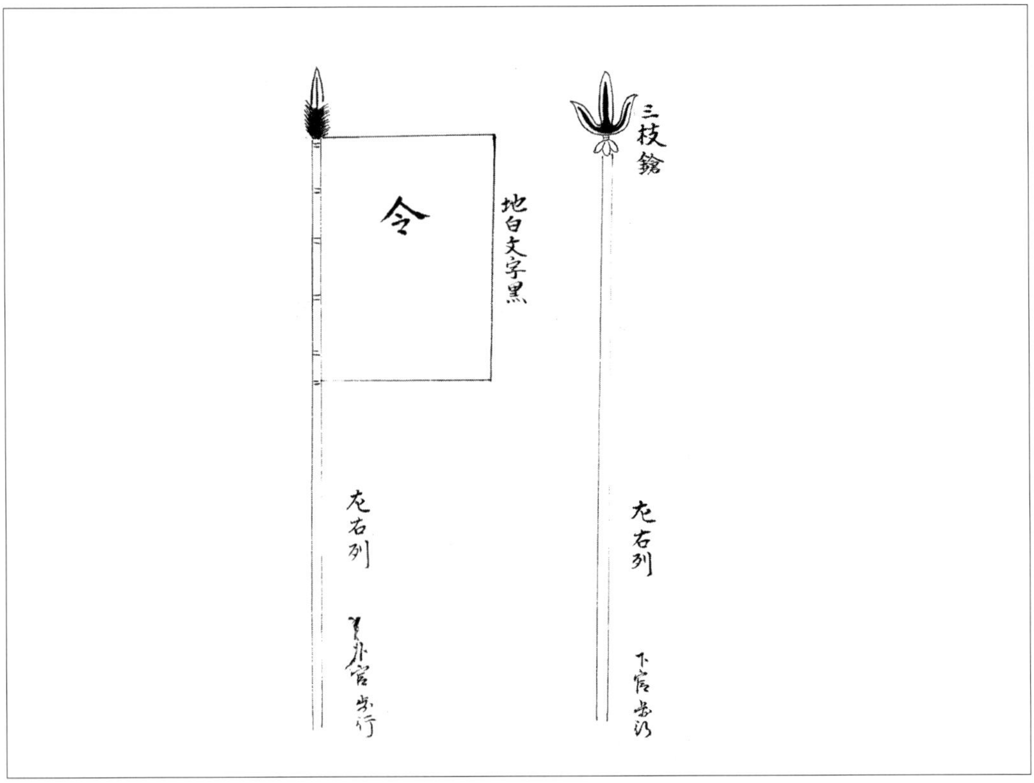

三枝槍	左右列	下官步行
地白文字黑		
令	左右列	下官步行

삼지창(三枝槍) 좌우열 하관 보행

바탕은 흰색, 글자는 검은 색

영(令)[121] 좌우열 하관 보행

---

121 영기(令旗).

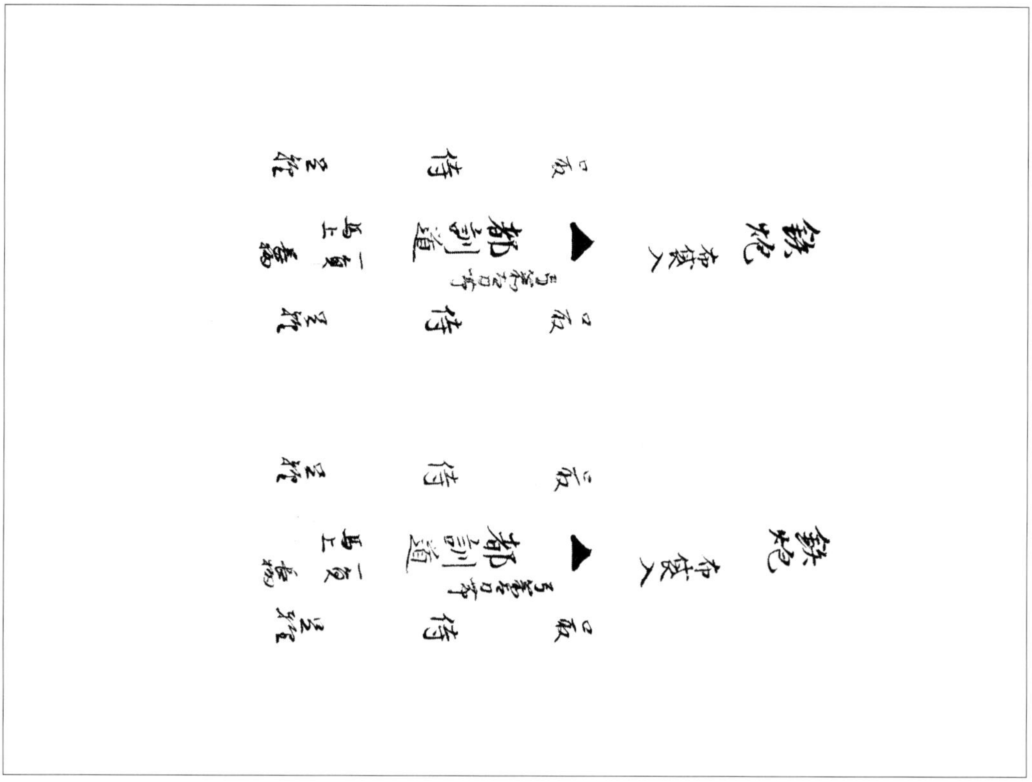

鐵炮　鐵炮

布袋入　布袋入

口取　▲　口取　口取　▲　口取

弓箭太刀帶　弓箭太刀帶

侍　**都訓道**　侍　侍　**都訓道**　侍

馬上一員　馬上一員

足輕　足輕　足輕　足輕

長柄　長柄

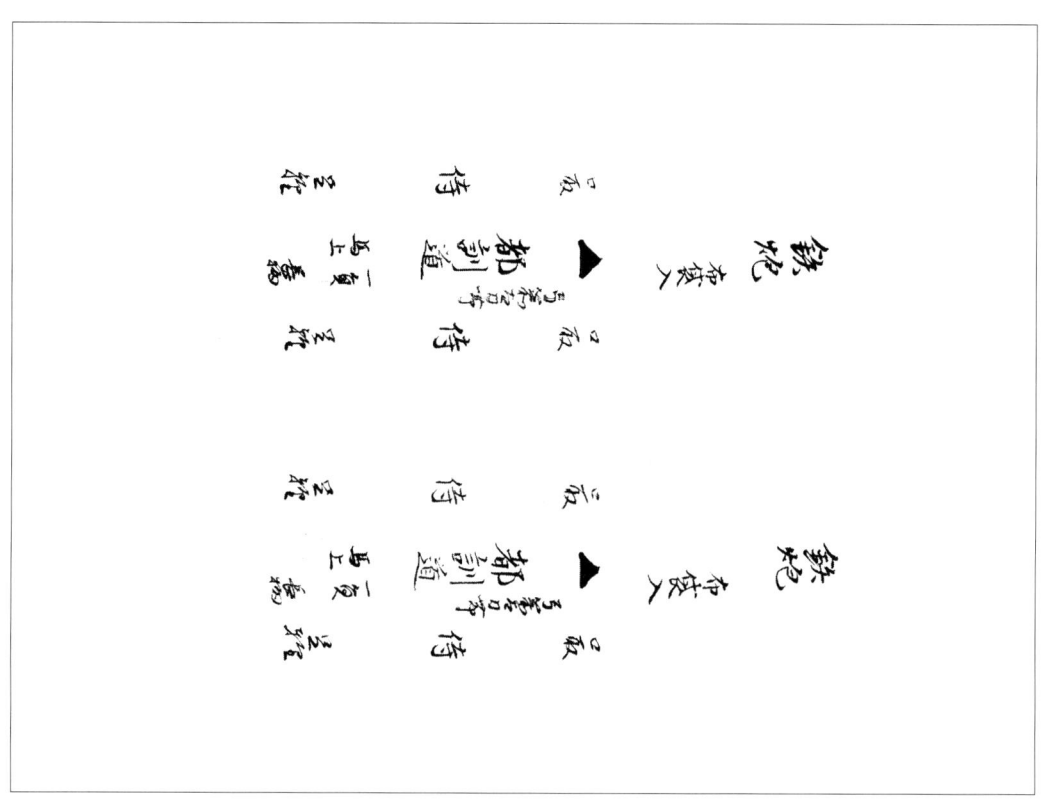

	철포(鐵炮)[122]			철포	
	포대에 넣음(布袋入)			포대에 넣음	
마부	▲	마부	마부	▲	마부
	활·화살·다치 휴대			활·화살·다치 휴대	
사무라이	도훈도(都訓道)	사무라이	사무라이	도훈도	사무라이
	마상(馬上) 1인			마상 1인	
아시가루		아시가루	아시가루		아시가루
	긴 창(長柄)			긴 창	

刀尺

木

布袋入　　左右列　　中官步行

此官人所々聲ヲツラネヲニリト云

喇叭手

眞鍮

四尺程有之　　左右列吹之　　中官步行

[통신사 행렬이 들고 있는 도구, 악기 묘사]

122 철포를 포대에 넣어서 휴대한 사람.

도척(刀尺)[123]

목재

포대에 넣음. 좌우열(左右列) 중관(中官)[124]

보행

이 관인(官人)이 곳곳에서 목소리를 내어

“오니리”라고 말한다.

나팔수(喇叭手)[125]

놋쇠

4척 가량이 됨. 좌우대열로 분다. 중관 보행

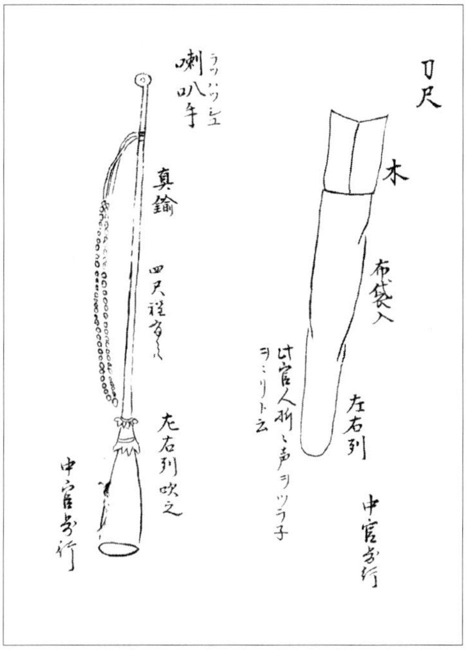

123 사행 때 음식 만드는 일을 맡은 노복. 칼자, 도척노(刀尺奴)라고도 한다. 일본에서 구분하는 등급 가운데 중관(中官)에 속한다. 삼사(三使)가 각각 2명씩 거느리고 당상관이 1명을 거느려 총 7명이 사행에 참여했다. 다만, 1811년 역지통신(易地通信) 때에는 정사와 부사가 각각 2명씩 거느리고 당상관이 1명을 거느려 총 5명이 사행에 참여했다. (대일외교 용어사전)

124 통신사에 대한 일본 측 등급 중의 하나. 복선장(卜船將), 배소동(陪小童), 노자(奴子), 소통사(小通事), 도훈도(都訓導), 예단직(禮單直), 청직(廳直), 반전직(盤纏直), 사령(使令), 취수(吹手), 절월봉지(節鉞奉持), 포수(砲手), 도척(刀尺), 사공(沙工), 형명수(形名手), 둑수(纛手), 월도수(月刀手), 순시기수(巡視旗手), 영기수(令旗手), 청도기수(淸道旗手), 삼지창수(三枝槍手), 장창수(長槍手), 마상고수(馬上鼓手), 동고수(銅鼓手), 대고수(大鼓手), 삼혈총수(三穴銃手), 세악수(細樂手), 쟁수(錚手)을 일본 측이 구분하여 부르는 호칭이다. (대일외교 용어사전)

125 사행 때 행렬을 따르면서 나팔(喇叭)을 부는 사람. 센소리를 피해 나팔을 나발이라고도 하여 나팔수 또한 나발수(喇叭手)라고도 한다. 나팔수는 취고수(吹鼓手)의 일원이며, 중관(中官)에 속한다. 나팔은 쇠붙이로 만든 긴 대롱을 입으로 불어 소리 내는 악기이다. (대일외교 용어사전)

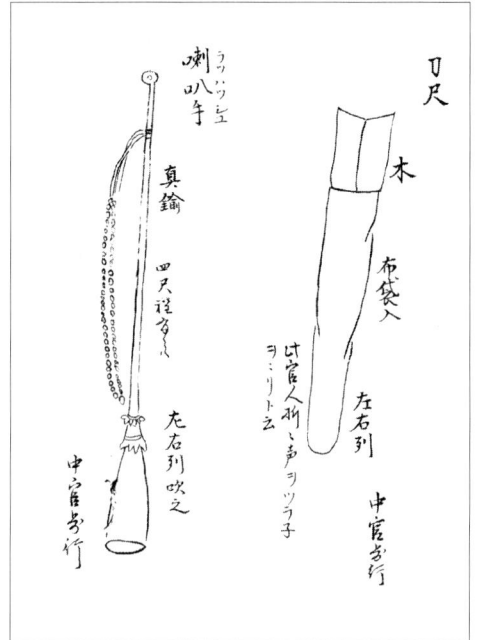

螺角手

網二入

左右列吹之　　　　中官步行

細樂

三ヶ所列　　　　中官步行

나각수(螺角手)[126]

그물에 넣음.

좌우대열로 분다.　　　　중관(中官) 보행

세악(細樂)[127]

세 군데에 늘어선다.　　　　중관 보행

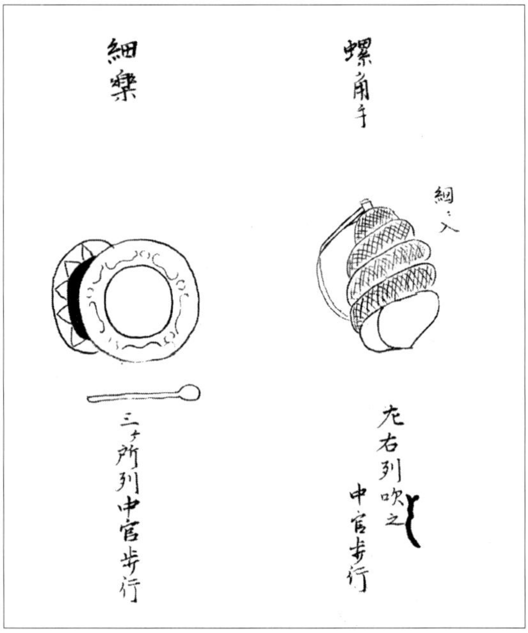

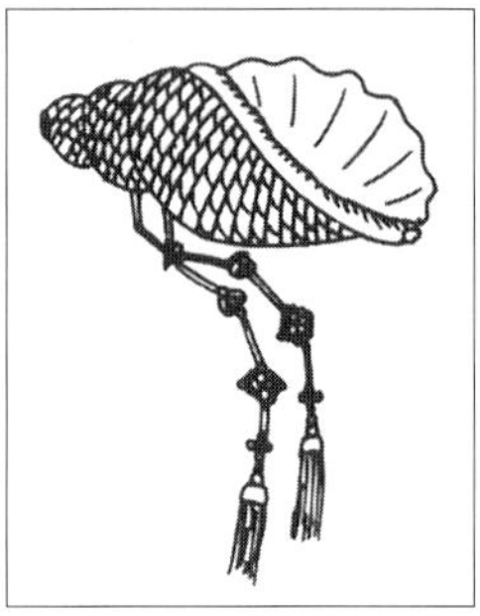

나각(螺角)

126 나각(螺角)은 소라 껍데기로 만든 취주 악기의 일종.
나각수는 나각을 부르는 사람.

127 조선 후기 군악대에서 피리·젓대·해금 같은 선율악기로 편성한 음악의 한 갈래. 또는 그러한 악대. 세악(細樂)은 나팔·소라·대각(大角)·호각(號角)·징·북·나(鑼)·바라 등으로 구성되는 취타(吹打)와 구분하기 위해서 사용된 개념이다. 본래 군악이었으나 궁중의 뜰에서 연주되는 전정악(殿庭樂)이나 행악(行樂)으로 주로 쓰였다.

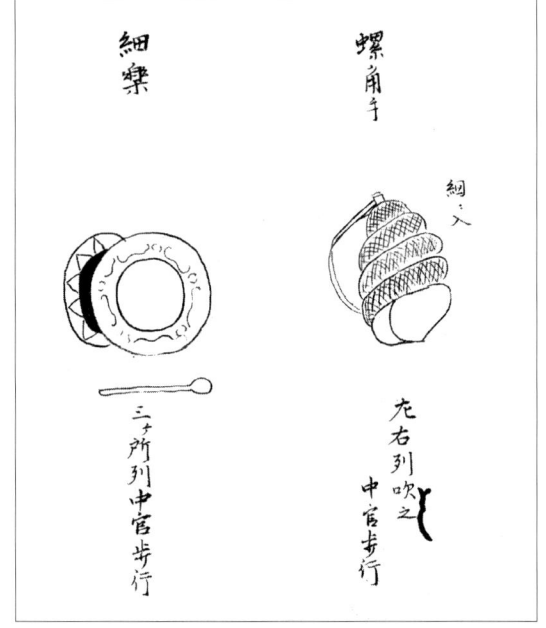

大平嘯

左右列　　中官步行

大細樂

此二列首ニカケ打之.　　中官步行

태평소(太平簫)[128]

좌우열(左右列). 중관(中官) 보행

대세악(大細樂)

이것은 이 열로 목에 걸고 친다. 중관 보행

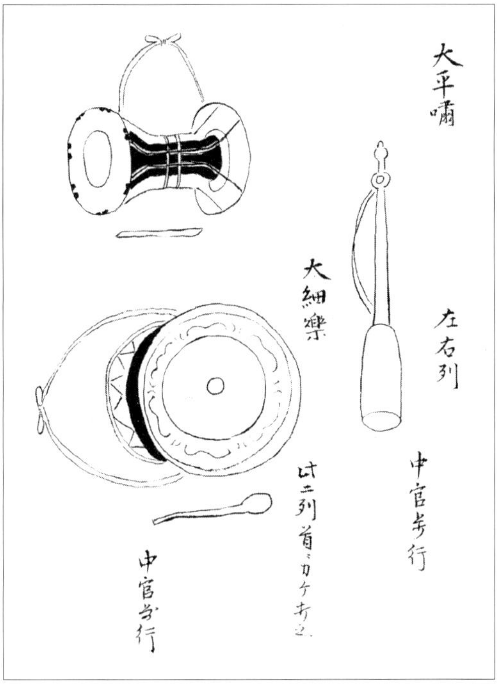

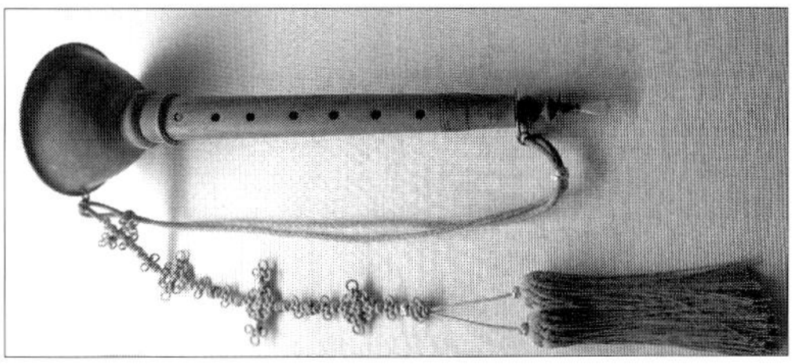

태평소(太平簫)

128 목관악기의 일종. 대평소(大平簫), 쇄납, 호적(胡笛, 號笛), 철적(鐵笛), 난난이, 날라리, 사납이라고도 한다. 대평소는 악기 명칭인 동시에 군영에서 태평소를 연주하는 군사를 지칭하기도 한다. 생김새는 원뿔형 관의 넓은 쪽 끝에 나팔 모양의 동팔랑(銅八郞)이 있으며, 반대쪽에는 동구(銅口)가 있다. 공무로 행차할 때에는 출입과 동작에서 태평소를 부는 것을 절차로 삼았다. 통신사 행렬과 통신사의 국서 전달의식 때에도 태평소와 나팔을 불어 길을 인도했고, 일본 측 관리가 쓰시마 번주의 말을 전하러 오면 이를 공무라 하여 태평소를 불어서 맞이하고 배웅했다. (대일외교 용어사전)

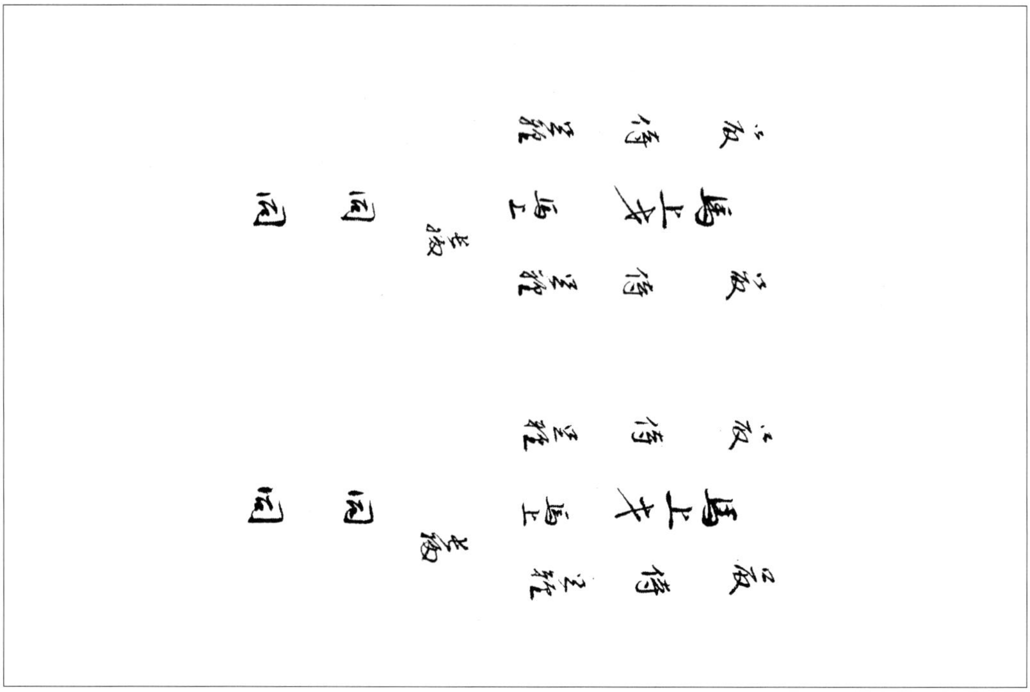

口取　　口取

馬上才

侍　　侍

足輕　馬上　足輕

長柄

同

同

口取　　口取

馬上才

侍　　侍

足輕　馬上　足輕

長柄

同

同

마부		마부	마부	마부
	마상재		마상재	
사무라이		사무라이	사무라이	사무라이
아시가루	마상(馬上)	아시가루	아시가루 마상	아시가루

긴 창(長柄) 긴 창

同 同

同 同

橫笛

左右

嵇琴

中官步行

菍

左右列 中官步行

횡적(橫笛)[129]

129 '입에 가로로 대고 부는 피리'를 두루 일컫는 말.

좌우

해금[130]

중관(中官) 보행

피리

좌우열(左右列). 중관 보행

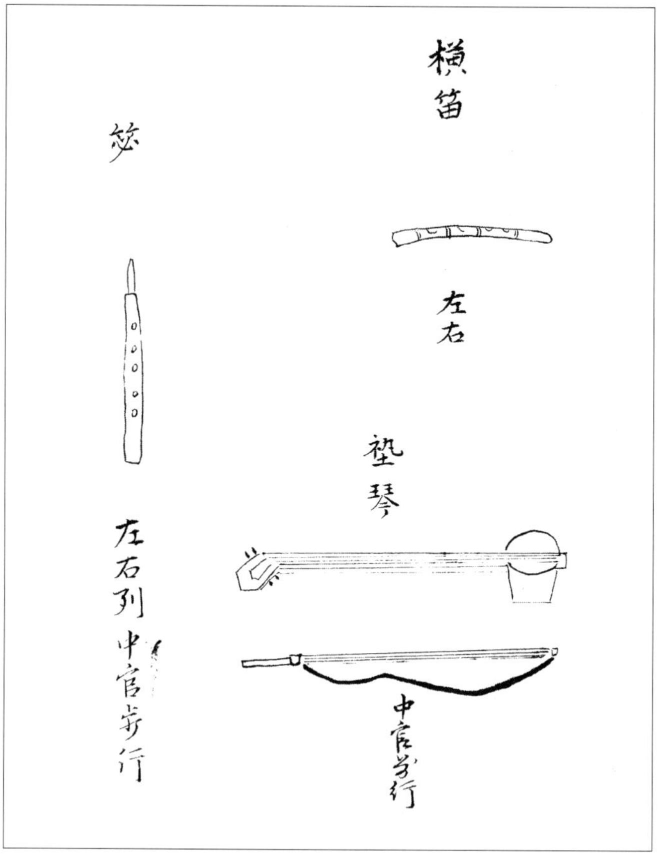

130 선율 악기.

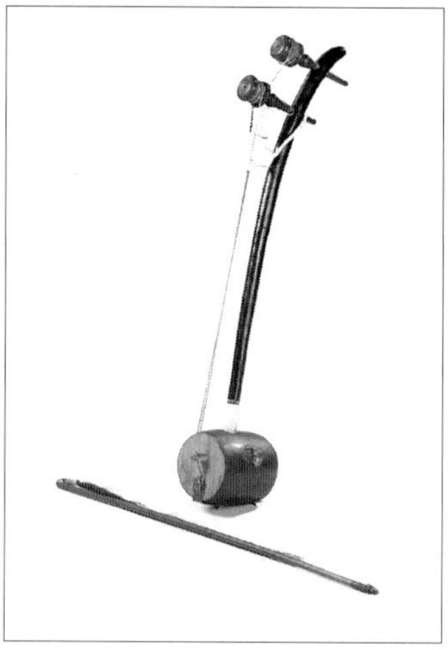

해금

トラス
錚子

左右列 中官步行

鉦子

左右列 中官步行

休床

자바라(錚子)[131]

좌우열(左右列). 중관(中官) 보행

징

좌우열. 중관 보행

휴상(休床)[132]

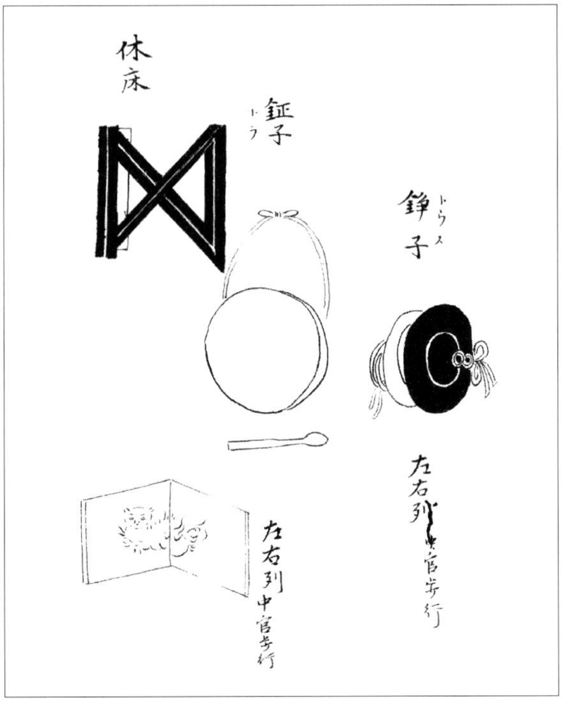

131 원문의 그림으로 보아 자바라, 바라로 추정된다.

132 휴식용 평상으로 추정된다.

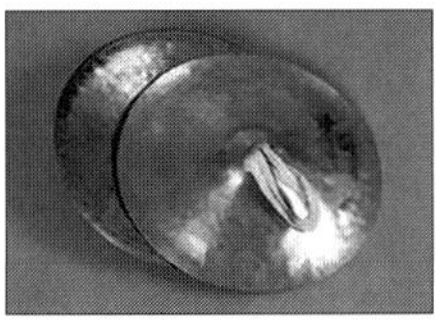
자바라

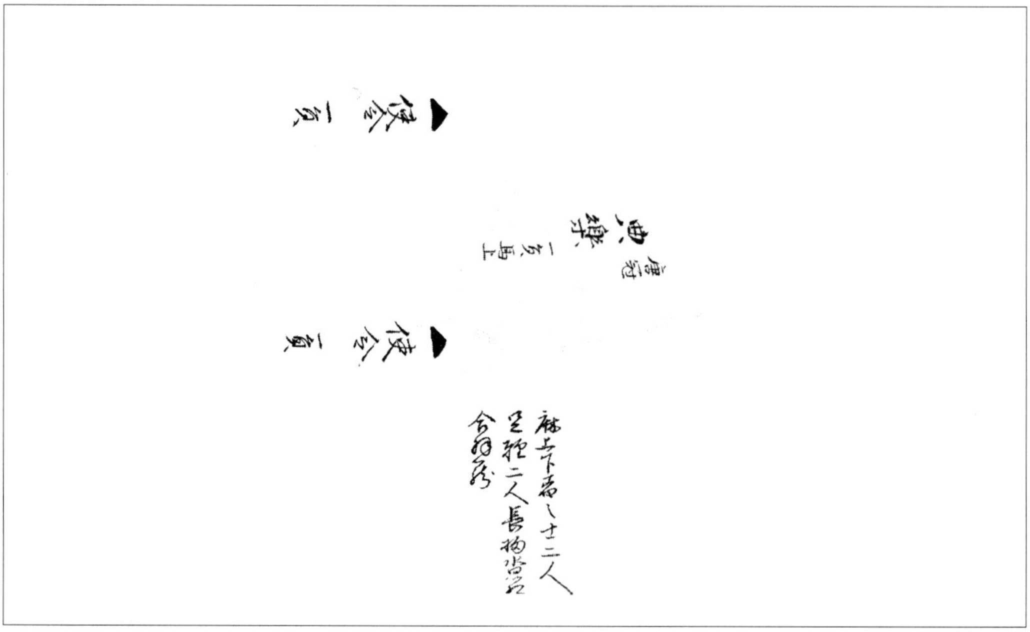

典樂　　唐冠
一員馬上　　麻上下着之士二人
▲　　▲　　足輕二人長柄沓箱
使令 一員　　使令 一員　　合羽籠

전악(典樂)[133]　　당관(唐冠)[134]

---

133 사절단의 행렬, 의식, 연회 등의 음악을 담당한 관원. 장악원(掌樂院)에 소속되어 있고, 정6품 잡직(雜職)의 하나로 체아직(遞兒職)이다. 전악은 원래 진연(進宴) 시 모라복두(冒羅幞頭)를 쓰고 남색주(藍色紬) 안감을 댄 녹초삼(綠綃衫)을 입으며 야대(也帶)를 매고 흑화(黑靴)를 신었다. 고수(鼓手)는 큰북, 동고수(銅鼓手)는 꽹과리, 세악수(細樂手)는 장구, 큰북, 피리, 해금 등을 연주하되, 각 악기의 연주자는 전악의 지휘하에 연주했다. 이들은 모두 낮은 신분임에도 불구하고 연주 능력이 뛰어났기 때문에 통신사의 악대에 선발되었다. 통신사행 때 정사와 부사 및 종사관에 각각 배속되는 경우도 있고, 정사와 부사 혹은 정사와 종사관에만 배속되는 경우도 있어, 사행 때마다 그 수가 일정하지 않으나 대체로 2,3명 정도가 참여했다. 차관(次官)에 속한다. (대일외교 용어사전)

134 조선의 관(冠)의 일종. 일본에서는 당관 스타일의 투구가 사용되기도 했다. (https://fujinami-kodougu.co.jp/antique/

1인 마상(馬上)　　　　　　마(麻) 상하의를 입은 사(士) 2인

▲　　　　▲　　　　아시가루(足輕) 2인, 긴 창, 신발함,

사령(使令) 1인　　사령 1인　　우비함[135]

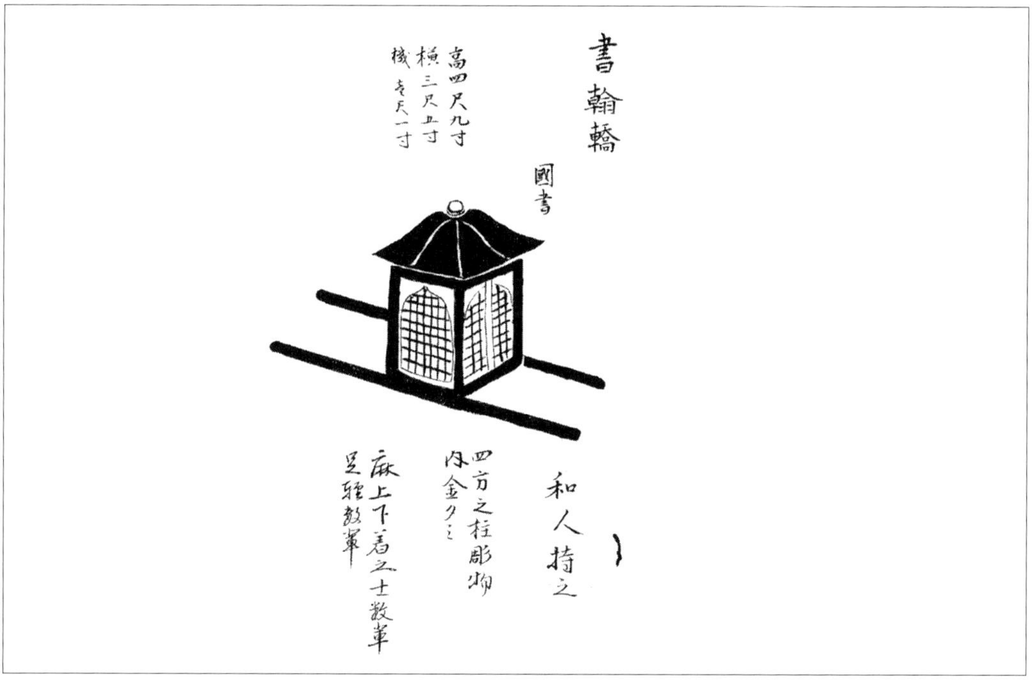

---

headdress/crown/04%E3%80%80%E5%94%90%E5%86%A0/ 참조)

135 갓파카고(合羽籠). 우비(合雨)나 우구(雨具)를 넣어 이동하는 상자.

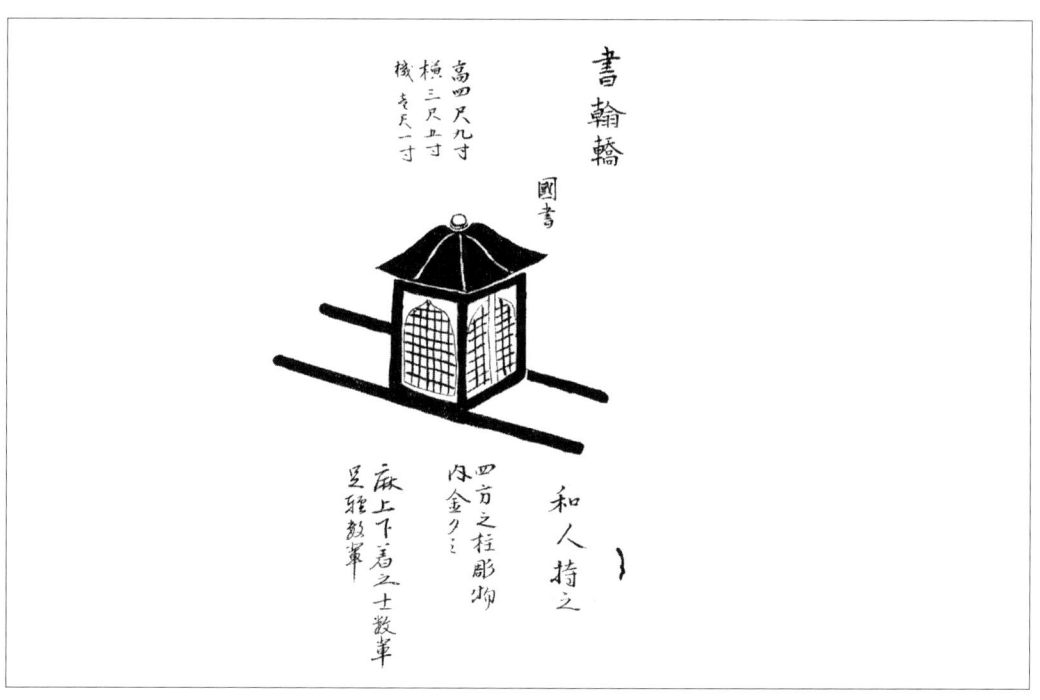

書翰轎

國書

高四尺九寸　橫三尺五寸　機壹尺一寸

和人持之

四方之柱彫物

內金タミ

麻上下着之士數輩

足輕數輩

[조선의 국서를 운반하는 가마에 관한 묘사]

서한 가마(書翰轎)

국서

[가마의 크기] 높이 4척 9촌, 가로 3척 5촌, 틀 1척 1촌

일본인이 든다.

사방의 기둥에는 조각. 안은 금으로 채색.

마(麻) 상하의를 착용한 사(士) 여러 명, 아시가루 여러 명

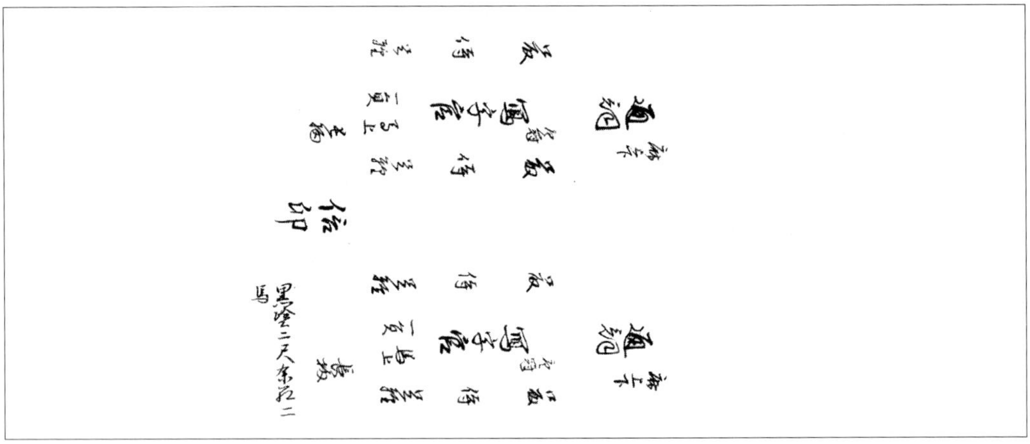

通詞 麻上下　　**通詞** 麻上下

口取　口取　口取　口取

寫字官 唐冠　　**寫字官** 唐冠

侍　侍　侍　侍

足輕　馬上一員　足輕　足輕　馬上一員　足輕

長柄　信卯　長柄

黑塗二尺餘箱二

馬

통사(通詞) 마(麻) 상하의　　통사 마 상하의

마부　마부　마부　마부

사자관[136] 당관(唐冠)　　사자관 당관

사무라이　사무라이　사무라이　사무라이

아시가루　마상 1인　아시가루　아시가루　마상 1인　아시가루

긴 창(長柄)　신묘(信卯)[137]　긴 창

검게 칠한 2척 정도의 상자 두 개

말

---

136 사행 때 외교문서를 정사(正寫)하는 일을 담당한 관원. 비슷한 의미로 서사(書寫), 능서관(能書官), 능사자(能寫者) 등이 있다. 조선시대 승문원(承文院)과 규장각(奎章閣)에 소속되어 있었고 외국 사행에도 수행하였는데 적게는 1인, 많을 때는 4인이었다. (대일외교 용어사전)

137 의미를 파악하기 어려움.

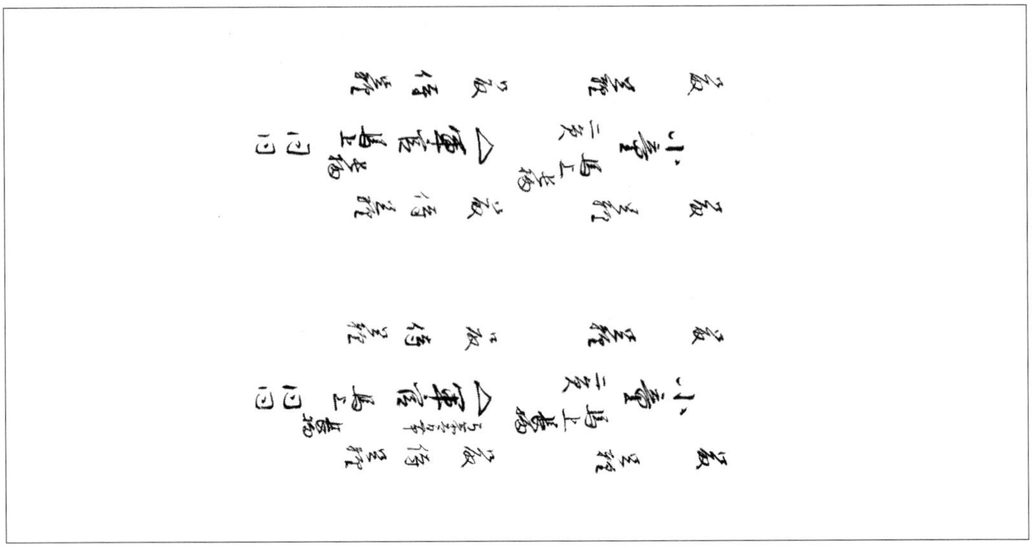

口取　　　　口取　　　　口取　　　　口取

小童　　　　　　　　　　小童

足輕　　　　足輕　　　　足輕　　　　足輕

馬上二員　　　　　　　　馬上二員

長柄　　　　　　　　　　長柄

口取　△　　口取　　　　口取　△　　口取

軍官　　　　　　　　　　軍官弓箭·太刀帶

侍　　　　　侍　　　　　侍　　　　　侍

足輕　馬上　足輕　　　　足輕　馬上　足輕

長柄　　　　　　　　　　長柄

同　　　　　　　　　　　同

同　　　　　　　　　　　同

마부　　　　마부　　　　마부　　　　마부

소동(小童)　　　　　　　소동

아시가루　　아시가루　　　　아시가루　　　아시가루

마상(馬上) 2인　　　　　　마상 2인

긴 창(長柄)　　　　　　긴 창

마부　△　　마부　　　　마부　△　　　마부

군관(軍官)　　　　　　군관　활·화살(弓箭)·태도(太刀) 휴대

사무라이　　　사무라이　　　사무라이　　　사무라이

아시가루　마상　아시가루　　　아시가루　마상　아시가루

긴 창　　　　　　긴 창

同　　　　　　同

同　　　　　　同

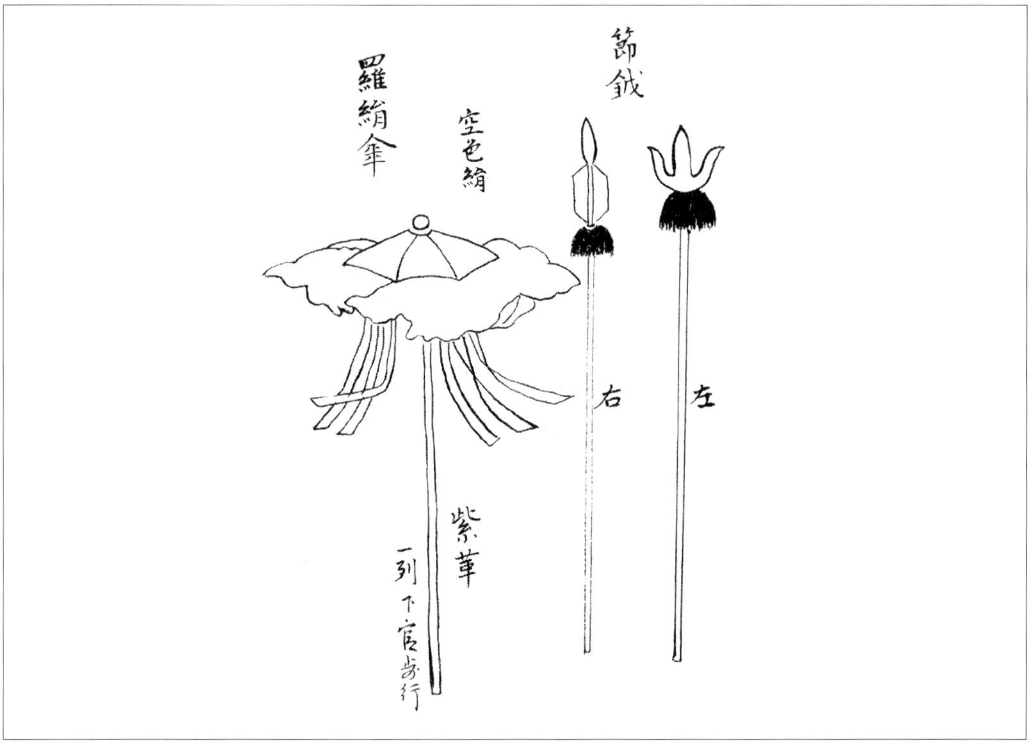

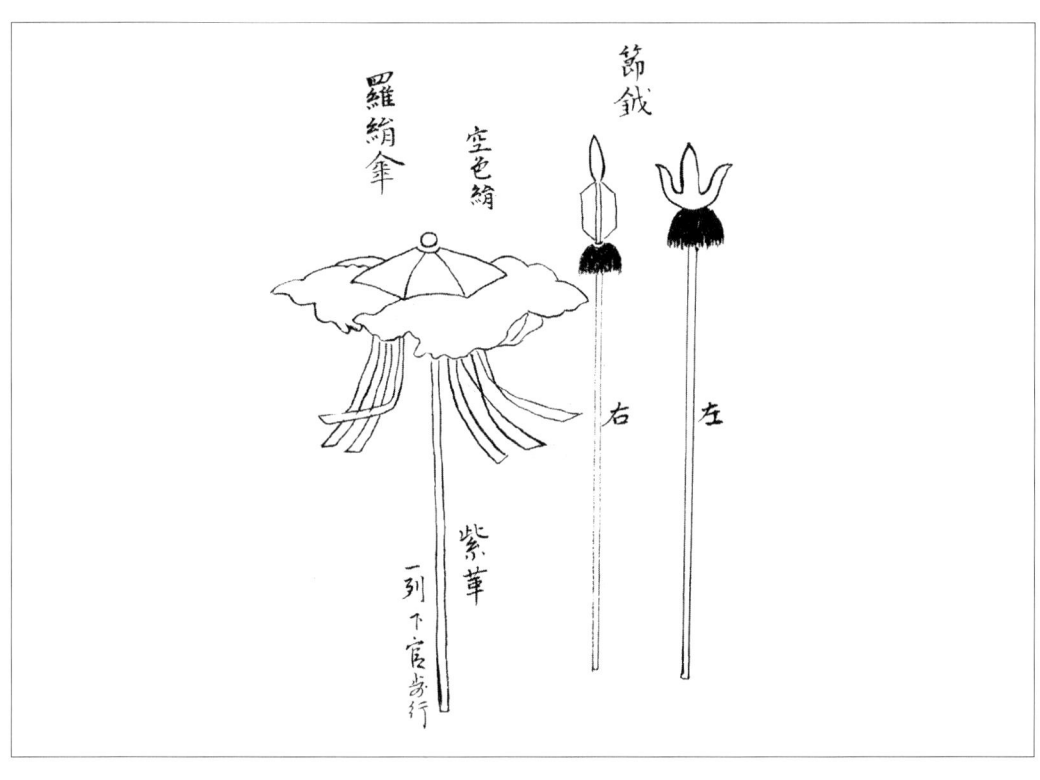

節鉞

左右

羅絹傘 空色絹 紫革 一列下官步行

절월(節鉞)[138]

좌 우

비단 양산(羅絹傘) [위 부분은] 하늘색 견 자주빛 가죽. 일렬 하관(下官) 보행

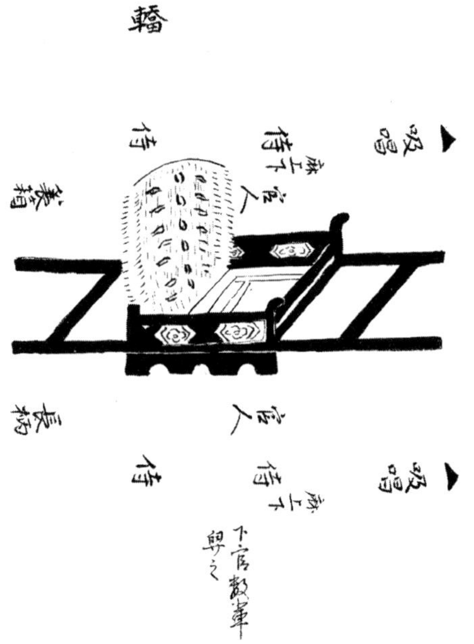

138 사행 때 부절(符節)과 부월(斧鉞)을 받들고 가는 사람. 절월봉지(節鉞奉持)라고도 한다. 절월수를 절수(節手)와 월수(鉞手)로 각각 나누어 일컫기도 하며, 중관(中官)에 속한다. 절월은 임금이 내어주는 부절과 부월이며, 부월은 살생권(生殺權)의 상징으로 주는 작은 도끼와 큰 도끼를 이르는 말이다. 통신사행 때에는 대개 정사와 부사가 각각 2명씩 총 4명을 거느렸고, 수신사(修信使) 파견 때에는 2명의 절월수를 거느리고 갔다. (대일외교 용어사전)

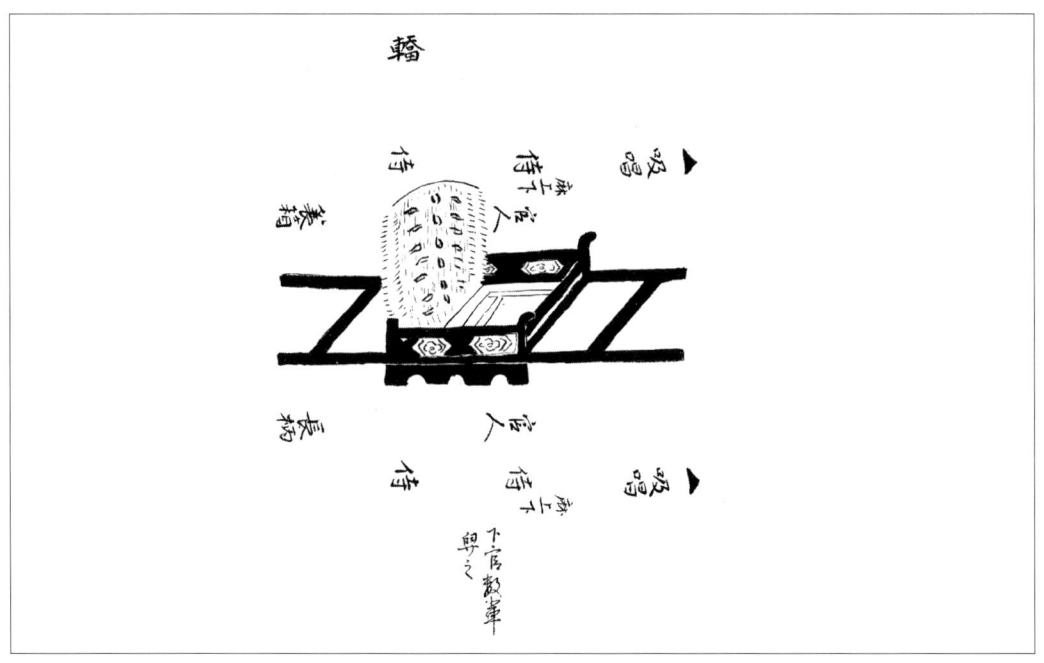

轎

▲ ▲

吸唱 吸唱

侍麻上下 官人 官人 侍麻上下

下官數輩

侍 侍 擧之

簑箱 長柄

[정사가 타는] 가마

▲ ▲

흡창(吸唱)[139] 흡창

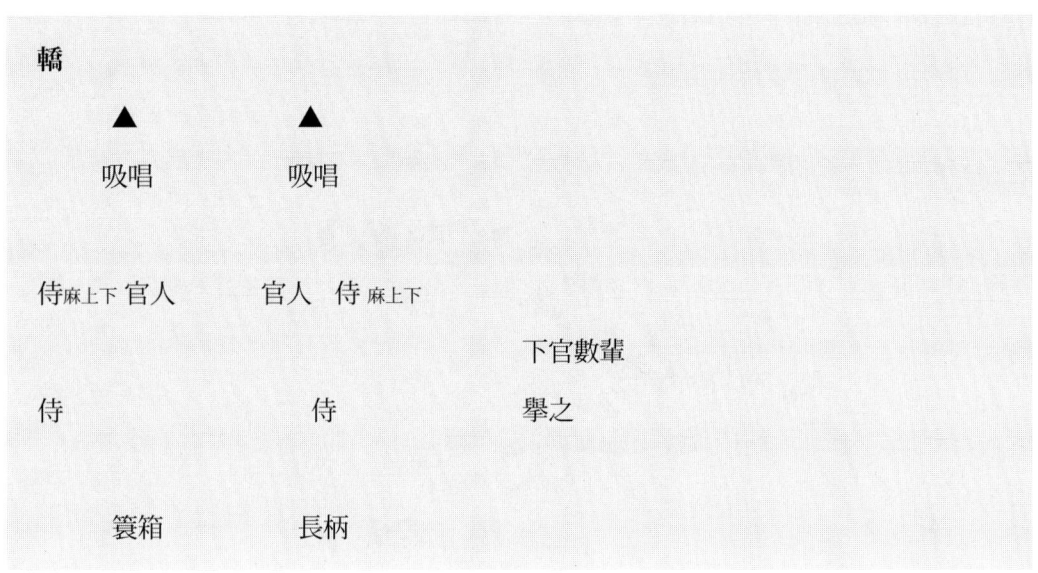

사무라이 마(麻) 상하의 관인 관인 사무라이 마(麻) 상하의

하관(下官) 여러 명이 든다.

사무라이 사무라이

도롱이상자 긴 창

139 사행 중 잔심부름을 하는 남자종. 급창(及唱), 흡창노(吸唱奴), 흡갈(吸喝)이라고도 한다. 원래는 수령의 명령을 받아 큰 소리로 전달하는 일을 맡던 사내종을 일컫는 말이었다. 중관(中官)에 속한다. 통신사행 때에는 대체로 정사, 부사, 종사관이 각각 2명씩 총 6명의 급창을 거느리고 갔고, 문위행(問慰行) 때에는 2명의 급창이 참여했다. (대일외교 용어사전)

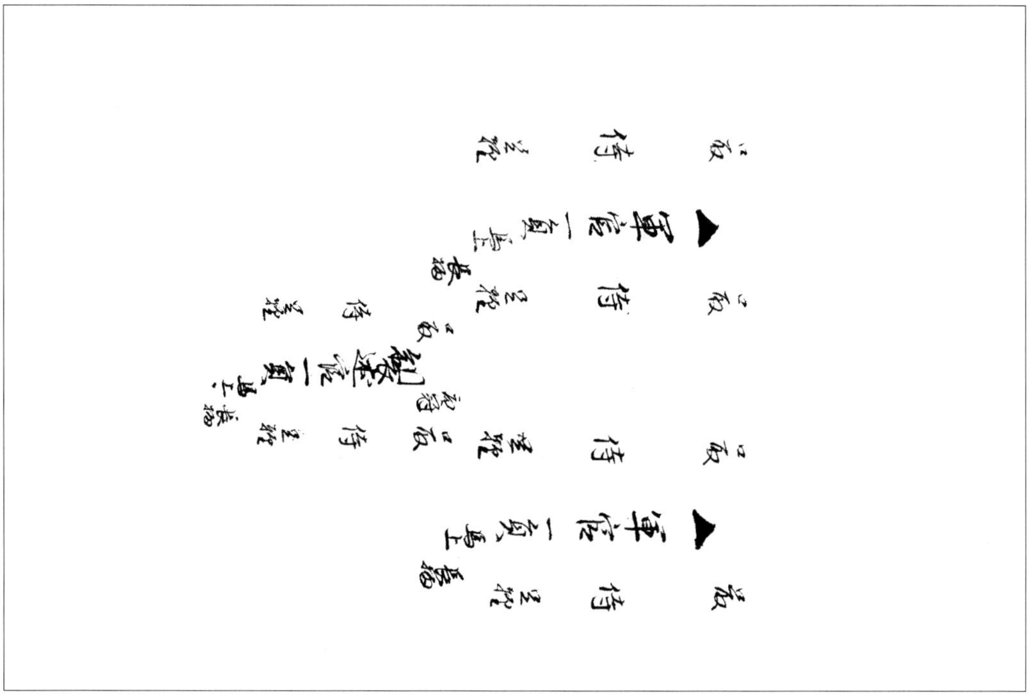

口取	▲	口取	口取	▲	口取
侍	**軍官一員**	侍	侍	**軍官一員**	侍
足輕	馬上	足輕	足輕	馬上	足輕
	長柄			長柄	

口取	唐冠	口取
侍	**製述官一員**	侍
足輕	馬上	足輕

마부	▲	마부	마부	▲	마부
사무라이	군관 1인	사무라이	사무라이	군관 1인	사무라이
아시가루(足輕)	마상(馬上)	아시가루	아시가루	마상	아시가루

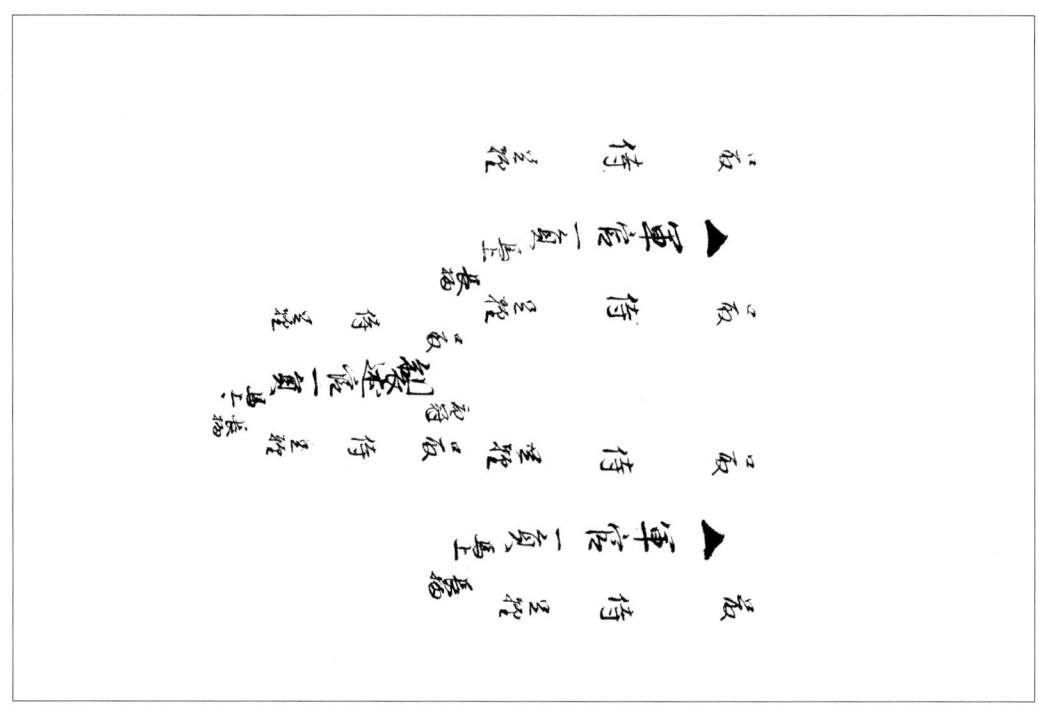

긴 창		긴 창
마부	唐冠	마부
사무라이	제술관(製述官)[140] 1명	사무라이
아시가루	마상	아시가루

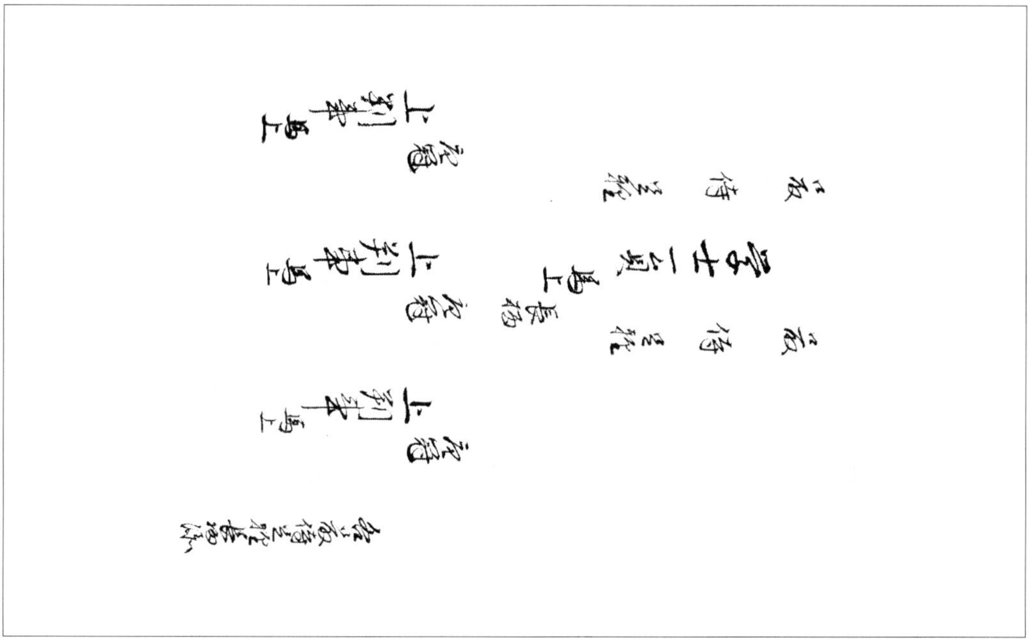

140 통신사행 때 전례문(典禮文) 등을 지어 바치는 임시 벼슬. 문장이 뛰어난 사람 중에서 선발하였고, 정사가 타고 가는 제일선(第一船)에 배속되었다. 제술관이라는 명칭은 1682년 통신사행 때부터 나타났다. 그 이전에는 학관(學官), 이문학관(吏文學官), 독축관(讀祝官) 등의 명칭으로 사행에 참여했다. 학관에서 독축관으로의 명칭 변화는 통신사행의 일광산치제(日光山致祭) 참여로 인하여 축문을 읽을 사람이 필요했기 때문이다. 일광산치제 폐지 이후에는 필담창화(筆談唱和)와 같은 문화교류의 전담자로서 제술관으로 명칭이 바뀌게 되었다. (대일외교 용어사전)

口取		口取
侍	學士一員	侍
足輕	馬上	足輕
上判事 唐冠	上判事 唐冠	上判事 唐冠
馬上	馬上	馬上

各口取·侍·足輕長柄添

마부		마부
사무라이	학사[141] 1명	사무라이
아시가루	마상	아시가루
상판사(上判事)[142] 당관(唐冠)	상판사 당관	상판사 당관
마상	마상	마상

각 마부·사무라이·아시가루에 긴 창이 따름

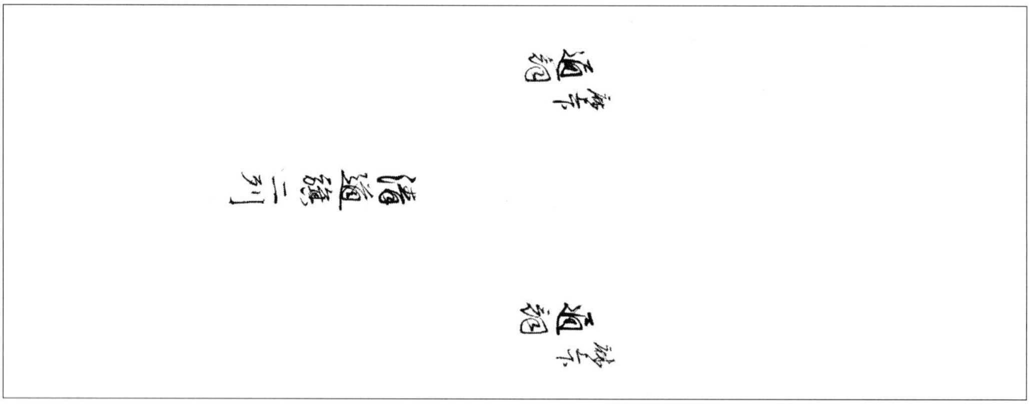

141 학사는 일본에서 제술관을 부르던 호칭이다.

142 조선의 역관(譯官).

通詞 麻上下　　　　**通詞** 麻上下

清道旗二列

통사(通詞) 마(麻) 상하의　　　　통사 마 상하의

청도기(淸道旗) 2열

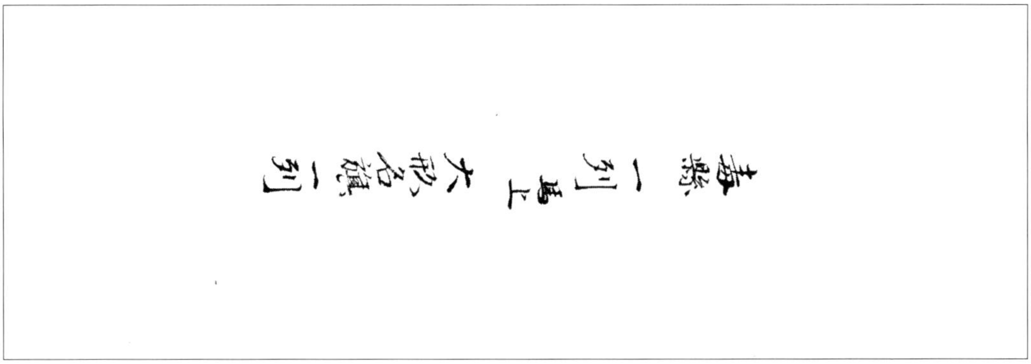
纛一列 馬上 大形名旗一列

纛 一列 馬上

大形名旗 一列

독기(纛旗) 1열 마상(馬上)

대형명기(大形名旗) 1열

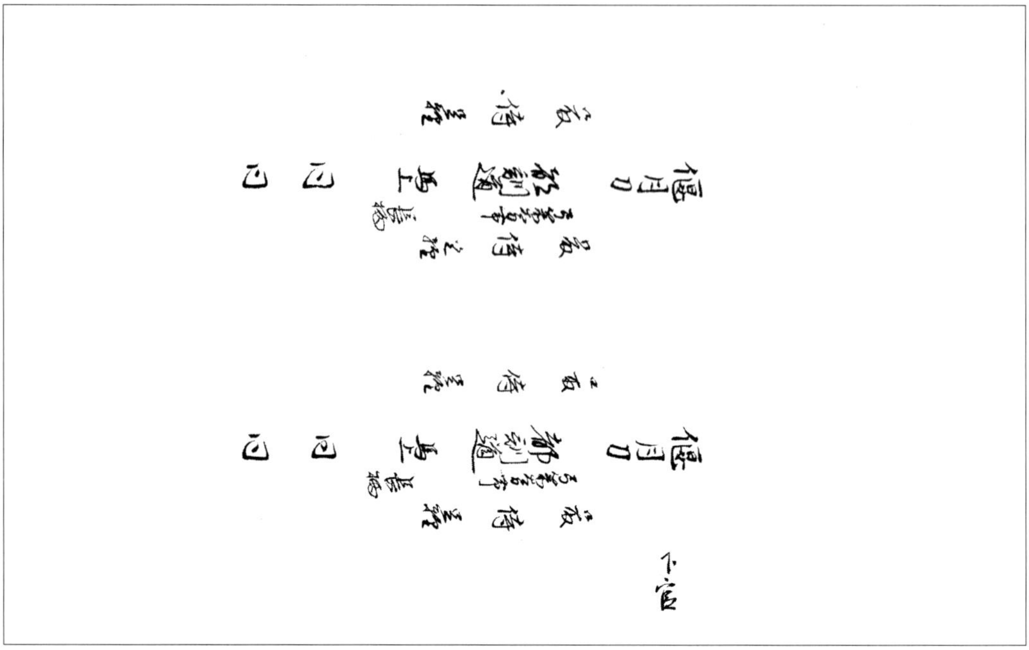

偃月刀 **偃月刀**

口取 口取 口取 口取

侍 **都訓道** 弓箭·太刀帶 侍 侍 **都訓道** 弓箭太刀帶 侍

足輕 馬上 足輕 足輕 馬上 足輕

長柄 長柄

同 同

同 同

언월도(偃月刀) 언월도

마부 마부 마부 마부

사무라이 도훈도(都訓道) 사무라이 사무라이 도훈도 사무라이

활·화살·태도 휴대 활·화살·태도 휴대

아시가루	마상(馬上)	아시가루	아시가루	마상	아시가루
	긴 창			긴 창	
	同			同	
	同			同	

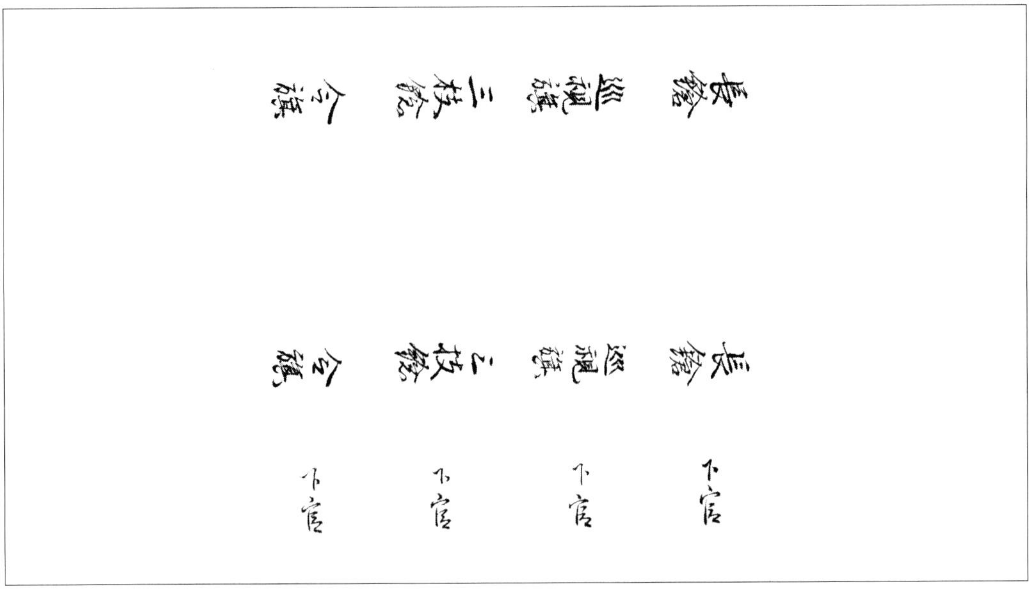

長槍	長槍	下官
巡視旗	巡視旗	下官
三枝槍	三枝槍	下官
令旗	令旗	下官

긴 창	긴 창	하관(下官)
순시기(巡視旗)	순시기	하관
삼지창(三枝槍)	삼지창	하관
영기(令旗)	영기	하관

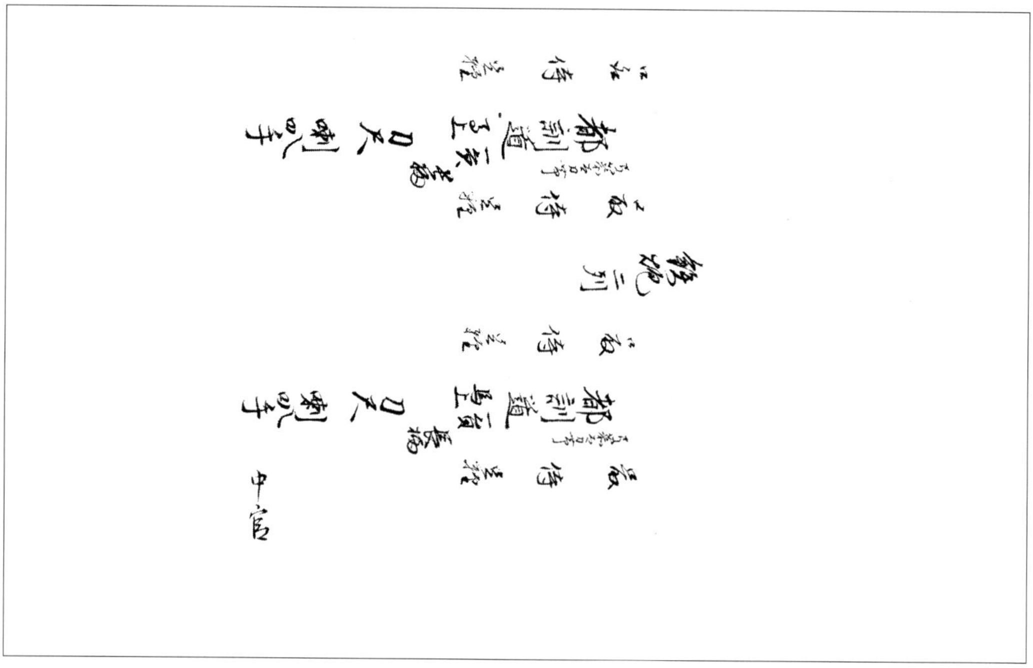

鐵炮二列

口取		口取	口取		口取
	弓箭·太刀帶			弓箭·太刀帶	
侍	**都訓導**	侍	侍	**都訓導**	侍
足輕	一員馬上	足輕	足輕	一員馬上	足輕
	長柄			長柄	

刀尺　　刀尺

喇叭手　　喇叭手　　中官

철포(鐵炮) 2열

마부　　마부　　마부　　마부

활 · 화살 · 태도 휴대　　활 · 화살 · 태도 휴대

사무라이　도훈도　사무라이　　사무라이　도훈도　사무라이

아시가루(足輕)　1인　마상(馬上)　아시가루　　아시가루　1인　마상　아시가루

긴 창　　긴 창

도척(刀尺)　　도척

나팔수　　나팔수　　중관(中官)

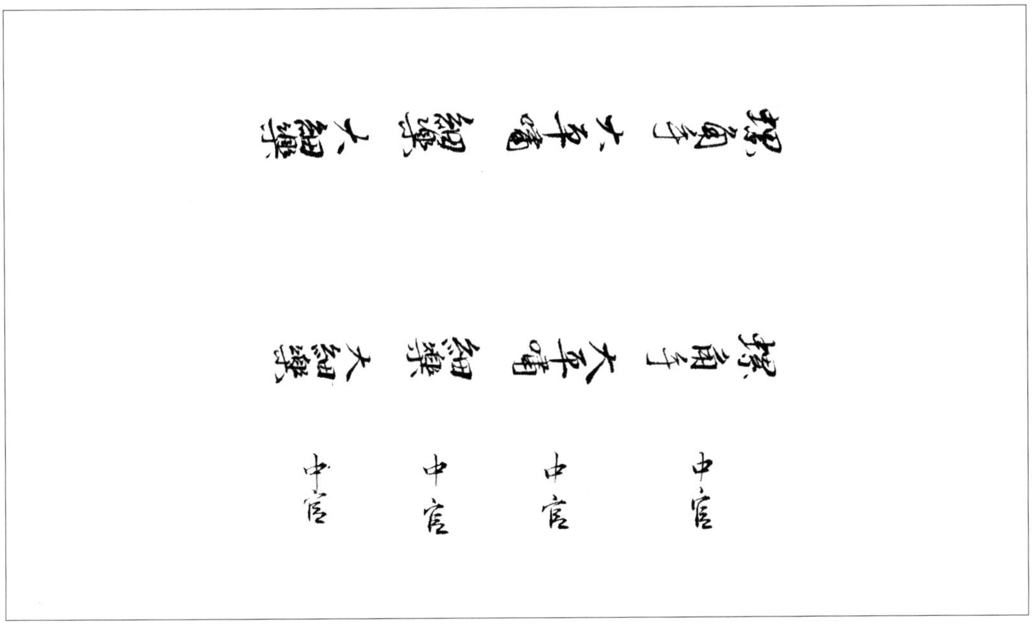

螺角手	螺角手	中官
大平嘯	大平嘯	中官
細樂	細樂	中官
大細樂	大細樂	中官

나각수(螺角手)	나각수	중관(中官)
태평소	태평소	중관
세악	세악	중관
대세악	대세악	중관

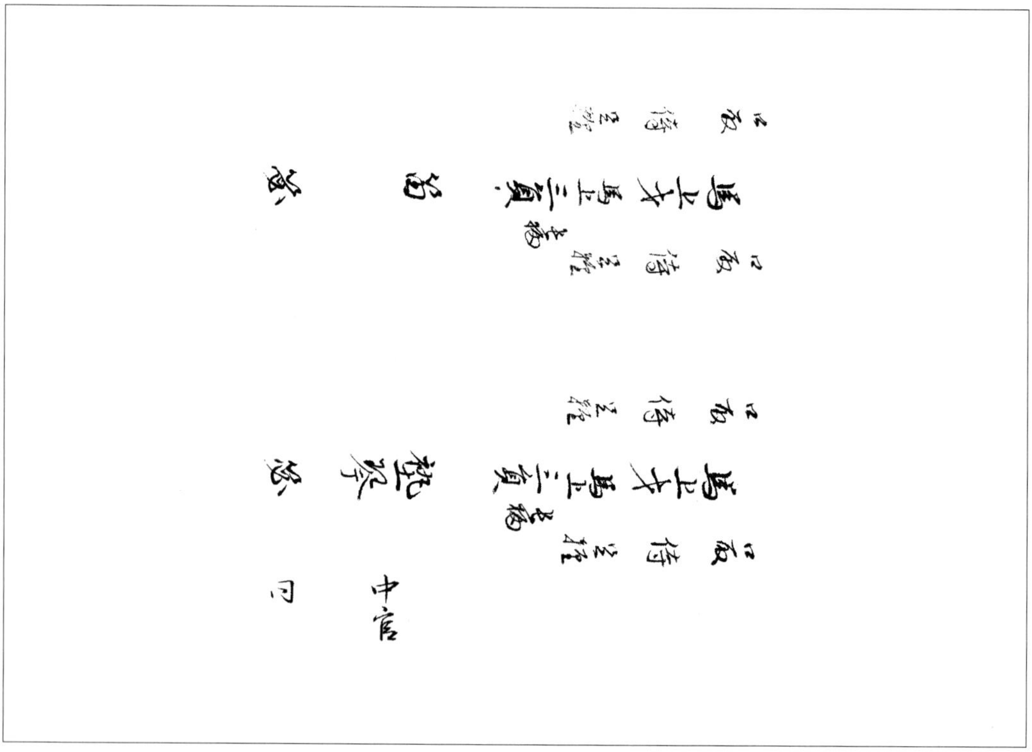

口取	口取	口取	口取
馬上才		**馬上才**	
侍	侍	侍	侍
馬上三員		馬上三員	
足輕	足輕	足輕	足輕
長柄		長柄	
笛	**嵇琴**	中官	
苾	**苾**	同	

마부	마부	마부	마부
마상재(馬上才)		마상재	
사무라이	사무라이	사무라이	사무라이
마상(馬上) 3인		마상 3인	
아시가루	아시가루	아시가루	아시가루
긴 창		긴 창	
적(笛)	해금	중관(中官)	
피리	피리	同	

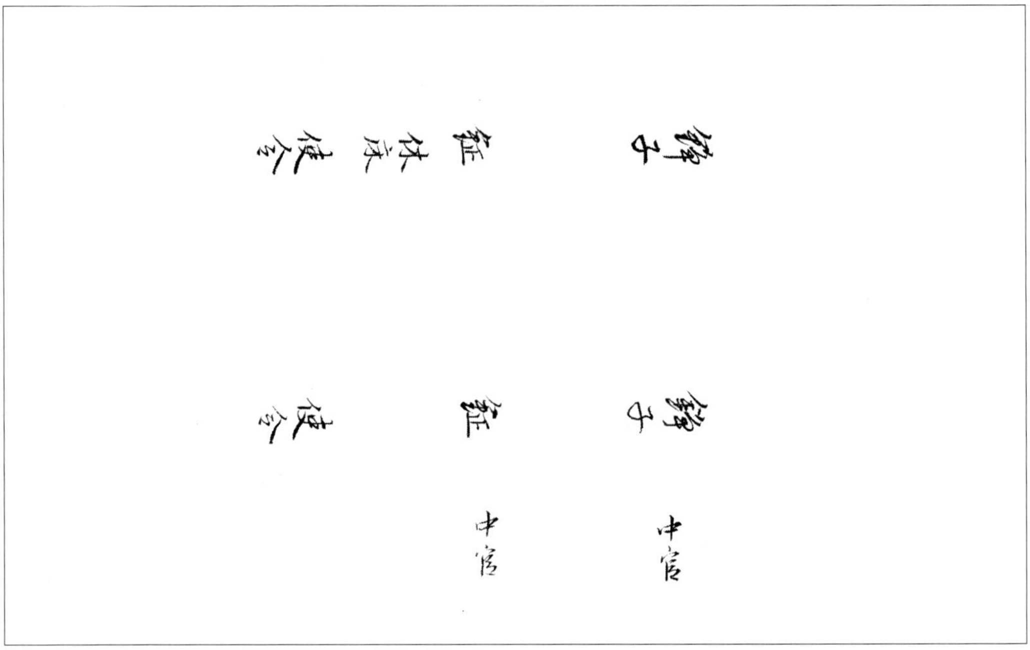

錚子	**錚子**	中官
鉦	**鉦**	中官
休床		
使令	使令	

자바라(錚子)	자바라	중관(中官)
징	징	중관
휴상(休床)		
사령(使令)[143]	사령	

---

143 사행 때의 수행원으로 형사(刑事) 업무 등을 맡은 사람. 죄를 지은 격군(格軍)이나 사공(沙工) 등 하부 수군직의 원역(員役)들을 문초하는 일과 관소(館所)의 출입을 통제하는 일 등을 담당했다. 통신사행 때 대개 삼사(三使)가 각각 4인씩 총 12인을 거

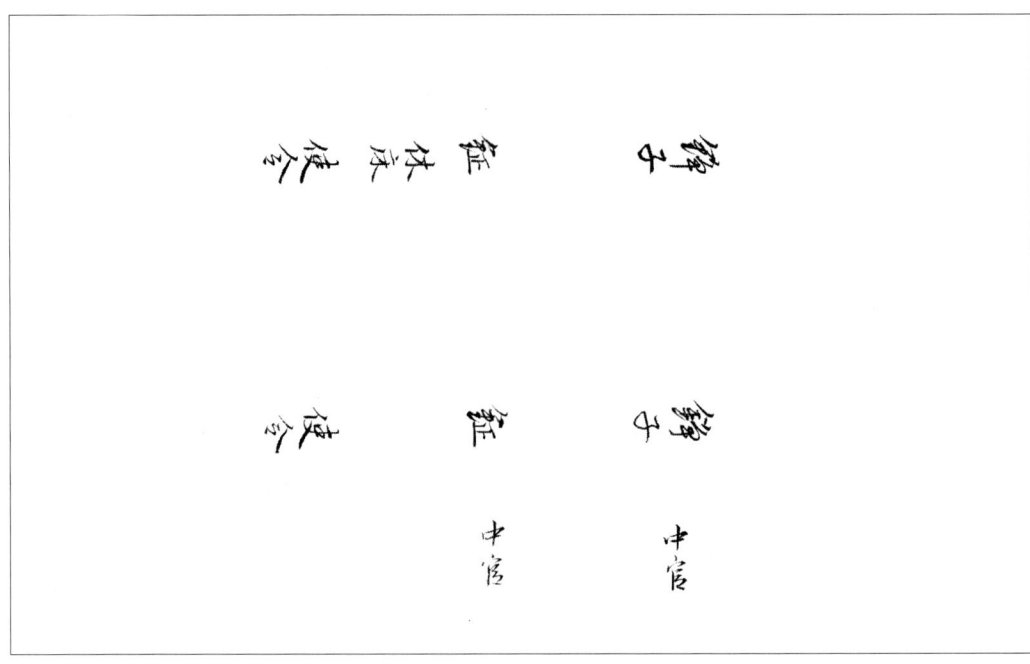

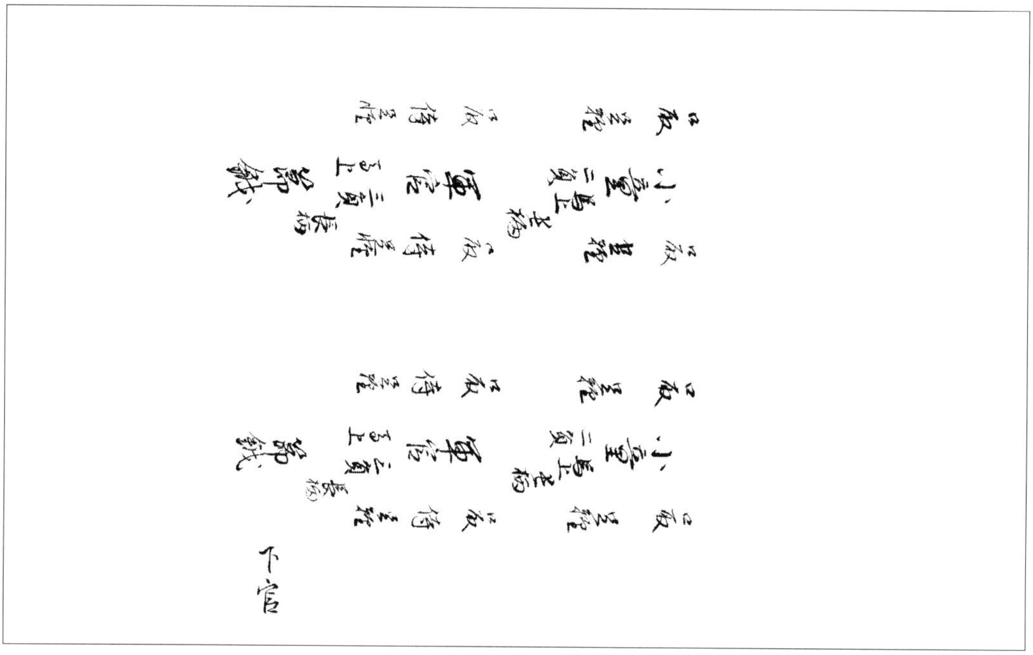

口取		口取	口取		口取
	小童			**小童**	
	馬上			馬上	
足輕	二員	足輕	足輕	二員	足輕
	長柄			長柄	
口取		口取	口取		口取
	軍官			**軍官**	

느리고 갔으나, 1811년 역지통신 때에는 정사와 부사가 각각 4인씩, 당상관이 각각 2인씩 거느리고 갔다. 문위행 때에는 대체로 4인의 사령을 데리고 갔다. 중관(中官)에 속한다. (대일관계 용어사전)

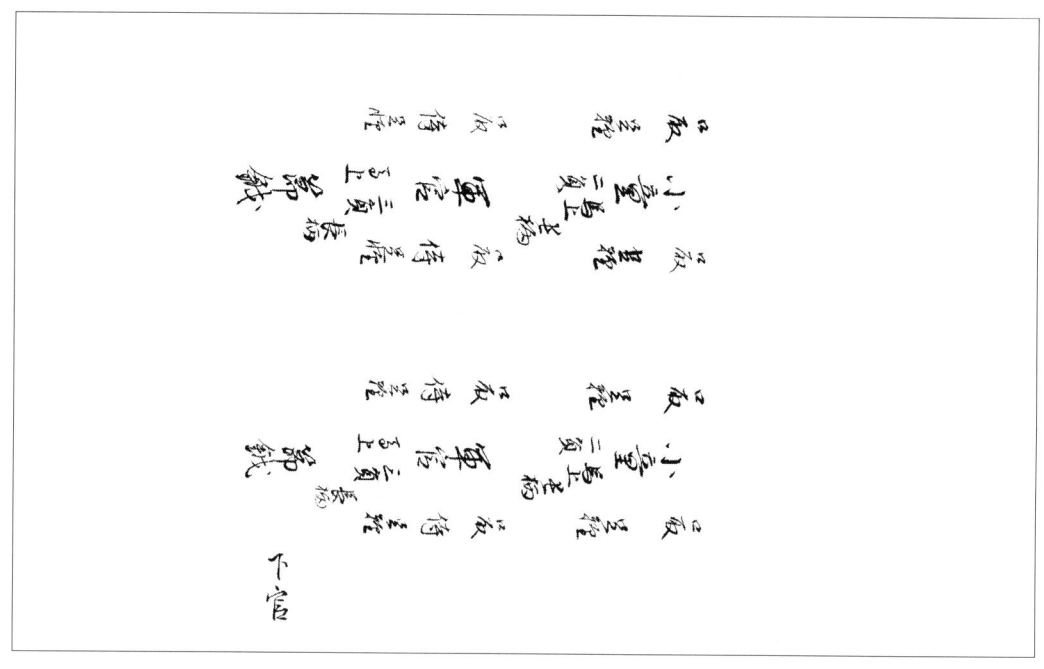

侍 侍 侍 侍

三員 三員

足輕 馬上 足輕 足輕 馬上 足輕

長柄 長柄

節鉞 節鉞 下官

마부 마부 마부 마부

소동(小童) 소동

마상(馬上) 마상

아시가루 2인 아시가루 아시가루 2원 아시가루

긴 창 긴 창

마부 마부 마부 마부

군관(軍官) 군관

사무라이 사무라이 사무라이 사무라이

3인 3인

아시가루 마상 아시가루 아시가루 마상 아시가루

긴 창 긴 창

절월(節鉞) 절월 하관(下官)

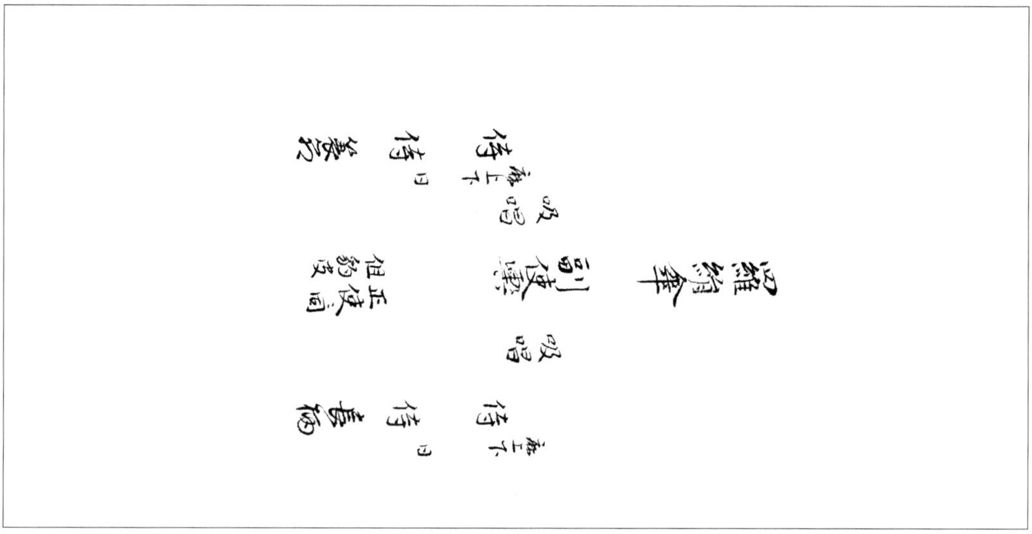

	羅絹傘	
吸唱	**副使輿**	吸唱
侍 麻上下		侍 麻上下
侍 同		侍 同
	正使二同	
簑箱	但, 豹皮	簑箱

	비단 양산[羅絹傘]	
흡창	부사(副使) 가마	흡창
사무라이 마(麻) 상하의		사무라이 마 상하의
사무라이 同		사무라이 同
	정사(正使)와 같음	
도롱이상자	단, 표범가죽	도롱이상자

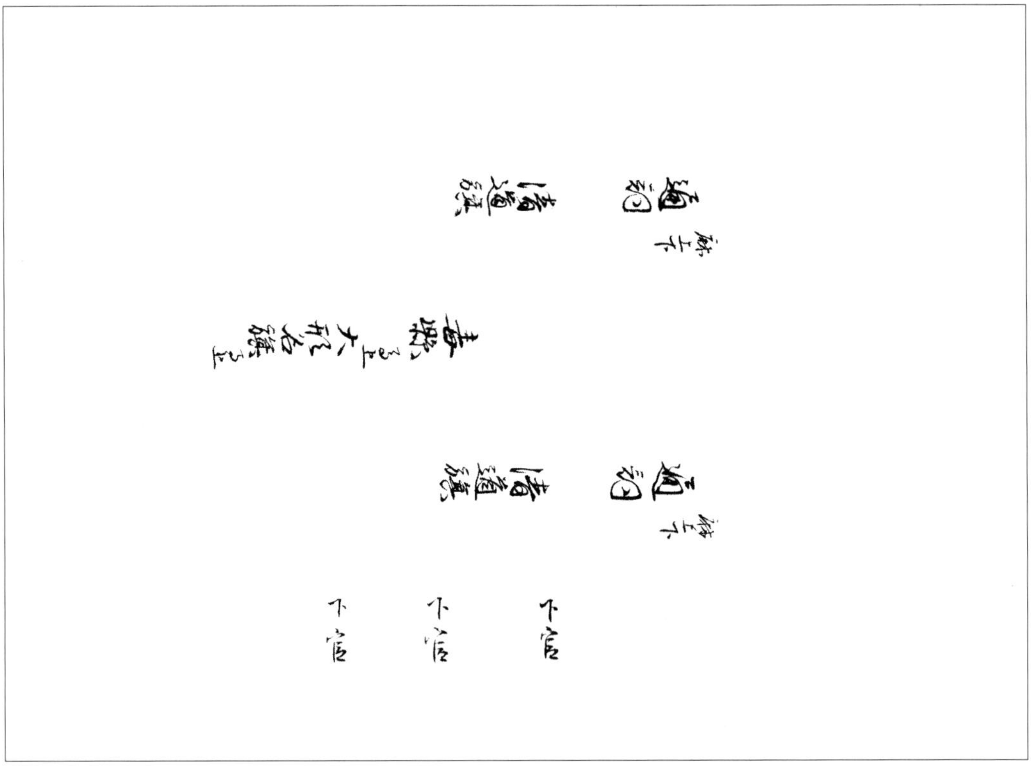

通詞 麻上下　　　　通詞 麻上下

下官

清道旗　　　　清道旗

纛　　　　下官

馬上

大形名旗　　　　下官

馬上

통사(通詞) 마(麻) 상하의　　　　통사 마 상하의

하관(下官)

청도기(淸道旗)　　　　청도기

독기(纛旗)　　　　하관

마상(馬上)

대형명기(大形名旗)　　　　하관

마상

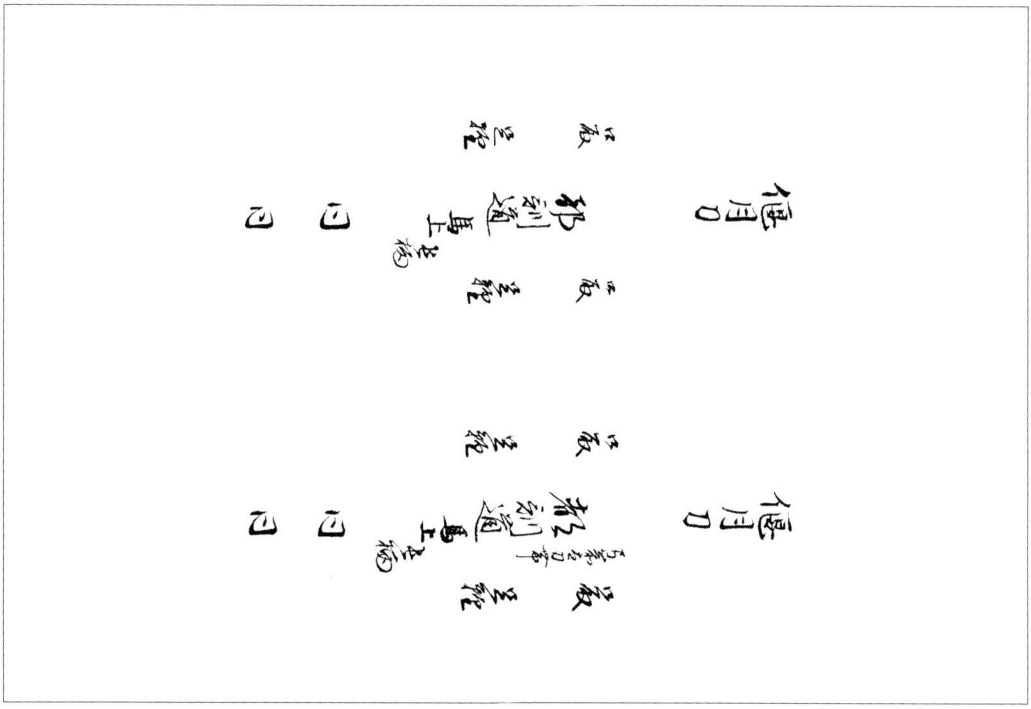

偃月刀　　　　偃月刀

口取　　口取　　口取　　口取

都訓道　　　　弓箭·太刀帶 都訓道

足輕　馬上　足輕　　足輕　馬上　足輕

長柄　　　　長柄

同　　　　同

同　　　　同

언월도(偃月刀)　　　　언월도

마부　　마부　　마부　　마부

활·화살·태도 휴대

도훈도(都訓道)　　　　도훈도

아시가루　마상(馬上)　아시가루　아시가루　마상　아시가루

긴 창　　　　긴 창

同　　　　同

同　　　　同

長槍	**長槍**	下官
巡視旗	**巡視旗**	同
三枝槍	**三枝槍**	同
令旗	**令旗**	同

긴 창	긴 창	하관(下官)
순시기(巡視旗)	순시기	同
삼지창(三枝槍)	삼지창	同
영기(令旗)	영기	同

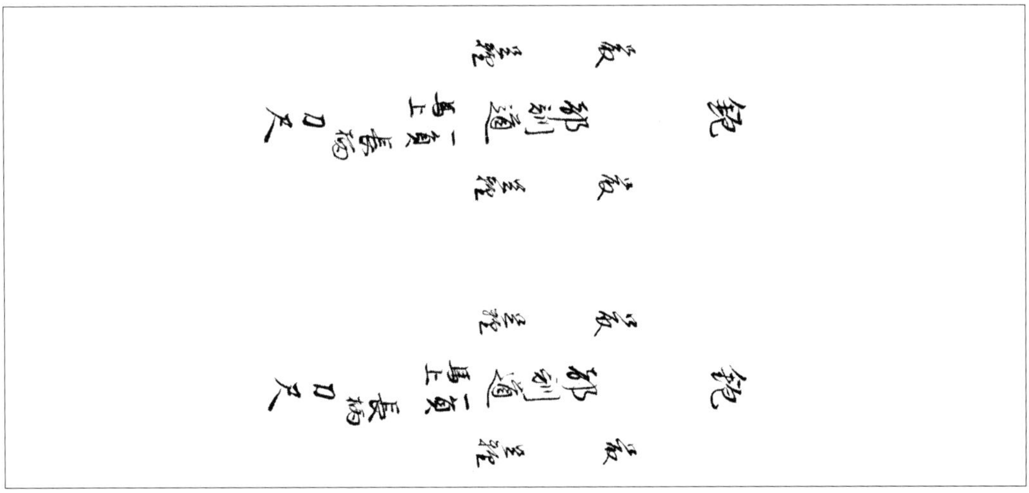

鉋	鉋
口取　口取	口取　口取
都訓道	**都訓道**
足輕　足輕	足輕　足輕
一員馬上	一員馬上
長柄	長柄
刀尺	**刀尺**

포(鉋)	포
마부　마부	마부　마부
도훈도	도훈도
아시가루　아시가루	아시가루　아시가루
1인 마상	1인 마상
긴 창(長柄)	긴 창
도척(刀尺)	도척

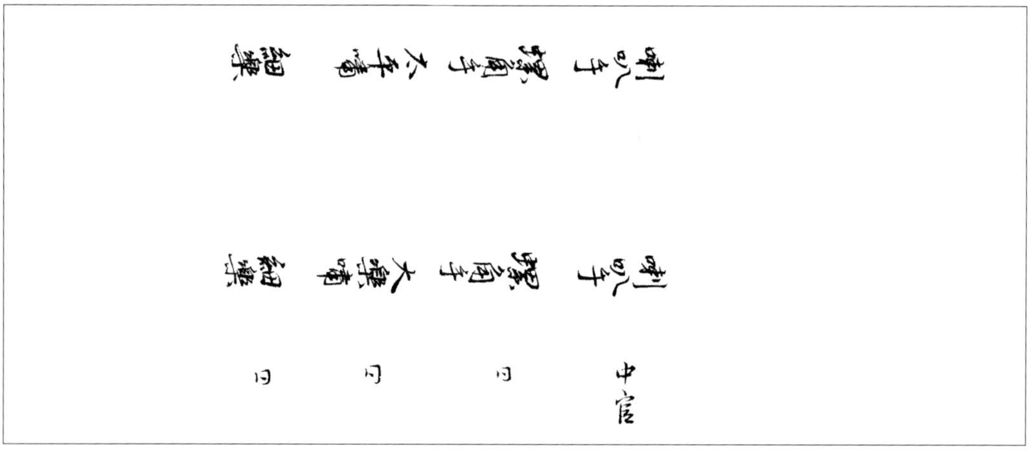

喇叭手	**喇叭手**	中官
螺角手	**螺角手**	同
太平嘯	**太平嘯**	同
細樂	**細樂**	同

나팔수(喇叭手)	나팔수	중관(中官)
나각수(螺角手)	나각수	同
태평소(太平嘯)	태평소	同
세악(細樂)	세악	同

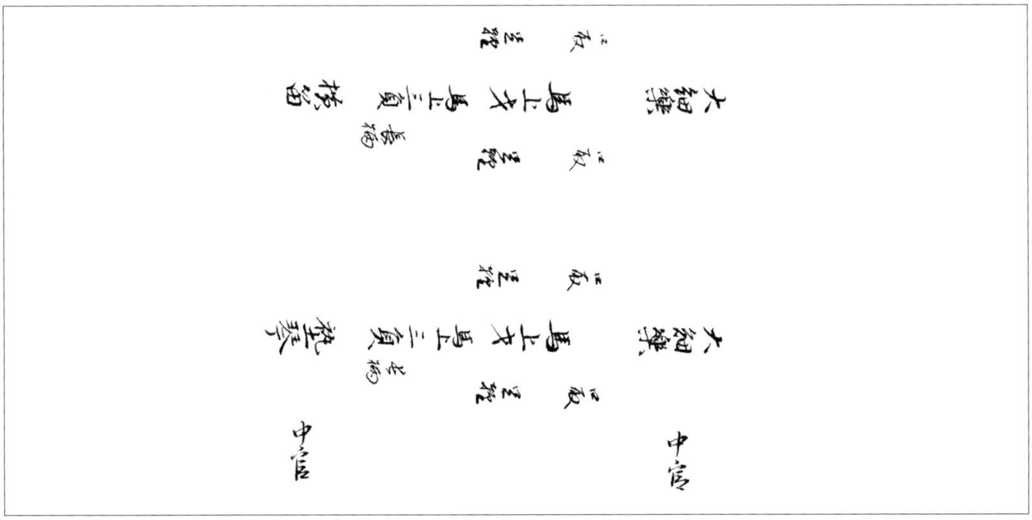

	大細樂			**大細樂**		中官
口取		口取	口取		口取	
	馬上才			**馬上才**		
足輕		足輕	足輕		足輕	
	馬上三員			馬上三員		
		長柄			長柄	
	橫笛			**嵇琴**		中官

	대세악(大細樂)			대세악		중관(中官)
마부		마부	마부		마부	
	마상재(馬上才)			마상재		
아시가루		아시가루	아시가루		아시가루	
	마상(馬上) 3인			마상 3인		
		긴 창(長柄)			긴 창	
	횡적(橫笛)			해금		중관

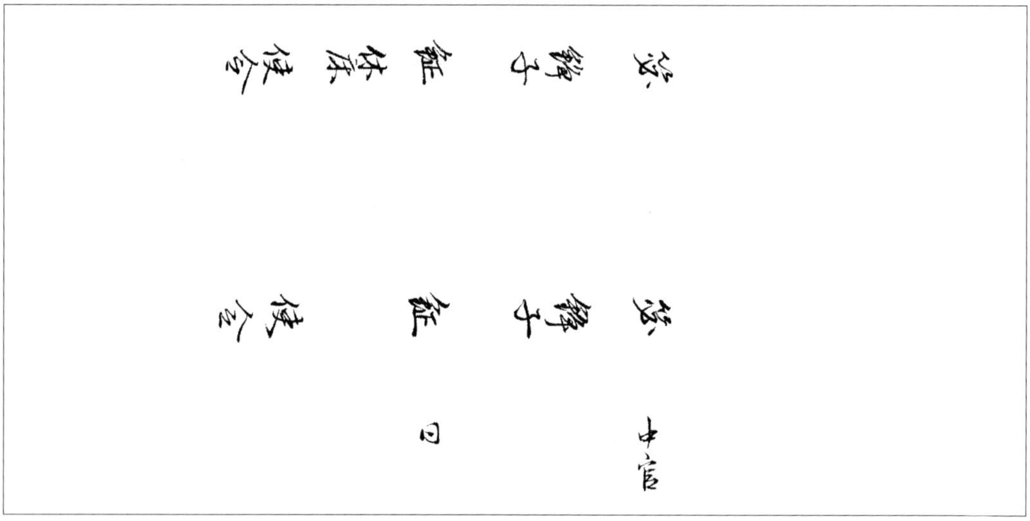

苾	**苾**	中官
錚子	**錚子**	
鉦	**鉦**	同
休床		
使令	**使令**	

피리	피리	중관(中官)
자바라(錚子)	자바라	
징	징	同
휴상(休床)		
사령(使令)	사령	

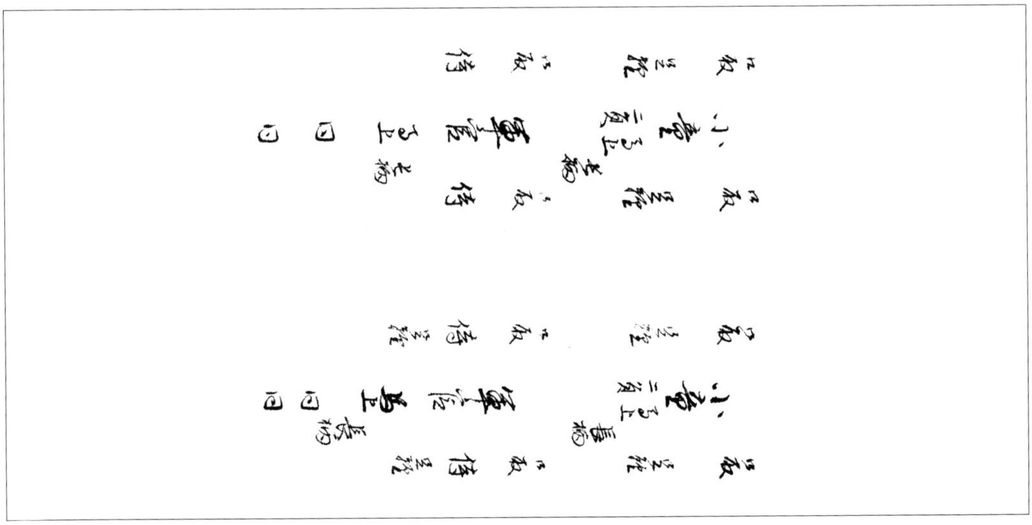

口取		口取	口取		口取
	小童			**小童**	
	馬上			馬上	
足輕	二員	足輕	足輕	二員	足輕
	長柄			長柄	

口取		口取	口取		口取
	軍官			**軍官**	
侍		侍	侍		侍
	馬上		足輕	馬上	足輕
	長柄			長柄	
	同			同	
	同			同	

마부		마부	마부		마부
	소동(小童)			소동	
	마상(馬上)			마상	
아시가루	2인	아시가루	아시가루	2인	아시가루
	긴 창(長柄)			긴 창	

마부		마부	마부		마부
	군관(軍官)			군관	
사무라이		사무라이	사무라이		사무라이
	마상		아시가루	마상	아시가루

긴창 긴창

同 同

同 同

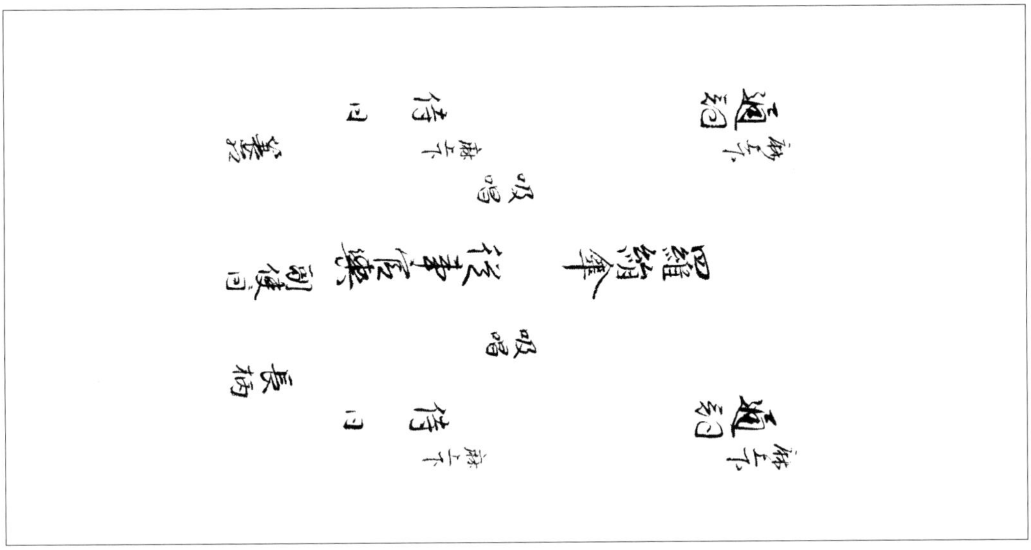

通詞 麻上下		**通詞** 麻上下
	羅絹傘	
吸唱		**吸唱**
侍 麻上下	**從事官輿**	侍 麻上下
同		同
簑箱	副使ニ同	長柄

통사(通詞) 마(麻) 상하의 통사 마 상하의

비단 양산

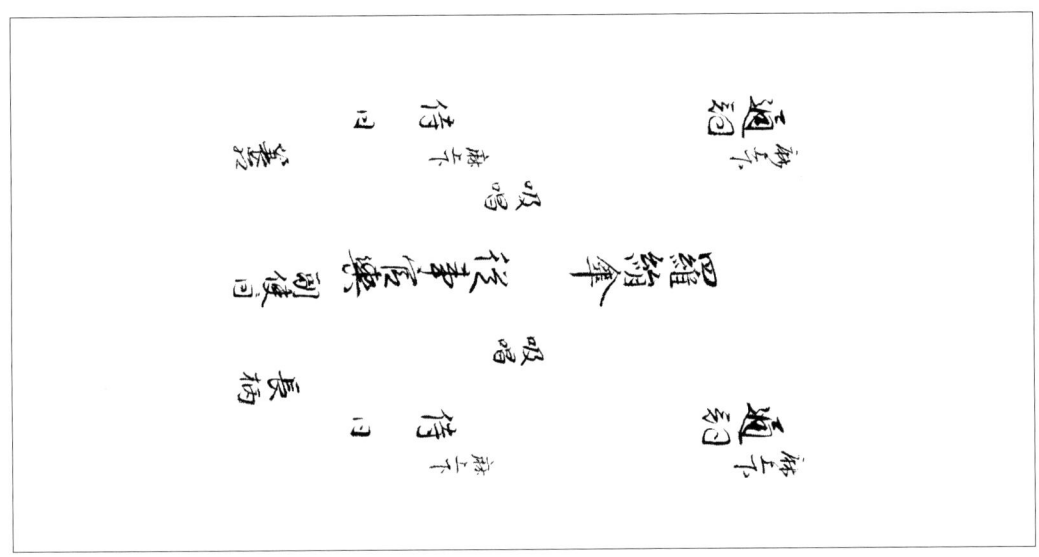

흡창(吸唱) 흡창

사무라이 마 상하의 종사관(從事官) 가마 사무라이 마 상하의

同 同

도롱이 상자 부사(副使)와 같음 긴 창

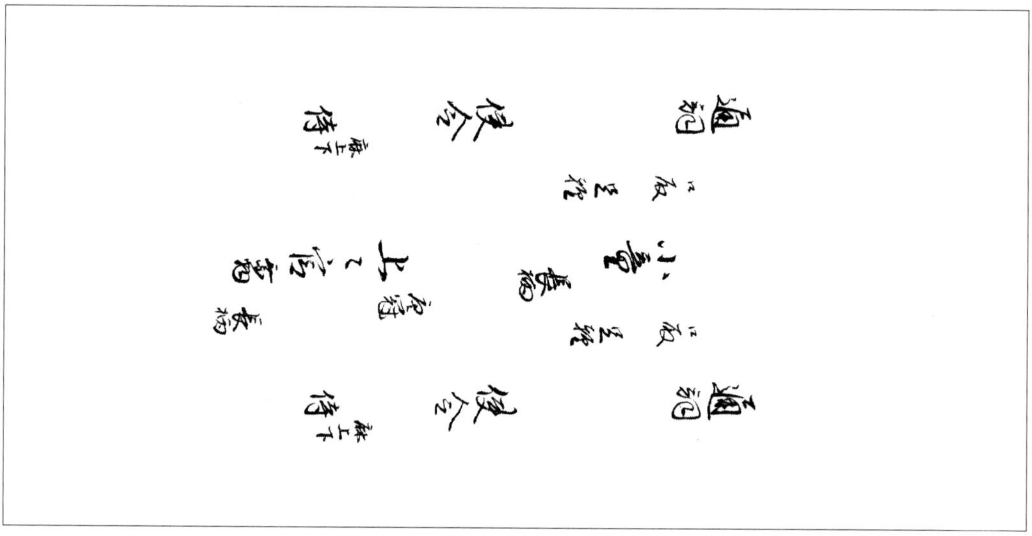

通詞 通詞

口取 口取

小童

足輕 足輕

長柄

使令 使令

唐冠

侍 麻上下 **上々官乘物** 侍 麻上下

통사(通詞) 통사

마부 마부

소동(小童)

아시가루 아시가루

긴 창

사령(使令) 사령

당관(唐冠)

사무라이 상하의 당상관 가마 사무라이 마 상하의

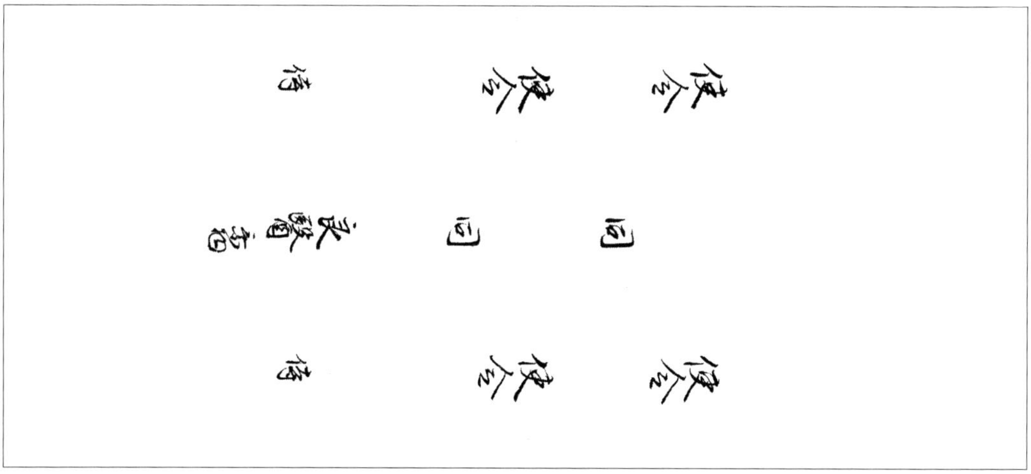

使令 使令

同

使令 使令

同

侍 **良醫** 乘物 侍

사령(使令) 사령

同

사령 사령

同

사무라이 양의(良醫) 가마 사무라이

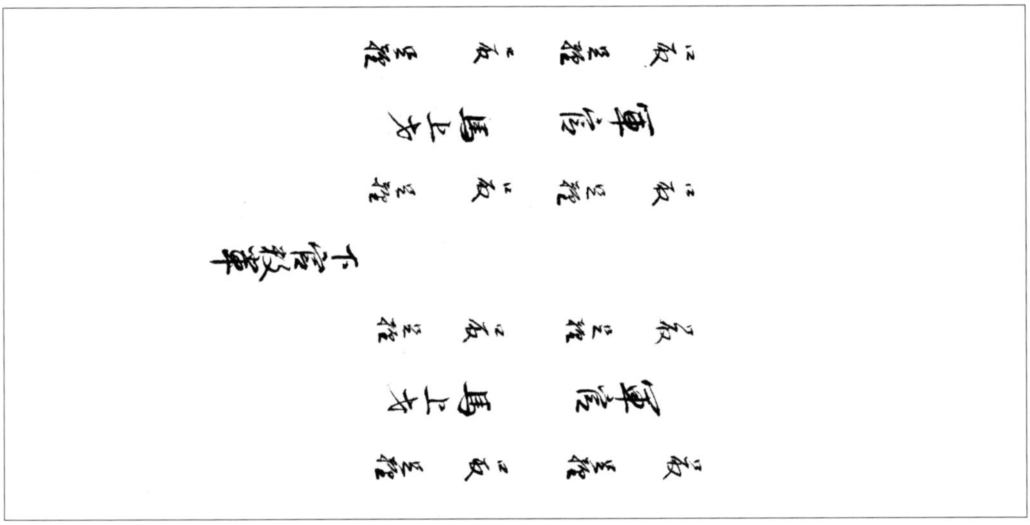

口取 口取 口取 口取

軍官 軍官

足輕 足輕 足輕 足輕

口取 口取 口取 口取

馬上才 馬上才

足輕 足輕 足輕 足輕

下官數輩

마부	마부	마부	마부
군관(軍官)		군관	
아시가루	아시가루	아시가루	아시가루
마부	마부	마부	마부
마상재(馬上才)		마상재	
아시가루	아시가루	아시가루	아시가루

하관(下官) 여러 명

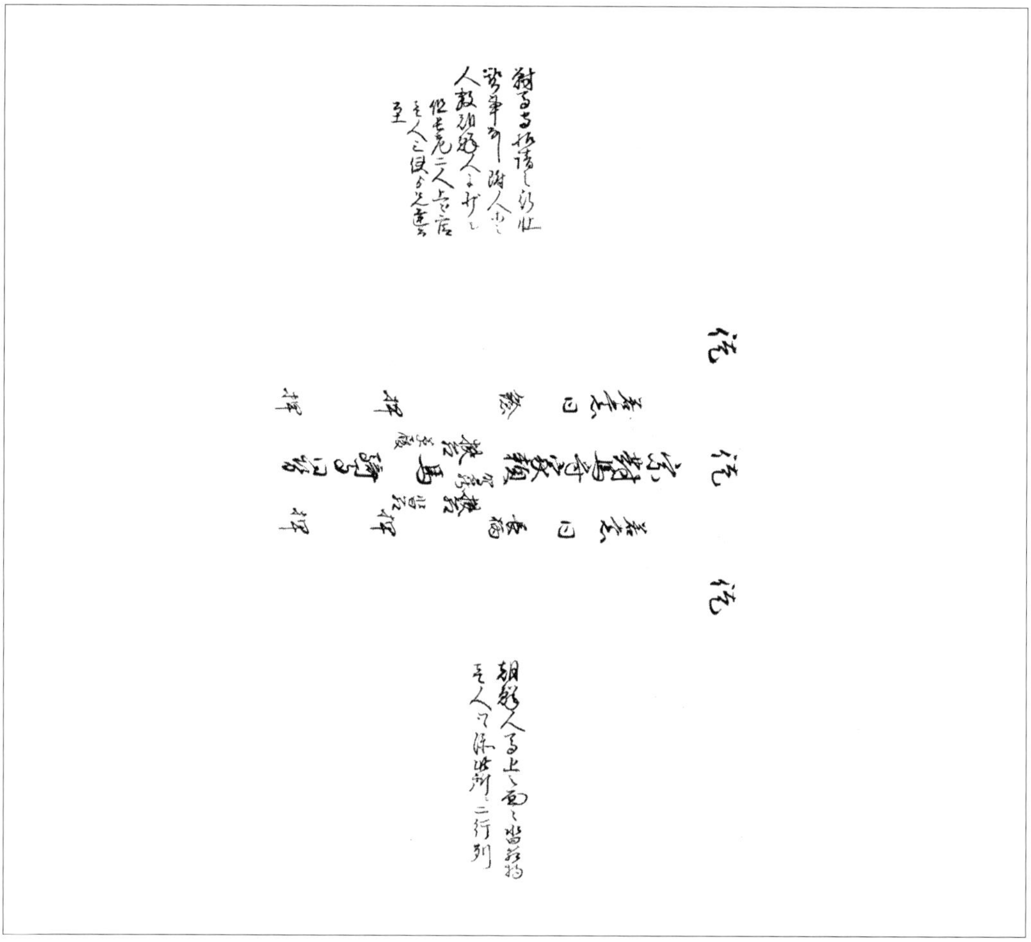

對馬守招請之行壯

替事なし附人等之

人數朝鮮人に少シ

但, 長老二人上々官壹人三使ゟ先達而至.

徒		徒		徒
	若黨		若黨	
同		**宗對馬守家賴**		同
槍				長柄
	挾箱	駕籠	挾箱	
		馬		
	草履		沓箱	
押				押
		騎馬		
押		同勢		押

朝鮮人馬上之面々沓箱持

壹人ツヽ添. 此所ニ二行列

쓰시마노카미(對馬守) 초청의 행장(行壯)[144]은 바꾸지 않으며 수행원 수는 조선인보다 적다.

단, 장로(長老) 2인, 상상관 1인이 삼사보다 먼저 도착하다.

144 行裝(또는 行粧)의 뜻으로 보인다. 외출 시의 차림새.

사무라이	사무라이	사무라이
와카토(若黨)[145]		와카토
同	소 쓰시마노카미(宗對馬守)의 가신[146]	同
창		긴 창
하사미바코(挾箱)[147]	가마	하사미바코
	말	
조리(草履)[148]		신발함(沓箱)
오사에(押)[149]		오사에
	기마(騎馬)	
오사에	일행	오사에

조선인은 말을 탄 사람들에게 신발함을 드는 사람 1명씩 붙음. 이곳에 2개 행렬

---

145 말에 탈 자격이 없는 신분이 낮은 무사.

146 원문에는 '家賴'라고 표기되어 있으나 가신을 의미하는 '家來(케라이)'의 의미로 추정된다.

147 무가(武家)에서 공무로 외출할 때 수행하는 사람에게 짊어지게 하는 물품 상자. 장방형(長方形) 상자의 양 끝에 고리가 달려 있어서 그 고리에 짊어지는 막대기를 통과시킨다.

148 조리토리(草履取). 무로마치(室町) 시대 이후, 무가(武家)에서 주인의 짚신을 들고 따라다니던 하인.

149 대열이나 행렬의 후미 부분에 서서 열이 흐트러지지 않도록 하는 사람.

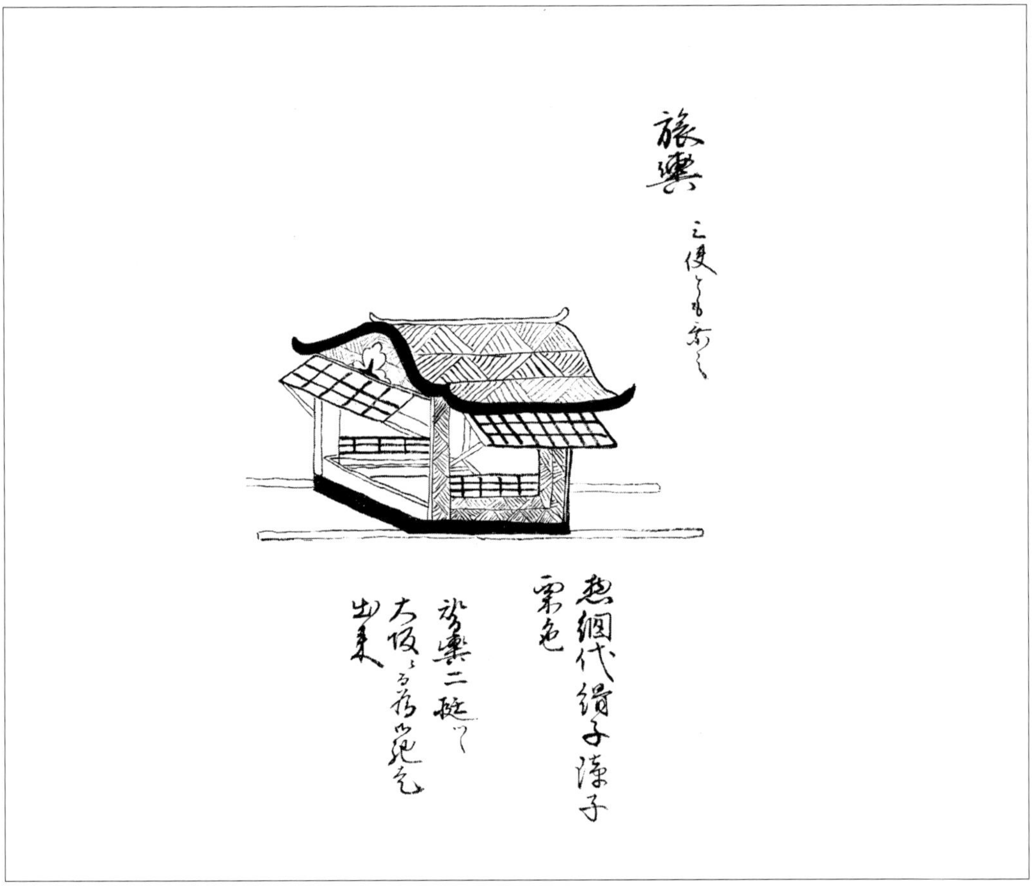

旅輿

三使とも乘之.

摠網代緝子障子栗色

替輿二挺ツヽ

大坂ニ而爲御馳走出來.

가마[旅輿]

삼사 모두 [가마에] 탄다.

[가마는] 전체를 아지로(網代) 기법으로 엮은 형태이고,[150] 장지[障子][151]는 밤색.
교대용 가마 2정(挺)씩을 오사카에서 접대용으로 제공했다.

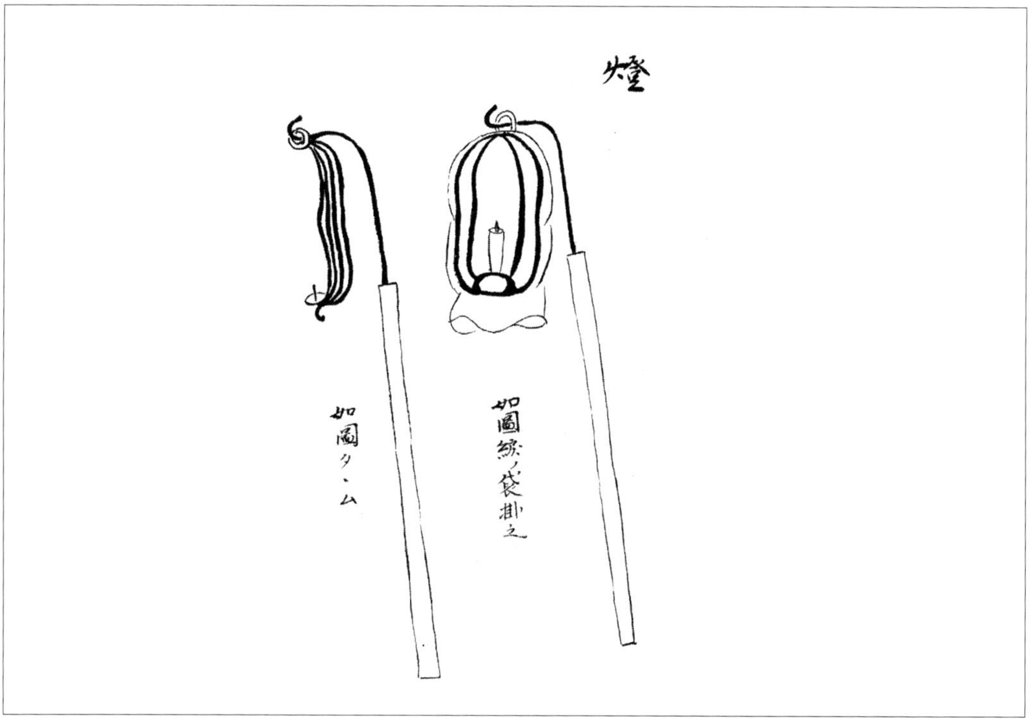

燈

如圖綟ノ袋掛之

如圖タヽム

150 회나무, 대나무, 갈대 등을 가늘게 깎아서 서로 교체시키면서 짠 것. 담, 병풍, 천정(天井), 가마(輿), 부채(団扇), 갓(笠) 등을 만들 때 사용한다.

151 가마의 드나드는 문과 창문 부분으로 추정된다.

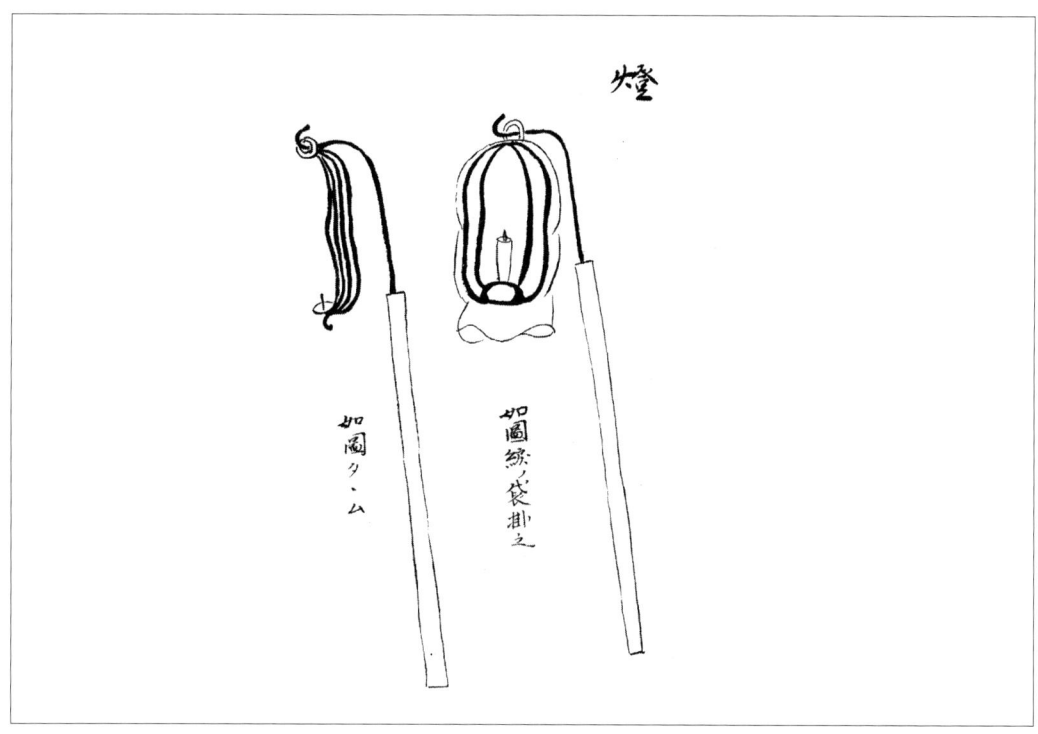

등(燈)

그림과 같이 연둣빛 주머니를 건다.

그림과 같이 접는다.

一. 二月卄七日巳上刻御表江
出, 御三使御禮畢而御饗應.
萬石以上·萬石以下·布衣以上御役人出仕面々江
御菓子被下之

一. 2월 27일 사시(巳時)[152] 상각(上刻)[153]에 앞뜰로 나아가 삼사가 예를 마치고 향응을 행했다.
[석고] 만 석(石) 이상, 만 석 이하, 호이(布衣) 이상의 막부 관리로 출사한 사람들에게 과자(菓子)가 하사되었다.

一. 三使登城之節, 旗鉾持之下官大手御門前ニ而左右ニ列立,
上官以下者下馬, 上々官三員下乘橋詰ニ而下輿, 下官共者
大手殘. 下乘橋之御門より御玄關前御門迄筵を敷.
夫ゟ御玄關迄薄緣. 三使中之御門ニ而下輿. 中御門邊江
爲待請左之面々罷出.
掛り　御馳走人

152 오전 9시부터 11시 사이.

153 일각(一刻, 2시간)을 상·중·하로 삼등분한 데에서 최초의 시각.

大目付

長老兩人

三使下輿之後, 各一揖有而, 先達而御玄關へ至, 于時

一. 삼사가 에도성에 들어갈 때 깃대를 든 하관은 오테몬(大手御門)[154]에서 좌우로 정렬하여 서고 상관 이하는 말에서 내리며, 상상관 3인은 게조바시(下乘橋)[155]의 끝에서 가마에서 내리고 하관들은 오테몬에 남는다. 게조바시의 문에서 현관 앞에 있는 문까지 대자리(筵)를 깐다. 거기서부터 현관까지 휘갑친 돗자리[薄縁]. 삼사는 나카노고몬(中之御門)에서 가마에서 내린다. 나카노고몬 근처로 응접을 위해 다음 사람들이 나온다.

담당　　접대인

오메쓰케

장로 2인

삼사가 가마에서 내린 후 각자 한 번 읍을 하고 먼저 현관에 이르고, 그때

御玄關迄左之面々罷出.

寺社奉行四人

大目付三人

御式臺迄出向一揖有而致案內, 三使与殿上之間御下段

154 에도성의 정문 오테몬.

155 에도성 안에 있는 다리의 하나. 등성하는 다이묘가 탈 것에서 내려야하는 다리로, 거기에서 안으로 데리고 갈 수 있는 부하도 매우 제한되어 있었다.

御襖際北向着座. 上々官者御同所西之張附之際
罷出, 對馬守者三使着座之向在之. 上判事以下者
御次間, 次官·小童對馬守家士之御同前御緣頰ニ罷出,
中官之面々者御玄關前庭上ニ罷出.
但, 書翰轎者中之御門ニ而上々官轎より取出, 三使之

현관까지 아래의 사람들이 나온다.

지샤부교(寺社奉行) 4인

오메쓰케(大目付) 3인

현관 앞 한 단 낮은 마루까지 마중 나가, 한 번 읍을 하고 안내하여 삼사와 덴조노마(殿上之間)의 아랫단 미닫이 부근에 북향으로 앉다. 상상관은 서쪽 장지 부근으로 나가고, 쓰시마노카미는 삼사가 앉은 자리의 맞은편에 자리한다. 상판사 이하는 곁방에, 차관·소동은 쓰시마노카미의 가신과 같이 툇마루(緣頰)[156]로 나가며, 중관들은 현관 앞 마당으로 나간다. 국서가 보관된 가마는 나카노몬에서 상상관이 가마에서 꺼내어, 삼사보다

先ニ立營中江入, 書翰之箱殿上之間御床之上ニ
置之.
一. 進物之品者前日差出.

156 엔가와(緣側·椽側·緣頰). 방의 바깥쪽에 만들어 놓은 툇마루. 복도 혹은 바닥에서 방(또는 마루로)으로 올라가는 입구로 이용된 일본 가옥 특유의 공간. 바깥과 경계 부분에 덧문(雨戶)이나 유리문을 세우기도 하며, 그런 것 없이 눈과 비에 그대로 노출되는 툇마루를 누레엔(濡れ緣)이라 한다. 에도시대에는 등성한 무사들의 대기소, 알현 등이 행해진 장소이기도 하다. 에도성 안에 오히로마(大廣間), 기쿠노마(菊之間), 御黒書院, 御白書院, 御右筆部屋 등에 엔가와가 설치되어 있었다.

一. 御馬者御馬預り假布衣着之. 副舍人·白丁·御馬方,
三使御禮之席江罷出見計ひ, 御舞臺前庭上
御目通江引出之.

御次第

一. 書翰箱高家上々官ゟ請取之. 御太刀役高家
御中段西疊之末ニ罷出ル. 披露之次三使

먼저 출발하여 건물 안으로 들어가고, 국서 상자는 덴조노마(殿上之間)의 바닥에 놓는다.

一. 예물은 전날 보낸다.

一. [쇼군에게 예물로 가져온] 말은 우마아즈카리(馬預)[157]가 가포의(假布衣)를 입고, 후쿠도네리(副舍人)[158] · 하쿠테이(白丁)[159] · 우마카타(馬方)[160]가 삼사가 예식의 자리로 나가는 때를 헤아

157 우마아즈카리(馬預)는 관마(官馬)의 조련, 쇼군이 다이묘나 하타모토에게 하사하는 말의 사육 등 마구간 업무 일체를 관장하는 관직. 휘하에 우마카타(馬方), 우마노리(馬乘) 등을 두었다.

158 ①舍人(도네리)는 율령제(律令制)에서 황족이나 귀족을 모시며 호위, 잡용 등에 종사한 하급관리 ②우차(牛車)의 소몰이나 승마의 마부.

159 하급관리가 귀족 관인과 동반할 때 착용하는 흰색의 마 가리기누(狩衣)를 하쿠테이라고 부르며, 또는 그것을 착용한 하급관리를 지칭하기도 한다.

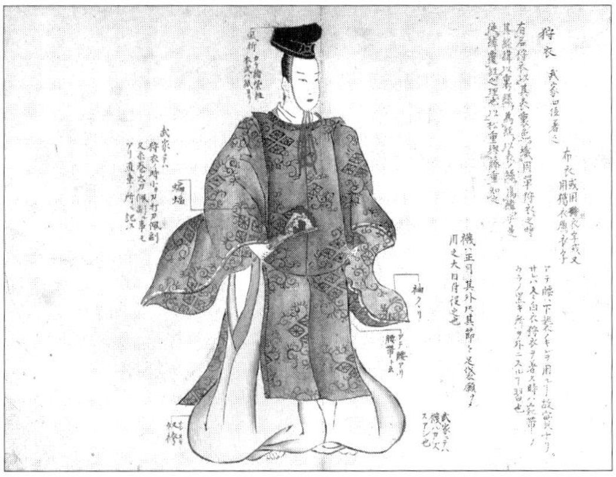

가리기누(狩衣)『裝束着用之図』
(일본국립국회도서관 소장)

160 우마카타(馬方)는 말 관련 업무를 관장하는 우마아즈카리(馬預)보다 아래의 직책.

려 무대 앞의 뜰로 보실 수 있도록 끌고 간다.

절차

一. 서한 상자는 고케(高家)[161]가 상상관에게서 받는다. 다치(太刀)를 찬 고케가 중단(中段之間)의 서쪽 다다미 끝으로 나아가 [서한을] 드러내 보인 다음 삼사가

自分御禮披露. 三使出席, 高家三使を伴ひ御下段罷出ル. 對馬守茂差添御禮之席を差示, 御下段ゟ於五疊目三使一同御禮. 對馬守者五疊目東之方ニ罷在不及披露. 御禮畢而三使松之間江退. 對馬守茂御同所御緣頬江退去.

一. 御前江右近將監·右京大夫被召出, 三使今度來朝之儀大儀思召候付, 御杯被下旨被仰出之.

스스로 예를 취한다. 삼사가 [오히로마에] 들어오면 고케(高家)는 삼사를 동반하여 하단(下段之間)으로 나온다.[162] 쓰시마노카미도 곁에서 예를 표할 자리를 안내하고 하단으로부터

161 에도막부의 직명. 조정(朝廷) 관계의 의례(儀礼)를 관장하고, 칙사(勅使)·원사(院使)의 접대, 교토에의 사자(使者) 등을 담당했다. 무로마치 시대 이래의 명문가인 오자와(大澤), 다케다(武田), 하타케야마(畠山), 오토모(大友), 기라(吉良) 등 26개 가문이 세습했다.

162 에도성 안에서 통신사 의례는 그림의 오히로마(大廣間)에서 거행되었다. 그림은 혼마루고텐(本丸御殿)의 내부 구조를 간략화한 것인데, 이 곳은 쇼군이 거주하면서 정무와 의례를 행하는, 에도성에서 중심적인 역할을 하는 공간이었다. 그림에 보이는 오모테무키(表向)에는 쇼군 알현, 막부 관리들의 집무에 사용하는 공간이 위치하고, 나카오쿠(中奧)는 쇼군의 사적인 생활공간

5번째 다타미에서 삼사 일동이 예를 표한다. 쓰시마노카미는 5번째 다타미의 동쪽에 자리한다. 예를 마치고 삼사는 마쓰노마(松之間)로 물러난다. 쓰시마노카미도 이곳에서 툇마루로 물러난다.

一. 쇼군(御前)께서 우콘노쇼겐(右近將監)·우쿄노다이부(右京大夫)를 부르시어 삼사가 이번에 내방하는 일로 수고했다고 하시며 술을 내리라고 분부하셨다.

御前ゟ兩人退. 御次之間障子際北之上東向ニ列座. 此時, 對馬守板緣江退. 右近將監·右京大夫對馬守江會釋有之. 對馬守右兩人之側江進候時, 三使江上意之趣, 右近將監·對馬守江兩人ニて演達之. 對馬守板緣ニ張出上々官を招, 上意之趣述之. 上々官達之, 三使之側江進ミ壹人宛江演說之. 上々官少退, 對馬守江達之. 對馬守·右近將監·御前江罷出, 三使御請之趣言上之. 畢而元之

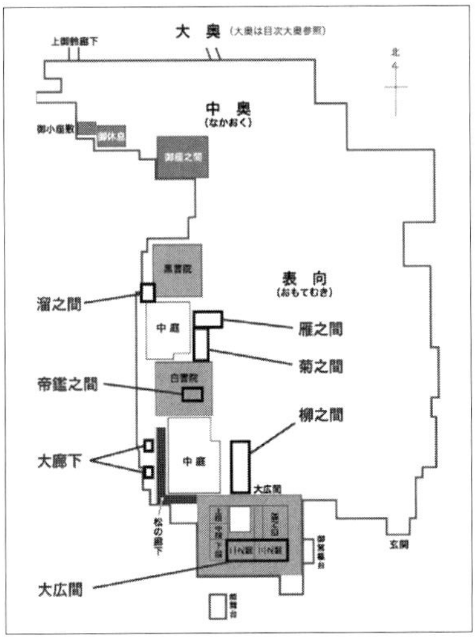

이며, 오오쿠(大奥)는 쇼군의 부인이나 시녀들이 생활하는 공간이다.
(옆 그림은 https://wako226.exblog.jp/16483689/ 참조)

쇼군님에게서 두 사람이 물러났다. 곁방 장지의 북쪽에 동쪽을 향해 늘어앉았다. 이때 쓰시마노카미는 툇마루(板緣)[163]로 물러났다. 우콘노쇼겐·우쿄노다이부는 쓰시마노카미에게 인사를 했다. 쓰시마노카미가 위의 두 사람 곁으로 나아가자 삼사에게 전하는 쇼군님의 뜻을, 우콘노쇼겐이 쓰시마노카미에게 두 사람이 전달했다. 쓰시마노카미는 툇마루로 나가 상상관을 불러 쇼군님의 뜻을 전달했다. 상상관이 그것을 숙지하고 삼사 곁으로 가서 한 사람 한 사람에게 설명했다. 상상관은 잠시 물러나 쓰시마노카미에게 전했다. 쓰시마노카미·우콘노쇼겐이 어전으로 나가 삼사의 답변을 전해 올렸다. [그것을] 마치고

席江復座. 三使又一同出席御下段東之方

上より五疊目ニ着座.

三御杯	磨土器, 木地, 御三方載	高家
御引渡	角杉 こんふ, 吹ちらし, 熨斗	高家
	三使江引渡出. 給仕 中奥御小性	
御銚子	金紙 糸花	高家
御加	右ニ同	高家

御前江召上御加有之. 其御土器御銚子ニ載之.

御中段下より三疊目ニ御酌招有之時, 對馬守

자리로 돌아가 앉았다. 삼사가 다시 전원 [마쓰노마에서] 나와 하단(下段)의 동쪽 위로부터 5번째 다타미에 앉았다.

163 이타엔(板緣). 나무 판을 연결해서 만든 툇마루.

삼어배(三御杯). 간토기(磨土器),[164] 목재(木地),[165] 산보(三方)[166]에 얹음. 고케(高家)[가 음식을 내 옴]

히키와타시(引渡)[167]. 각진 삼나무 상에 다시마, 후키치라시(吹ちらし),[168] 노시(熨斗).[169] 고케 삼사에게 히키와타시를 냈다. 식사 시중은 나카오쿠(中奧)[170]의 고쇼(小姓)[171]

술병(銚子). 금종이 꽃 장식. 고케

술 따르는 도구(加)는 위와 같음. 고케

어전으로 불러들여 술을 채운다. 잔은 술병에 얹는다. 중단(中段) 아래부터 3번째 다타미에서 술을 따르기 위해 가까이 오게 하자, 쓰시마노카미가

164 마연토기(磨研土器). 민무늬토기의 한 형식으로, 표면에 흑연 등의 광물질을 발라 마연(磨研)하여 광택이 있는 검은색 토기이다. '간토기'라고도 한다.

165 옻칠을 하기 전, 흰 나무 상태의 목재, 그릇 등.

166 식품이나 그릇 등을 올려놓는 의식적인 대. 각이 진 쟁반에 앞과 좌우의 세 모퉁이에 구멍을 뚫은 대를 붙인 것. 대개 노송나무의 흰 목재로 만든다.

산보에 음식을 놓은 모습

167 술잔을 3개 곁들인 요리.

168 치라시즈시(ちらし寿司)로 추정된다. 식초와 소금으로 간을 맞춘 밥을 그릇에 담아 생선·조개·달걀부침 등을 얹은 초밥.

169 노시아와비(熨斗鮑). 얇게 저며 길게 늘여서 말린 전복의 살. 의식, 축하용 선물로 사용.

170 나카오쿠(中奧)는 쇼군의 사적인 생활공간. 에도성 혼마루고텐(本丸御殿)에서 통신사 접대 의식이 거행되는 오모테무키(表向)보다 훨씬 안쪽에 위치한다.

171 주군을 바로 측근에서 모시면서 잡무나 경호를 맡은 무사. 원문은 '小性'.

御下段御縁頰迄出座及差圖, 正使御中段江
罷出. 此時御酌御土器を取正使江渡之. 頂戴
加有而, 土器を持歸座. 又別之御土器ニ而被
召上, 御加有而, 副使出座頂戴之, 次第同前. 從事
官次第同前. 畢而對馬守御下段東之方, 三使
次之間ニ罷在. 御銚子引渡等入, 過而對馬守
三使江令差圖, 三使御下段中央江罷出, 一同拜禮.
畢而三使松之間江退.
一. 上々官三員一同出席, 御下段御鋪居之內ニ而

하단의 툇마루(緣頰)까지 나와 안내했고 정사(正使)가 중단으로 나갔다. 이때 술잔은 토기를 집어 정사에게 건넸다.[172] 받으면 잔을 채우고 [정사는] 토기 잔을 들고 자리로 돌아온다. 또 다른 토기로 마시고, 잔을 채우면 부사가 나와 그것을 받으며 절차는 앞과 같다. 종사관의 절차도 동일하다. 전부 마치고 쓰시마노카미는 하단의 동쪽, 삼사는 곁방에서 대기한다. 술병, 히키와타시 등을 들이고, 쓰시마노카미는 삼사를 안내하여 삼사가 하단 중앙으로 나와 일동 배례(拜禮)했다. 전부 마치고 삼사는 마쓰노마(松之間)로 물러났다.
一. 상상관 세 사람 모두 자리로 나와 하단의 문턱 안에서

拜禮退去. 次ニ上判事·製述官·軍官等
三度ニ板緣江罷出拜禮. 次ニ次官·小童落緣江

172 고케(高家)가 삼사에게 술을 따라주는 '사배(賜杯)' 의식은 통신사의 요청에 의해 빈 잔으로 거행되었다.

兩度ニ罷出拜禮.

但, 上々官一人先ニ立差圖之. 大目付·御目付

及案內.

中官數輩御舞臺前庭上江兩度罷出拜禮.

御徒士目付差引之.

右相濟而

御前江右近將監·右京大夫被爲召, 三使御饗應

배례하고 물러났다. 다음으로 상판사·제술관·군관 등이 세 번에 걸쳐 툇마루로 나가 배례했다. 다음으로 차관·소동이 낮은 툇마루로 두 번에 걸쳐 나가 배례했다.

단 상상관 한 사람이 먼저 나가 지시했다. 오메쓰케·메쓰케(目付)[173]가 안내했다.

중관 여러 명이 무대 앞 뜰로 두 번에 걸쳐 나가 배례했다.

가치(徒士)[174]와 메쓰케가 인도했다.

이 과정이 끝나고 쇼군님께 우콘노쇼겐·우쿄노다이부가 불려가 삼사에게 향응을

可有之旨被仰出候付退. 松之間江罷越御盃

被下. 如時三使江演達ス. 御請もめ, 其節

173 제번의 경우 메쓰케는 번사(주로 馬廻格 이상)를 감찰하는 역직이고, 에도막부의 메쓰케는 와카도시요리(若年寄)의 눈과 귀가 되어 하타모토(旗本)와 고케닌(御家人)을 감시했다.

174 가치(徒士)는 제번(諸藩)의 무사를 말한다. 막부의 고케닌(御家人)에 해당된다. 당시 무사계급을 사무라이(侍), 가치(徒), 아시가루 추겐(足軽中間)의 세 개로 분류했을 때 사무라이는 기승(騎乗)이 허락되었으나 가치 이하는 허락되지 않은 데에서 구별되었다.

御饗應之席·御獻立等末二記.

大廣間

三使

御三家御相伴

此時紀伊中納言殿

松之間

上々官

베풀라는 명을 받고 물러났다. 마쓰노마로 건너가 술잔을 내렸다. 예정된 시간대로 삼사에게 전달했다. 응하였고, 이때의 향응 배석과 [요리] 차림판은 말미에 기록했다.

[에도성 향응이 행해진 공간과 배석한 인원들]

오히로마(大廣間)[175]

175 에도성 안에서 가장 큰 서원(書院). 쇼군 임명 의식, 부케쇼핫토(武家諸法度) 발포, 새해 정월의 배하(拜賀) 등 공적인 행사를 행하던, 가장 격식이 높은 고텐(御殿)이다. 가장 높은 자리인 조단노마(上段之間)에 쇼군이 북쪽을 등지고 추단노마(中段之間), 게단노마(下段之間)를 향해 앉는다. 각각 단차가 있어서 가장 높은 죠단노마는 게단노마보다 42㎝ 높았다. 권위를 연출하는 공간인 오히로마에서는 다이묘가 앉는 장소가 격식에 의해 엄격하게 정해져 있었고, 추단노마, 게단노마, 二之間, 三之間, 四之間, 五之間, 納戶가 中庭을 둘러싸는 형태로 총 500조(畳)로 구성되어 있었다. (https://wako226.exblog.jp/16483689/ 참조)

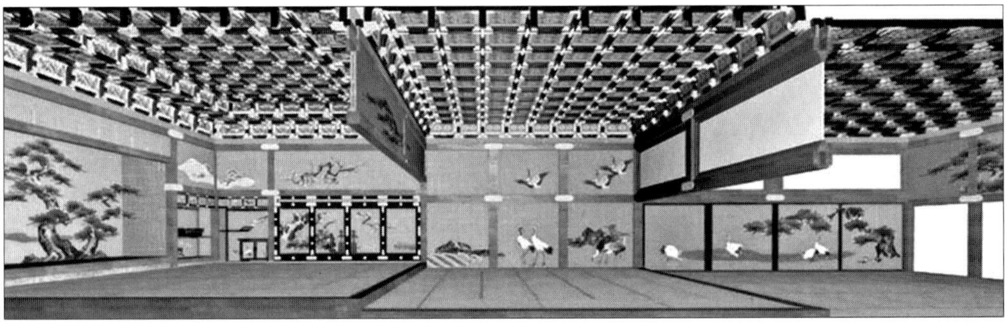

측면에서 본 오히로마. 왼쪽 소나무 그림이 있는 곳이 조단노마로 쇼군이 앉는다

삼사

고산케(御三家)가 접대역으로 배석[176]

이때는 기이 주나곤(紀伊中納言) 님

마쓰노마(松之間)

상상관

虎之間

學士

良醫

上判事

同所御屛風仕切

軍官

押物判事

書記

寫字官

도라노마(虎之間)

학사(學士)

176 삼사에게 술을 따라주는 '사배(賜杯)' 의식이 끝난 후 '별연(別宴)'이 열렸다. 이 향응은 본래 도쿠가와 고산케(尾張·紀伊·水戶)가 접대를 하는데, 이번에는 고산케가 아닌 다야스(田安), 히토쓰바시(一橋)로 변경되었다. 그런데 히토쓰바시 가문 당주인 무네타다(宗尹)가 병으로 불참하는 바람에 기이와 미토 가문의 세자인 도쿠가와 시게노리(德川重倫, 紀伊中將重倫)와 도쿠가와 하루모리(德川治保, 水戶少將治保) 두 사람이 접대를 담당했다. (『朝鮮通信使と德川幕府』, 262쪽)

양의(良醫)

상판사(上判事)

같은 곳 병풍 칸막이

군관(軍官)

압물판사(押物判事)[177]

서기(書記)

사자관(寫字官)

畵士

柳之間

軍官

紅葉之間

次官

小童

是者三汁十一菜御料理, 御獻立末ニ記ス.

177 조선시대 중국이나 일본과의 사행(使行) 때 세폐(歲幣)를 비롯한 각종 방물(方物)과 예물 등을 기록, 운송, 관리, 수납하는 일과 함께 통역을 담당했던 관리. 압물통사(押物通詞), 압물관(押物官), 압물통관(押物通官), 압물판사(押物判事)라고도 했는데, 압물관과 압물통관은 연행(燕行)에서 자주 사용하였고, 압물판사는 일본에서 사용했다. 약칭으로 압물(押物)이라고도 했다. 이들은 모두 사역원(司譯院)의 역관들로 임명되었다. 통신사행의 압물통사는 초기에는 왜학역관(倭學譯官) 2인, 한학역관(漢學譯官) 1인으로 구성되었으나 1682년부터 왜학역관 1인이 추가되었다. 이들은 국가의 공식예물을 호송하는 외에 소량의 사물(私物)을 무역할 수 있었기 때문에 조선시대 대외무역에 중요한 역할을 하였고, 사무역을 통하여 큰 부를 축적하기도 했다. 1763년 통신사 때에는 현계근(玄啓根)이 일방(一房) 소속 압물통사로 사행에 참여하여 왜어(倭語)로 된 물명(物名)을 담당하여 잘못된 점을 바로잡은 적이 있다. (대일관계 용어사전)

御玄關前腰掛

中官

화사(畵士)

야나기노마(柳之間)

군관(軍官)

모미지노마(紅葉之間)

차관(次官)

소동(小童)

이는 3즙 11채(三汁十一菜) 요리이며 차림판은 말미에 기록함.

[에도성] 현관 앞 대기소(腰掛)[178]

중관(中官)

下官 饅頭, 赤飯

大手腰掛

下官 赤飯

一. 御饗應相濟, 三使江對馬守會釋有之. 松之間江

誘ひ, 三使如前御襖障子際より東江五疊目

178 성이나 다이묘 저택에서 동행한 수행원, 종자들이 대기하며 기다리던 곳.

西向ニ竝居. 此節對馬守茂同席南之方罷出.
上々官同前板緣ニ罷出. 于時年寄共松之間
出座, 御襖障子北之上東向ニ列座. 此時三使

하관(下官) 만주(饅頭),[179] 팥밥
오테몬(大手門) 대기소
하관 팥밥

一. 향응을 마치고 삼사에게 쓰시마노카미가 인사했다. 마쓰노마(松之間)로 이동하게 유도하여 삼사는 이전처럼 미닫이 장지 부근에서 동쪽으로 5번째 다타미에 서향으로 늘어앉았다. 이때 쓰시마노카미도 같은 자리에서 남쪽으로 나갔다. 상상관은 이전과 같이 툇마루로 나갔다. 이때 도시요리(年寄)들은 마쓰노마에 나와 미닫이 장지의 북쪽 위편에 동향으로 늘어앉았다. 이때 삼사는

上々官を招御饗應之御禮申上之. 上々官
少退對馬守江演達之. 對馬守年寄共江申

179 밀가루, 쌀 등으로 반죽한 껍질로 팥소를 감싸서 찐 일본식 과자.

伸之. 過而今度三使同道之處, 萬端首尾能
相濟珍重之旨, 對馬守江年寄共挨拶有之.
畢而三使退出. 此節寺社奉行·大目付·御馳
走人共三使同列上々官相從. 年寄共者御書院
番所前迄送之. 於此所三使共ニ二揖有之.
對馬守·寺社奉行·大目付者御玄關迄送之.
但, 大廣間朝鮮人御禮相濟,

상상관을 불러 향응에 대한 감사의 말을 표했다. 상상관은 조금 물러나 쓰시마노카미에게 이를 전했고, 쓰시마노카미는 도시요리(年寄)들에게 전했다. 또한 이번에 삼사와 동행하면서 만사가 시종일관 훌륭하게 끝난 것을 다행으로 여긴다는 뜻을, 쓰시마노카미에게 도시요리들이 인사했다. 마치고 삼사가 물러났다. 이때 지샤부교(寺社奉行)·오메쓰케(大目付)·접대인들이 삼사와 함께 가고 상상관이 뒤따랐다. 도시요리들은 쇼인(書院)[180] 경비소(番所) 앞

180 에도성 안의 일실(一室). 건축양식의 일종인 쇼인즈쿠리(書院造)로 만들어진 방. 쇼인즈쿠리는 현관·도코노마(床の間)·선반·장지문·맹장지가 있는 집 구조. 위치나 구조 등에 따라 오코테쇼인(表書院), 오쿠쇼인(奥書院), 구로쇼인(黒書院), 시로쇼인(白書院), 오쇼인(大書院) 등으로 불린다.

쇼인즈쿠리 서원의 각 부분별 명칭
(https://ja.wikipedia.org/wiki/%E6%9B%B8%E9%99%A2%E9%80%A0#/media/ファイル:和室·床の間の各部名称.jpg 참조)

까지 배웅했다. 이곳에서 삼사들에게 두 번 읍했다. 쓰시마노카미 · 지샤부교 · 오메쓰케는 현관까지 배웅했다.

한편, 오히로마(大廣間)에서 조선인이 예를 마치고,

入御以後御簾を垂之. 御下段西之方戸を
立御簾を垂, 御座敷を構, 後紀伊殿西
之方御勝手ゟ被出席, 御下段上より三疊目
西之方ニ被着座. 此時對馬守令差圖,
三使松之間ゟ出. 紀伊殿 · 三使互に二揖
有之. 三使者東之方御襖障子際ニ着座.
膳部出.

給仕之面々重衣, 冠.

太刀不帶.

[쇼군이] 안으로 들어간 후에 발을 내린다. 하단 서쪽 문의 발을 내리고, 자리를 정돈한 후 기이(紀伊) 님이 서쪽 부엌으로부터 나와 하단 위에서 3번째 다타미 서쪽에 앉는다. 이때 쓰시마노카미가 안내하여 삼사가 마쓰노마(松之間)로부터 나온다. 기이 님과 삼사가 서로 두 번 읍한다. 삼사는 동쪽의 미닫이 장지 부근에 앉는다.

요리를 낸다.

급사들은 겹옷에 관을 쓴 모습이다.

다치(太刀)는 휴대하지 않는다

但, 御饗應之內, 西之御緣詰二年寄共
列座. 同所御勝手之方松平攝津守
罷在. 對馬守者東之方御緣二有之而
折々三使之方江伺之.

右畢而紀伊殿三使二向二揖之後, 御勝手江
被退座. 三使者松之間御饗應相濟迄本座二
着座.

한편, 향응 중에는 서쪽 툇마루에 도시요리들이 늘어앉는다. 같은 곳 부엌 쪽에는 마쓰다이라 셋쓰노카미(松平攝津守)가 자리하고, 쓰시마노카미는 동쪽 툇마루에 자리하며 때때로 삼사 쪽으로 온다.

위 과정이 끝나고 기이 님이 삼사를 향해 두 번 읍한 후, 부엌으로 물러난다. 삼사는 마쓰노마의 향응이 끝날 때까지 본래의 자리에 착석한다.

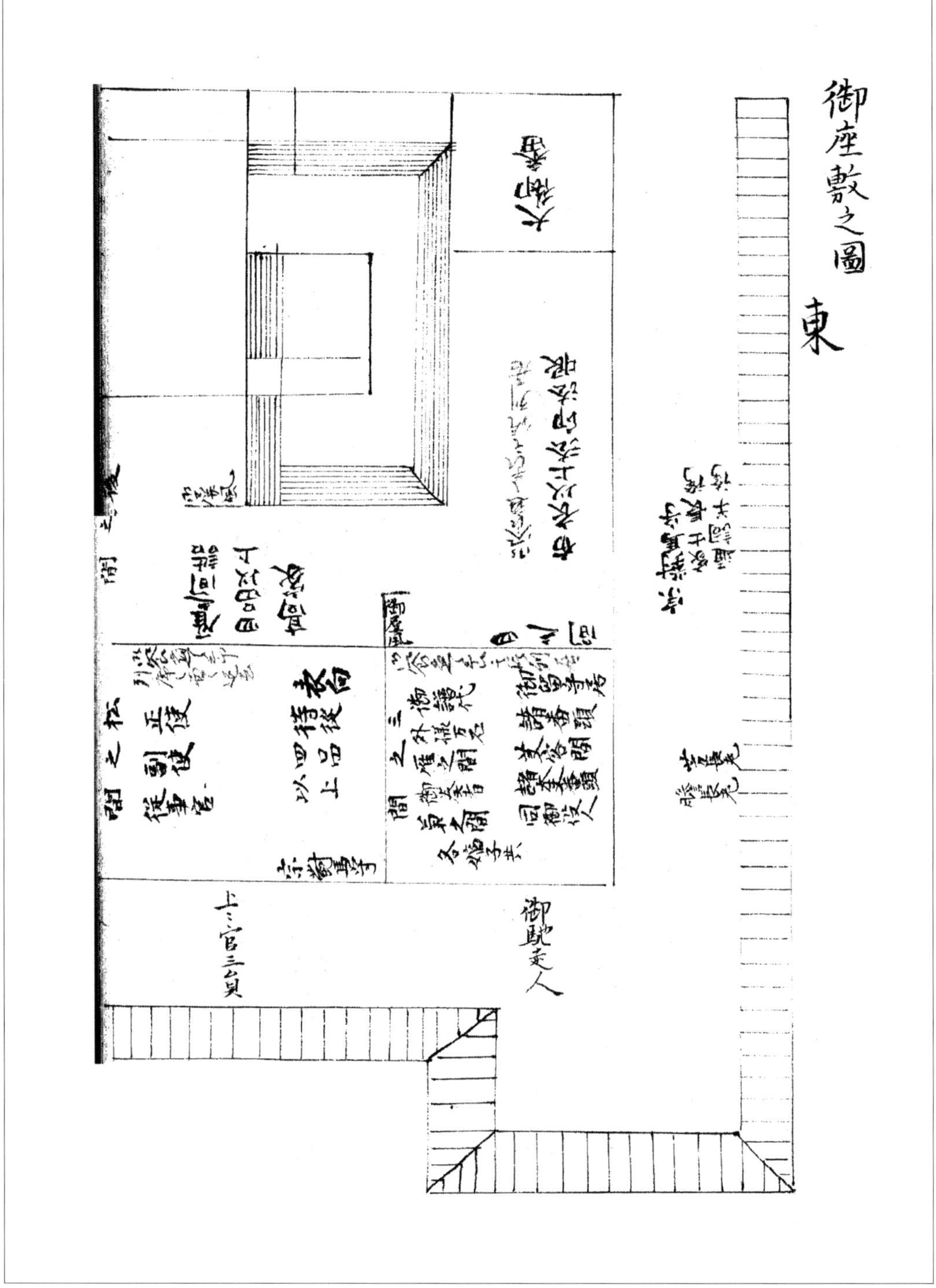
御座敷之圖
東
御馳走人
上〻官三員

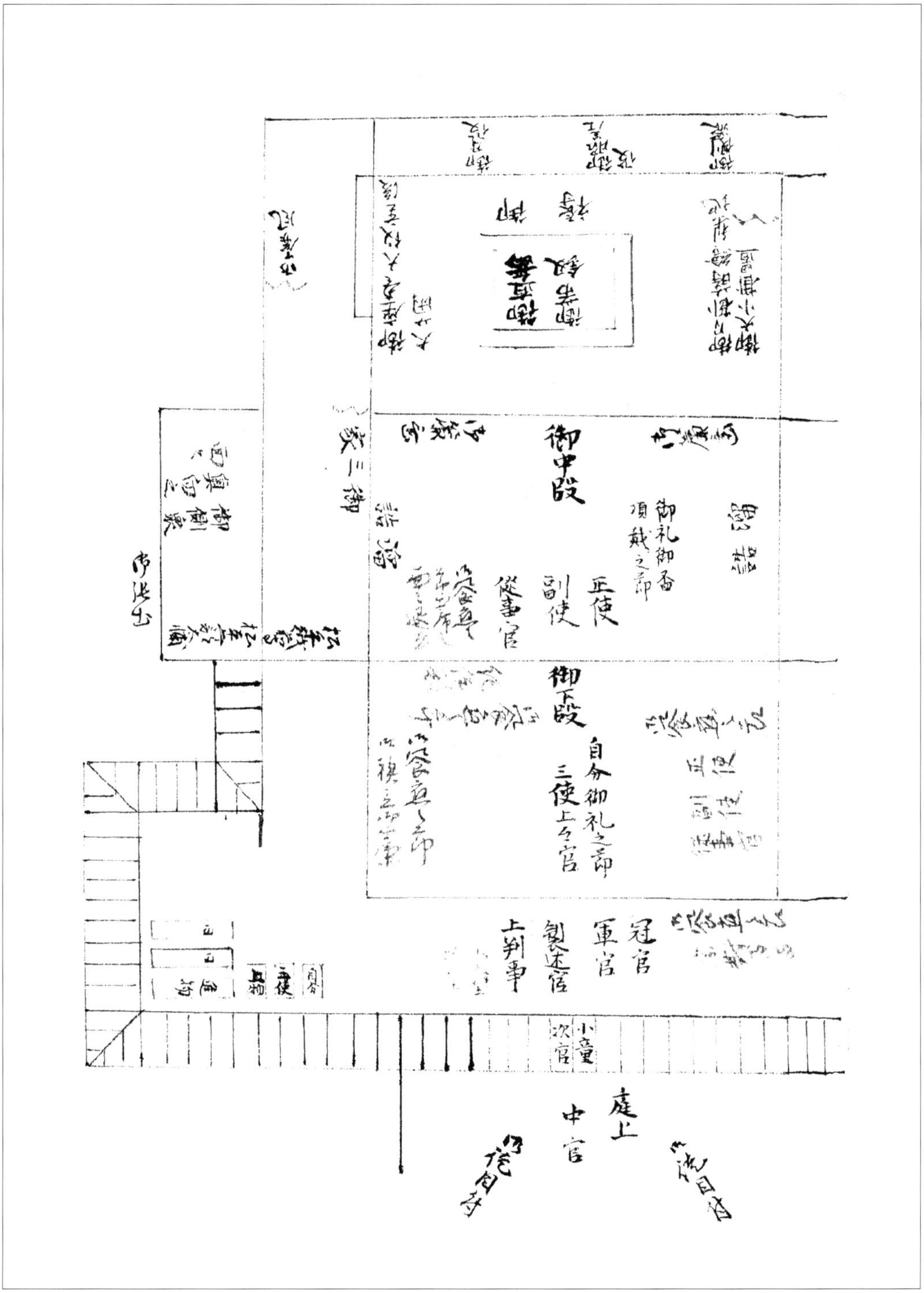
御中段
御礼御香
頂戴之節
正使
副使
従事官
御下段
自分御礼之節
三使上々官
冠官
軍官
製述官
上判事
小童
次官
庭上
中官

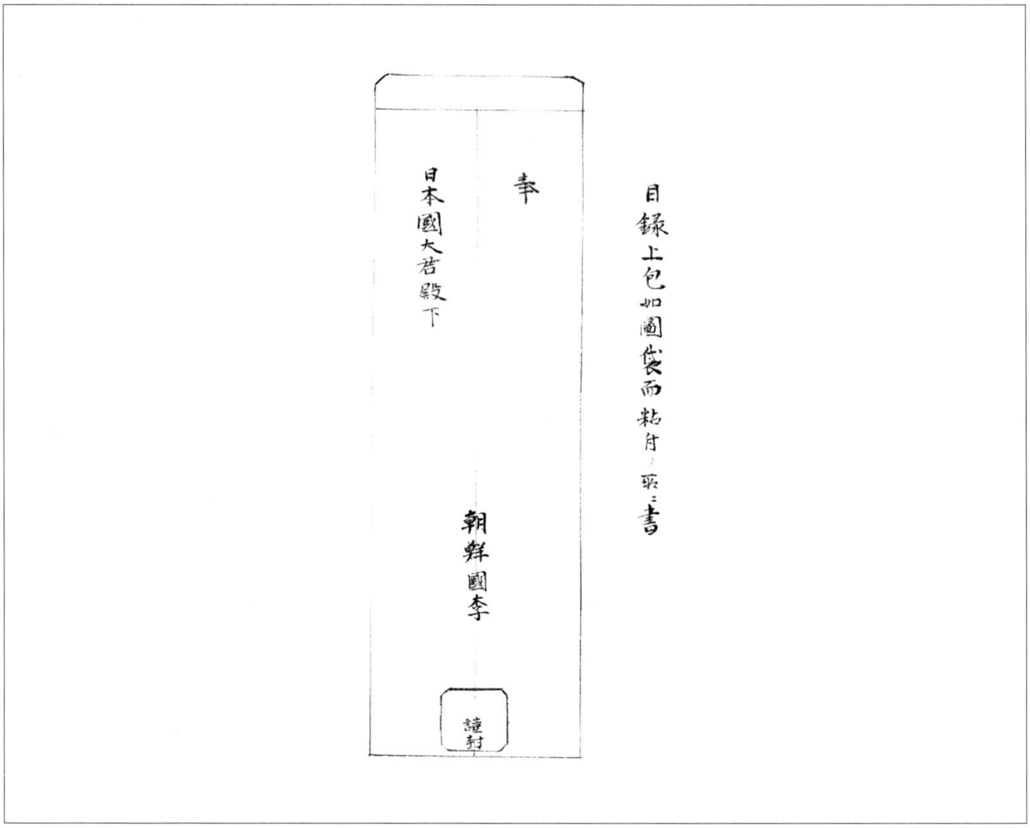

目錄上包如圖袋而, 粘付ノ所ニ書.

奉

朝鮮國李　　謹封

日本國大君殿下

[예물] 목록의 겉포장은 그림의 봉투와 같으며, 풀로 붙인 곳에 쓴다.

봉(奉)

조선국 이(李)　　근봉(謹封)

일본국 대군 전하

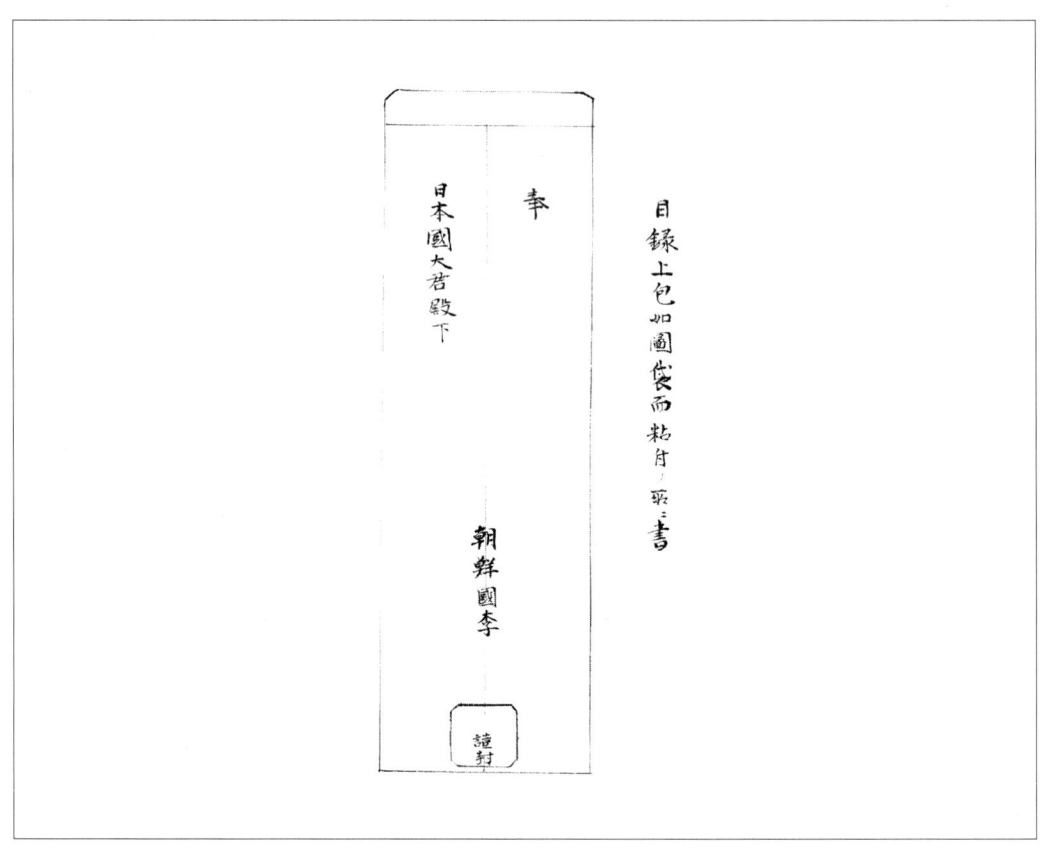

人蔘 伍拾觔

大純子 拾匹

白苧布 三拾匹

黑苧布 三拾匹

白綿紬 伍拾匹

生苧布 三拾匹

彩花席 貳拾張

青黍皮 三拾張

色紙 三拾卷

인삼 50근

대순자(大純子)[181] 10필

백저포[182] 30필

흑저포 30필

백면주[183] 50필

생저포[184] 30필

181 원문에는 '純'으로 기록되어 있으나 '大純子'라는 용례는 보이지 않고, 조엄의 해사일기 별폭에 따르면 '대유자(大襦子)' 또는 '대단자(大緞子)'가 10필로 기재되어 있다. 대(大)는 폭이 넓고 품질이 좋은 것을 나타내는 말. 유자(襦子)는 두텁고 매끈하며 윤이 나는 비단의 한 종류이다. 견직물의 하나로 천의 면이 매끄럽고 광택이 난다. (대일외교 용어사전)

182 빛깔이 흰 모시.

183 흰 명주. 누인 명주. 누인 명주실로 무늬 없이 짠 천을 가리키며, 백주(白紬)라고도 한다. 조선시대에는 백색, 홍색, 녹색, 자색(紫色) 등의 각색 면주(綿紬)가 이웃 나라에 교역 물품으로 보내졌다. 대외적으로 조선에서 일본에 보냈던 예단 물품 중의 하나로도 쓰였는데, 쇼군, 로주, 쓰시마 번주에게 보내는 별폭에 거의 예외 없이 포함되었다. (대일외교 용어사전)

184 삶아서 표백하지 않은 모시. 생포(生布), 황조포(黃照布)라고도 한다. 저포(苧布)는 쐐기풀과의 모시풀, 곧 저마(苧麻)의 섬유

채화석[185] 20장

청서피[186] 30장

색지[187] 30권

虎皮 拾伍張

豹皮 拾伍張

清蜜 拾斤

黃蜜 拾斤

眞墨 伍拾笏

各色筆 伍拾柄

毎紅 壹斤

를 가지고 제직(製織)하여 만든 옷감이다. 잿물에 삶아 희고 부드럽게 만든 백저포(白苧布)와 비교하여 생것 그대로의 모시를 생저포(生苧布)라고 한다. 저포는 통신사행의 공예단(公禮單) 물종의 하나였다. (대일외교 용어사전)

185 꽃무늬를 놓은 돗자리. 화문석의 수요는 조선시대에 이르러 급증하였으며, 특히 외국인에게 애호되었다. 『통문관지(通文館志)』에 따르면 한 번의 동지사행(冬至使行) 때 중국에 보낸 화문석이 124장에 달했으며, 조선에 오는 관리들에게도 적지 않은 양을 선사했다. 화문석의 조달을 담당한 기관은 장흥고(長興庫)로, 이곳에서는 각 지방으로부터 필요한 수량을 거두어들였다. 화문석은 용수초지석·오채용문석(五彩龍紋席)·용문염석(龍紋簾席)·오조용문석(五爪龍紋席)·만화석(滿花席)·각색세화석(各色細花席)·채화석(彩花席)·잡채화석(雜彩花席)·황화석(黃花席)·화석(花席) 등으로 불리기도 했다.

186 회색빛이 도는 족제비류의 털가죽. 섬세하고 가벼우며 방한성이 높아서 털옷을 만드는 데 썼다. 조선에서는 당하관(堂下官)의 방한용 모자 소재(素材)로 이용되었는데, 초피(貂皮) 다음으로 귀한 모피여서 사치품으로 지목되기도 했다. 통신사행 때 일본에 보내는 주요 물품이었다. (대일외교 용어사전)

187 여러 가지 빛깔로 물들인 한지(韓紙). 조선시대 종이는 지면에 결이 생기고 일정하지 못한 반면에 매우 질기고 오래 가서 중국이나 일본에서도 인기가 많았다. 색지(色紙)는 한지에 여러 가지 빛깔로 물들인 것인데, 조선시대에는 자연 염색을 한 염색지도 많았다. 통신사행 때 공예단(公禮單)과 사예단(私禮單) 물품 중의 하나였다. (대일외교 용어사전)

鷹子 貳拾連

駿馬 貳匹

際

호피[188] 15장

표피[189] 15장

청밀[190] 10근

황밀[191] 10근

진묵[192] 50홀

각색필[193] 50병

---

188 호랑이 가죽. 예부터 조선의 특산품 중 하나. 얼룩덜룩한 혼색(混色)을 특징으로 하며, 보통 털이 붙은 호랑이의 가죽을 일컫는다. 호랑이 가죽은 표범이나 곰 가죽과 함께 매우 귀한 것으로 이웃 나라와 교역할 때 쓰이는 중요한 물품 중의 하나였다. (대일외교 용어사전)

189 표범 가죽. 표범 가죽은 호랑이나 곰 가죽과 함께 매우 귀한 것으로 이웃 나라와 교역할 때 쓰이는 중요한 물품 중의 하나였다. 그러나 이것을 얻기는 매우 어려웠기 때문에 군현(郡縣) 단위로 부과되는 공물(貢物)에서는 제외되고, 표피(豹皮)를 구해 바친 자에게는 일정한 상품을 주어 권장했다. (대일외교 용어사전)

190 꿀. 벌이 꽃의 꿀샘에서 채집하여 저장해 둔 것. 꿀, 봉밀(蜂蜜), 석청밀(石淸蜜)이라고도 한다. 1607년 통신사행부터 쇼군에게 보내는 공예단(公禮單) 물품에 포함되었다. 한 항아리에 담는 양은 한 말[斗]로 정했다. 청밀은 공예단 외에 하정물목(下程物目)이나 삼사신(三使臣) 사예단(私禮單)으로 주고받기도 했다. (대일외교 용어사전)

191 꿀을 채취한 뒤에 남은 꿀벌집을 끓여서 만든 것. 벌집에서 꿀을 짜낸 뒤에 벌집 찌꺼기와 물을 조금 섞은 뒤 끓여 짜낸 것이다. 초를 만들거나 약재로 쓰이기도 하고 점성(粘性)을 높이기 위해 사용하기도 한다. 노란 빛이 나므로 황밀이라 하며 숙밀(熟蜜), 황랍(黃蠟), 밀랍(蜜蠟)이라고도 한다. (대일외교 용어사전)

192 참먹. 품질이 좋은 먹. 먹은 문방구의 일종으로, 소나무(송진)나 기타 식물의 기름을 연소시켜 생긴 그을음을 아교로 굳혀 만든 것이다. 먹에는 소나무의 그을음으로 만든 송연묵(松烟墨), 식물의 씨를 태워 만든 유연묵(油烟墨), 경유나 등유를 써서 만든 양연묵(洋烟墨), 석각이나 전각을 할 때 쓰는 주묵(朱墨) 등이 있다. 먹의 표면이 매끄럽고 결이 고우며 그윽한 광택이 나는 것이 좋은 먹이다. 진묵(眞墨)이란 어떤 종류이건 간에 품질이 좋은 먹을 가리키는 용어이다. (대일외교 용어사전)

193 여러 가지 빛깔이나 모양의 붓. 붓은 글씨를 쓰거나 그림을 그릴 때 쓰는 도구인데 가는 대나무나 나무로 된 자루 끝에 짐승

매홍 1근

매[194] 20연

준마[195] 2필

끝

書翰

朝鮮國王李　　昑　　奉書

日本國大君　　殿下

聘信之曠, 一紀有餘, 竊聞

殿下纘承

令緒,

撫寧海宇, 其在交好, 曷勝欣聳,

의 털을 꽂아서 만든다. 조선통신사의 사행을 통해 일본에 가져간 각색필(各色筆)은 주로 용편(龍鞭), 대모(玳瑁), 홍당죽(紅唐竹)으로 만든 것이다. 용편(龍鞭)은 바닷가에 자생하는 떨기 형태의 식물로, 그 줄기가 보통 풀보다는 딱딱하며 탄력이 있어서 젓가락이나 붓으로 만들어 쓰기도 했다. 대모(玳瑁)는 거북이의 일종으로, 등껍질이 아름다워 예로부터 공예품으로 사용되어 왔다. 그 등껍질로 자루를 꾸며 붓을 만들기도 했다. 홍당죽(紅唐竹)은 붉은 빛의 대나무이다. (대일외교 용어사전)

194 맷과에 속하는 중형 조류(鳥類). 매를 세는 단위 명사인 연(連)을 붙여서 '鷹連'이라고도 한다. 조정에서 통신사의 공예단품(公禮單品)에 해당되었고, 쓰시마가 조선에 요청한 물품에도 다수 포함되었다. 『증정교린지』에 적힌 공예단의 수량에는 매[鷹子] 46마리[連] 중 관백(關白) 20마리, 구관백(舊關白)·약군(若君) 각 10마리, 집정(執政) 5인·경윤(京尹) 각 1마리로 되어 있다. 보내는 매의 숫자는 전례를 따랐고, 사행 도중에 병들어 죽는 경우를 고려하여 미리 정한 수 외에 몇 마리를 더 보내는 것이 관례였다. 또한 매를 기르는 사람인 외응(喂鷹) 한두 명이 사행에 동행했다. 일본으로 가는 도중에 병으로 죽는 것이 많았다고 한다. (대일외교 용어사전)

195 걸음이 빠르고 잘 달리는 말. 1655년 통신사와, 이후 4차례의 통신사행을 통해 예단(禮單)으로 안장을 갖춘 준마 2필씩을 보냈으며, 1811년 '역지통신'으로 쓰시마에 건너갔을 때에는 쇼군과 와카기미(若君)에게 1필씩 선물했다. (대일외교 용어사전)

茲循故常, 亟馳使价, 致慶修睦,

隣誼則然, 土宜雖薄, 表遠忱, 惟

서한

조선국왕 이금(李昑)[196]이 일본국 대군 전하에게 글을 올립니다.

통신사가 [일본을] 찾은 지 12년 남짓에,[197] 가만히 들으니 전하가 계승하여 나라 안이 평안하다고 하니 우호로 사귀는 나라로서 기쁨을 이길 수 없습니다. 이에 상례에 따라 서둘러 사신을 보내 축하하고 친목을 다지는 것이 이웃의 의리로써 당연한 일입니다. 변변치 않은 토산물이기는 하나 멀리서 정성을 표합니다. 다만

冀勉恢

前烈,

茂膺新祉, 不備.

癸未年八月日

朝鮮國王　李昑

선대의 업적을 넓히는 데 힘써 새로운 복을 넉넉히 품기를 기원합니다. 미처 할 말을 다 갖추지 못합니다.

---

196 영조(英祖). 조선의 제21대 왕. 재위기간 1724년 10월 16일~1776년 4월 22일. 휘는 금(昑), 본관은 전주(全州), 자는 광숙(光叔), 호는 양성헌(養性軒).

197 이 사행 바로 전의 사행이 1748년(영조 24)이다.

계미년(癸未年) 8월 일

조선국왕　　이금(李昑)

日本國源　　家治　　敬復

朝鮮國王　　　　　　殿下

　　信使遐臻, 聘儀寔盛, 就審

起居安寧, 嘉慶殊深, 方今以承紹

　　前緒撫育群黎, 仍由舊典, 斯敍

　　新懽,

幣物旣厚,

禮意且隆, 乃知敦兩國講信之意,

而昭奕世修睦之誼也, 言將菲品,

일본국 미나모토노 이에하루(源家治)[198]가 조선국왕 전하께 답서를 올립니다.

신사(信使)가 멀리에서 [일본에] 도달하니 교빙의 예절이 참으로 두텁습니다. 안녕히 지내신다고 하니 깊이 경하드립니다. 바야흐로 선대를 계승하여 백성들을 돌보며 옛 법도에 따라

198 에도막부의 10대 쇼군. 재임 1760~1786년. 9대 쇼군 이에시게(家重)의 아들. 어린 시절 총명했던 이에하루는 조부인 8대 쇼군 요시무네(吉宗)의 총애를 한 몸에 받아, 요시무네는 죽을 때까지 이에하루를 직접 지도하고 교육했다. 미래의 쇼군에게 일종의 제왕교육을 했던 셈인데, 그것은 9대 쇼군 이에시게가 병약한 체질에 언어구사에 장애가 있기 때문이었다. 1760년 이에시게가 쇼군직에서 물러나자 같은 해 9월 23세에 정식으로 쇼군에 보임되었다. 그런데 막상 쇼군이 된 이후 이에하루는 막부정치를 가신들에게 맡기고 취미에만 몰두하여 무능한 쇼군이었다는 평가를 받기도 한다. 또 한편으로는 다누마 오키쯔구(田沼意次)를 중용한 것 자체가 영단(英斷)이었다고 평가되기도 한다. 다누마가 중상주의 정책을 추진할 수 있었던 것은 이에하루의 후원이 있어서 가능했으며, 무능한 쇼군이었다는 평가는 다누마에 대한 후대의 악평과 세트로 연결된 것이라는 시각도 존재한다.

새 기쁨을 펼치는데, 예물이 이미 두텁고 예의 또한 융숭하니 양국의 두터운 믿음과 여러 대에 걸쳐 친목을 닦는 의리를 알겠습니다. 변변치 않은 물건을

附諸使歸, 惟冀永締隣好, 共奉天

休, 不備.

寶曆十四年甲申三月日

日本國源　家治

사신들이 돌아가는 편에 보내오니, 그저 이웃 간에 기나긴 우호를 맺어 하늘의 자비를 함께 받들기를 기원합니다. 미처 할 말을 다 갖추지 못합니다.

호레키(寶曆) 14년[199] 갑신(甲申) 3월 일

일본국 미나모토노 이에하루

三使自分獻上 銘々

人蔘 拾觔

白苧布 拾匹

虎皮 伍張

際

甲申二月日

---

199 1764년.

其外進物

右衛門督殿

刑部卿殿

宮內卿殿

삼사 개인이 헌상. 각각의 이름.

인삼 10근

백저포 10필

호피 5장

끝

갑신 2월 일

그 밖의 예물

우에몬노카미(右衛門督) 님

교부쿄(刑部卿) 님

구나이쿄(宮內卿) 님

尾張中納言殿

紀伊中納言殿

水戶宰相殿

松平肥後守

井伊掃部頭

御老中

若年寄

寺社奉行

御馳走人

오와리 주나곤(尾張中納言) 님

기이 주나곤(紀伊中納言) 님

미토 사이쇼(水戸宰相) 님

마쓰다이라 히고노카미(松平肥後守)

이이 가몬노카미(井伊掃部頭)

로주(老中)

와카도시요리(若年寄)

지샤부교(寺社奉行)

접대인(馳走人)

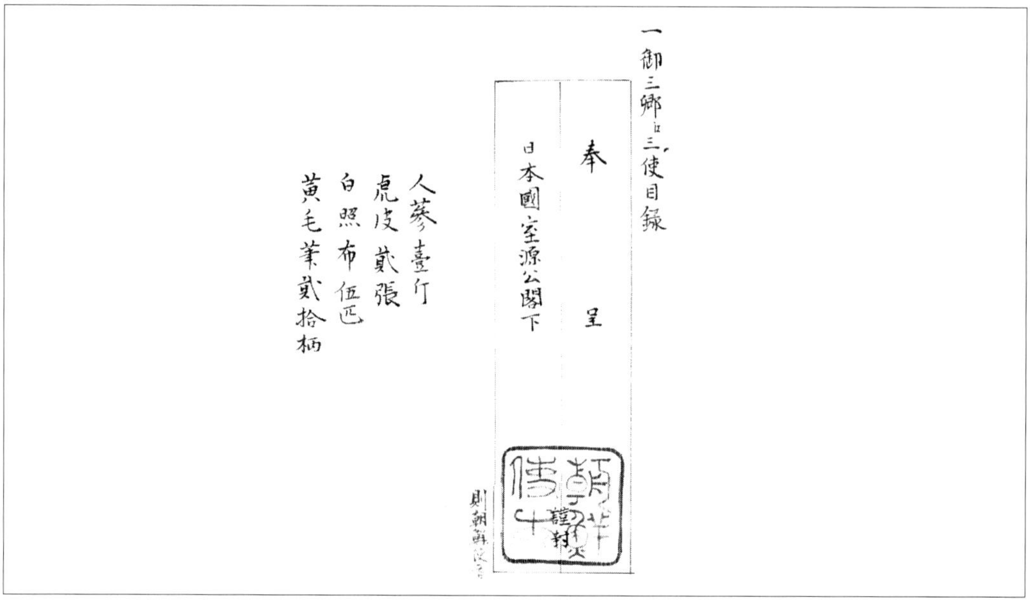

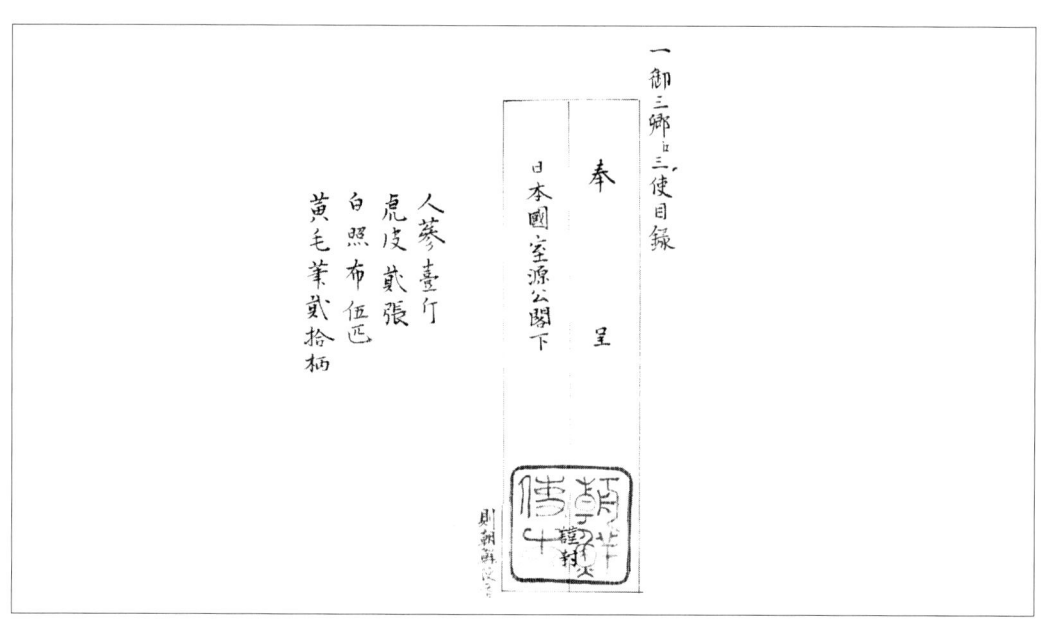

一. 御三卿江三使目錄

奉　　　　　呈

謹封

日本國室源公閣下

則朝鮮使者

人蔘壹斤

虎皮貳張

白照布伍匹

黃毛筆貳拾柄

一. 고산쿄(御三卿)[200]에게 [보내는] 삼사의 [예단] 목록

봉정(奉呈)

근봉(謹封)[201]

일본국 종실(宗室)[202] 원공(源公) 각하(閣下)

---

200 고산쿄(御三卿)는 에도시대 중기에 도쿠가와씨 일족에서 분립한 다이묘 가문으로, 다야스(田安), 히토쓰바시(一橋), 시미즈(淸水) 세 가문을 일컫는다. 다야스와 히토쓰바시 가문은 각각 8대 쇼군 요시무네의 아들들이 초대 당주이고, 시미즈 가문은 9대 쇼군 이에시게(家重)의 차남 도쿠가와 시게요시(德川重好)가 초대 당주이다. 고산쿄 가문은 도쿠가와 쇼군 가문에 쇼군 후계자를 제공하고, 고산케에도 후계자를 제공하는 역할을 했다.

201 근봉(謹封)이라는 글자 위에 '朝鮮使者'라는 인장을 찍은 형태.

202 고산쿄(御三卿)는 쇼군의 아들들이 분립해서 세운 가문이므로 원문의 '室'은 '종실(宗室)'의 의미일 것으로 추정된다.

(인장은) '조선사자(朝鮮使者)'

인삼 1근

호피 2장

백조포 5필

황모필[203] 20병

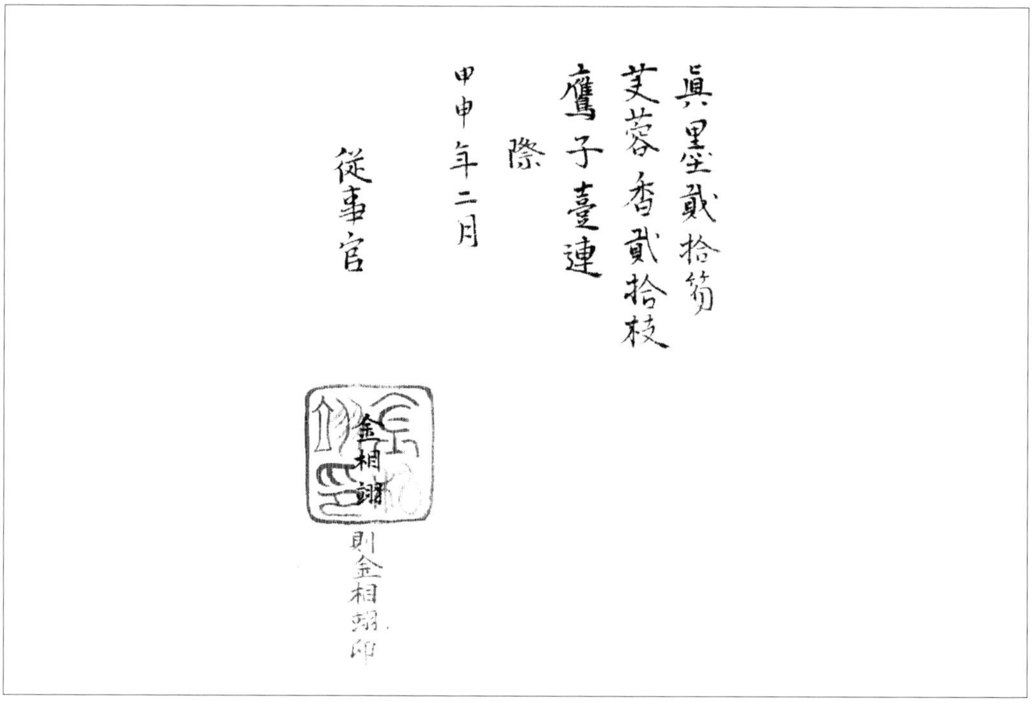
眞墨貳拾笏
芙蓉香貳拾枝
鷹子臺連
際
甲申年二月
從事官
金相翊
則金相翊印

---

203 족제비 꼬리털로 맨 붓. 족제비는 우리나라 산속에 많이 서식하는 동물로서 그 꼬리털이 강하고 탄력이 좋아 붓의 재료로써 뛰어났다. 조선에서도 많은 사람들이 즐겨 사용했다. 일본에서도 조선의 황모필(黃毛筆)을 선호하여 회사(回賜)나 구청(求請) 등의 물품으로 자주 지급했다. (대일외교 용어사전)

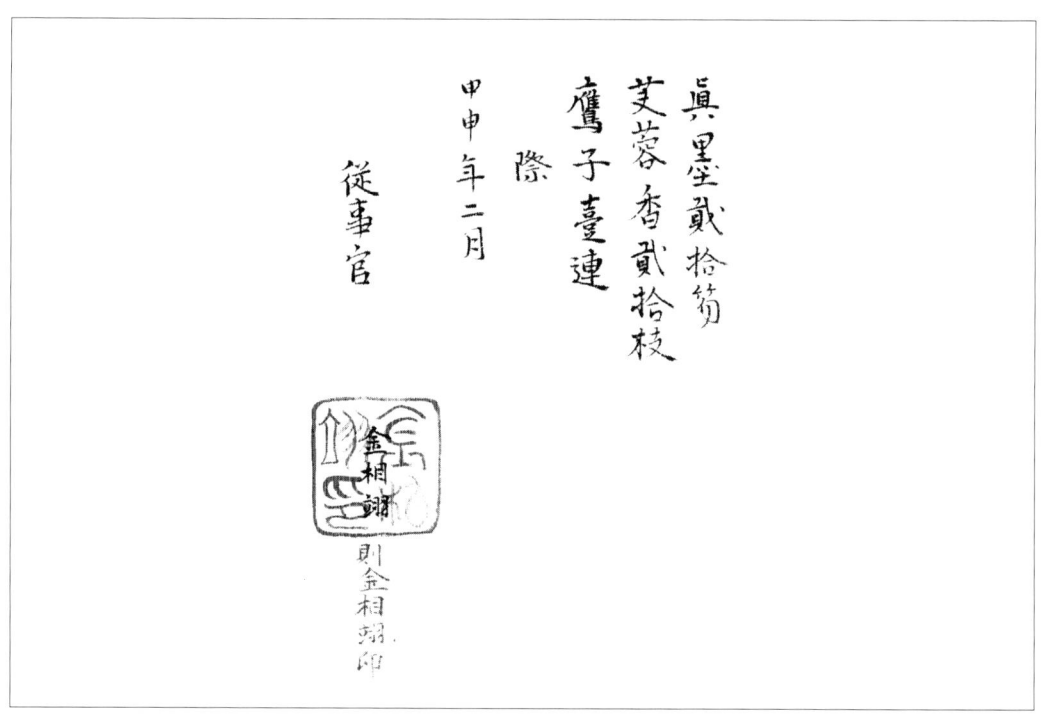

眞墨貳拾笏

芙蓉香貳拾枝

鷹子壹連

際

甲申年二月

從事官 金相翊

則金相翊印

진묵 20홀

부용향[204] 20지

매 1련

끝

갑신년 2월

종사관 김상익(金相翊) (인장은) '김상익인(金相翊印)'[205]

---

204 목부용(木芙蓉)으로 만든 향(香). 전통 혼례식에서 잡귀를 쫓기 위하여 각시가 들고 갔다고 함. 초 모양으로 된 향인데, 굵기는 손가락만 하고 길이는 대여섯 치쯤 된다. 옛날에는 부용향으로 방충과 살충을 하기도 했다. (대일외교 용어사전)

205 김상익(金相翊)이라는 이름 위에 '金相翊印'이라는 인장을 찍은 형태. 부사와 정사의 이름 위에도 각각 이름이 새겨진 인장이 찍혀 있다.

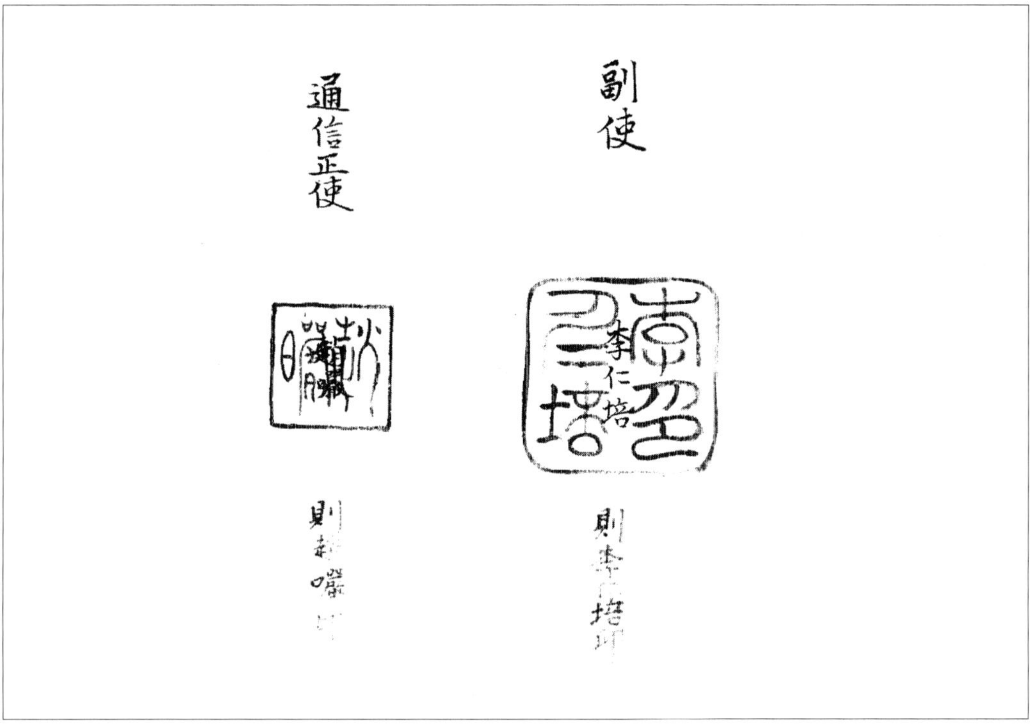

副使 李仁培　　　　則李仁培印

通信正使 趙曮　　　則趙曮印

부사 이인배(李仁培)　　　　(인장은) '이인배인(李仁培印)'

통신정사 조엄(趙曮)　　　　(인장은) '조엄인(趙曮印)'

右目錄者

右衛門督殿·刑部卿殿·宮內卿殿江三使より之趣也.

文字之大サ認方如圖. 紙者桃色之唐紙之厚紙. 中

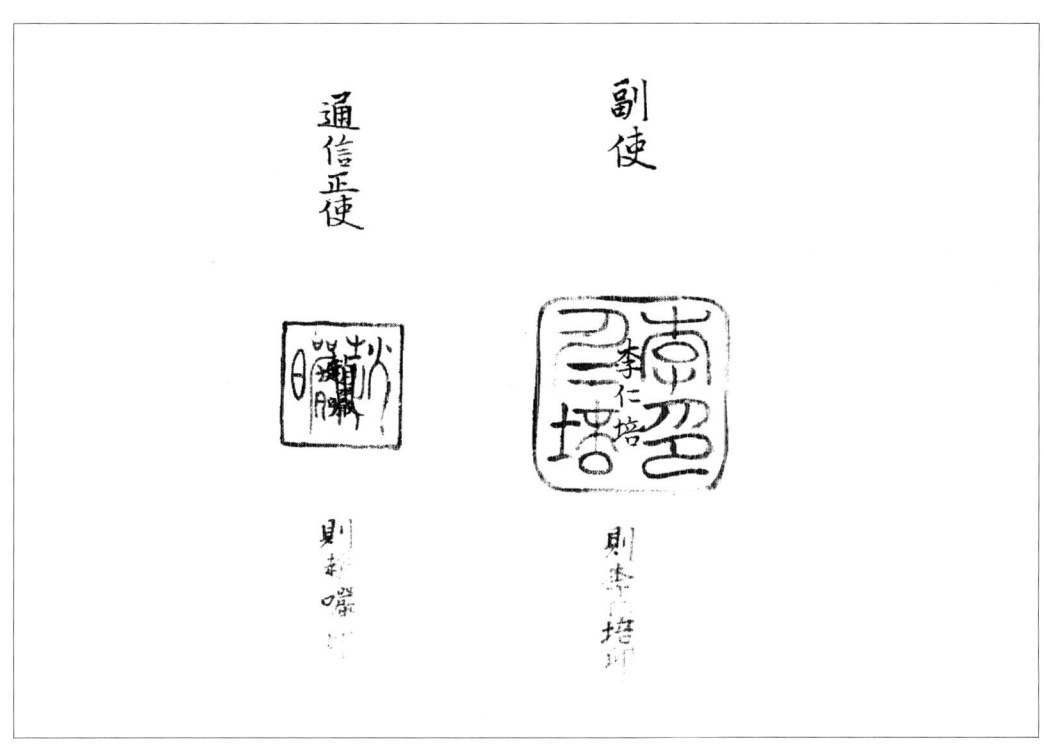

程認竪目錄也. 紙之丈ケ大高程有之. 上包如圖粘付致
有之.

三使ち之口上ニ, 此度持參之品ニ付, 差上との趣也.

御三卿より三使歸國之節御使ニ而白銀被遣之. 其目
錄者大高檀紙·大筆

白銀二百枚

計

위 목록은 우에몬노카미님 · 교부쿄님 · 구나이쿄님에게 삼사가 보내는 것이다. 글자의 크기와 쓰는 방식은 그림과 같다. 종이는 복숭아색의 당지(唐紙),[206] 두꺼운 종이이다. [종이의] 중간 부분에 써서 만든 세로 목록이다. 종이의 높이는 가장 큰 단시(檀紙)[207] 정도이다. 겉포장은 그림과 같이 붙인 상태이다.

삼사가 구두로 말하기를 이번에 지참한 물품이므로 드린다는 내용이었다.

고산쿄(御三卿)가 삼사가 귀국할 때 사람을 보내 백은(白銀)을 보냈다. 그 목록은 가장 큰 단시(檀紙)에 큰 붓[으로 작성했다].

백은 200매(枚)

계(計)

---

206 중국에서 만든 종이. 원래 당지(唐紙)는 닥나무 껍질과 어린 대나무의 섬유에 수산화나트륨을 섞어서 뜬 것으로 미색을 띠며 먹물이 잘 흡수되어 묵객(墨客)들에게 애용되었다. 일본에서 사용하는 당지는 화려한 문양으로 장식한 종이로서, 종이의 앞면에 조가비를 태워서 만든 백색 안료를 칠하고 그 위에 운모(雲母;돌비늘)의 분말을 찍어 만든 것이다. 주로 장지(壯紙)용으로 쓰인다. 당지는 일본 측이 조선에 예물로 보내기도 했다. (대일외교 용어사전)

207 단시(檀紙)는 참빗살나무의 껍질로 만든 두껍고 쭈글쭈글한 일본 종이(和紙)의 일종. 그 크기에 따라 대고(大高), 중고(中高), 소고(小高)로 분류되었다.

正使　通政大夫吏曹參議知製教 趙曮

副使　通政大夫行弘文館典輪知製教兼

慶筵侍讀官春秋館編修官 李仁培

從事官　通政大夫行弘文館校理知製教兼

慶筵侍讀官春秋館記注官 金相翊

정사(正使)　통정대부이조참의지제교(通政大夫吏曹參議知製教) 조엄(趙曮)

부사(副使)　통정대부행홍문관전륜지제교겸경연시독관춘추관편수관(通政大夫行弘文館典輪知製教兼慶筵侍讀官春秋館編修官) 이인배(李仁培)

종사관(從事官)　통정대부행홍문관교리지제교겸경연시독관춘추관기주관(通政大夫行弘文館校理知製教兼慶筵侍讀官春秋館記注官) 김상익(金相翊)

上々官 三員

上判事 三員

學士 一員

製述官 一員

상상관(上々官) 3명

상판사(上判事) 3명

학사(學士) 1명

제술관(製述官) 1명

書記 三員
押物判事 四員
良醫 一員

서기(書記) 3명
압물판사(押物判事) 4명
양의(良醫) 1명

醫 二員
寫字官 二員
畵士 一員

의(醫) 2명
사자관(寫字官) 2명
화사(畵士) 1명

ヨウシヤウ
佯倘 三人
別破陣 三人
馬上才 二人
理馬 一人
曲馬乘 二人
騎船將 三人

양상(佯徜) 3명

별파진(別破陣)[208] 3명

마상재(馬上才) 2명

이마(理馬)[209] 1명

곡마승(曲馬乘) 2명

기선장(騎船將)[210] 3명

都訓道 三人	吸唱 六人
下船將 三人	使令 十八人
禮事通 三人	吹手 十八人

208 조선후기 무관잡직(武官雜職)으로 편성된 특수병종. 본래는 별파군진(別破軍陣)이었으나, 일반적으로 별파군(別破軍) 또는 별파진이라고 했다. 1687년에 제도화한 군대이며, 화포(火咆)를 주로 다루고 화기장방(火器藏放)과 화약고(火藥庫)의 입직을 담당했다. 무관잡직(武官雜職)으로 편성되었고, 각 아문에 소속되었다. 통신사행 때, 군관(軍官)을 겸한 2명의 별파진이 파견되었다. 예(例)에 따라 군관이 겸직하였으므로 별파진겸군관(別破陣兼軍官)이라고도 하였고, 일본에서 통신사절단을 구분하는 등급 가운데 상관(上官)에 속한다. (대일외교 용어사전)

209 사행 때 말을 다루거나 돌보는 사람. 모두 체아직(遞兒職)으로 사복시(司僕寺)에 소속되어 있다. 차상관(次上官) 혹은 차관(次官)에 속한다. 1427년 전의감(典醫監) 의원들에게 우마의방서(牛馬醫方書)를 배우게 하여 사복시에서 수의사 역할을 맡게 하면서 또 이마에게도 마의방(馬醫方)의 약명과 치료술을 전수하여 질병을 치료하게 했다. 사행 때 대개 1명의 이마가 수행했다. 공예단(公禮單)으로 준마(駿馬)를 준비했을 경우 부산에 도착하면 이마가 소통사 1명 및 선격(船格) 1명과 함께 먼저 쓰시마로 건너갔다. (대일외교 용어사전)

210 조선후기 통신사와 문위행이 일본에 도항할 때 타고 간 기선(騎船)의 선장. 기선은 삼사 등 사행원이 타는 배를 말한다. 통신사행 때 사절단이 정사·부사·종사관을 중심으로 각각 제일선(第一船)·제이선(第二船)·제삼선(第三船)으로 편성되어 있기 때문에 기선장 역시 각 배마다 한 명씩 배치되었다. 기선장은 복선장과 마찬가지로 주로 부산·동래·경상좌수영 출신으로 차출되고, 차출될 당시 해당 지역에서 장교(將校)를 맡고 있는 이들이 많았다. 해로에 익숙하고, 다른 원역들을 통제할 수 있는 능력을 겸비한 자를 뽑았다. 기선장은 차상관(次上官)에 속한다. (대일외교 용어사전)

聽通 三人	刀尺 六人
盤纏通 三人	炮手 六人
小通事 十人	毒縣奉持 六人
小童 十八人	刑名旗奉持 六人
節鉞奉持 四人	纛手 八人
一行奴子 六人	三使官奴子 六人

도훈도(都訓道) 3인	흡창(吸唱) 6인
하선장(下船將) 3인	사령(使令) 18인
예사직[禮事直] 3인	취수(吹手)[211] 18인
청직[聽直][212] 3인	도척(刀尺) 6인
반전직[盤纏直][213] 3인	포수(炮手) 6인
소통사(小通事) 10인	독기[纛旗] 기수 6인

211 나팔(喇叭) 등 관악기를 부는 사람. 넓은 의미로는 군악을 연주하는 사람. 행군할 때 군관(軍官)·나장(羅將) 등과 함께 전도(前導) 역할을 한다. 문위행 때에는 6명의 취수가, 통신사행 때에는 대략 18명의 취수가 사행에 참여했는데, 실제 파견된 인원수는 일정하지 않다. 취수는 요도우라(淀浦)부터 중마(中馬)를 타고 앞에서 길을 인도하며, 중관(中官)에 속한다. (대일외교 용어사전)

212 통신사행 때 잡무를 맡아보거나 통신사의 시중을 들던 사람. 원래는 양반집의 수청방(守廳房)에 있으면서 여러 가지 잡일을 맡아보거나 시중을 드는 사람을 이르던 말이다. 통신사행 때 삼사신이 각각 1명씩 총 3명을 거느렸으며, 중관(中官)에 속한다. (대일외교 용어사전)

213 사행 경비인 노자(路資)나 사행 중에 쓰는 물건을 지키는 사람. 사신반전(使臣盤纏)이라고도 하고, 노자나 물건을 지키는 사람을 반전직(盤纏直) 혹은 반전차지(盤纏次知)라고도 한다. 통신사행 때 반전은 통상 1~3명이 수행했다. 여비로 쓰는 은자(銀子)를 반전은자(盤纏銀子)라고 하는데, 호조에서 은자를 지급해 주면 대하(貸下)했다가 사행을 마치고 돌아온 뒤에 관례에 따라 갚았다. 그 밖에도 반전증미(盤纏贈米)·반전예단(盤纏禮單)·반전응자(盤纏鷹子)·반전잡물(盤纏雜物) 등이 있으며, 별도의 여비로 별반전(別盤纏)이 있다. 반전은 예단(禮單)·복물(卜物)·잡물(雜物) 등과 함께 부기선(副騎船)에 실어 운반했다. (대일외교 용어사전)

소동(小童) 18인　　　　형명기(形名旗) 기수 6인

절월(節鉞) 4인　　　　기수(旗手) 8인

일행노자(一行奴子)[214] 6인　　　　삼사 관노자(官奴子) 6인

一. 老中江國王幷三使自分進物　　老中銘々江

虎皮 貳張

白苧布 拾匹

白綿紬 拾匹

黑麻布 伍匹

花席 伍張

油芚 伍部

一. 로주(老中)에게 보내는 국왕과 삼사의 예물. 로주 각자에게

호피(虎皮) 2장

백저포(白苧布) 10필

백면주(白綿紬) 10필

흑마포(黑麻布)[215] 5필

---

214 노자(奴子)는 사행의 수행원으로 따라간 노복(奴僕), 즉 사내종으로, 중관(中官)에 속한다. 노자를 사노자(私奴子)와 일행노자(一行奴子)로 구분하기도 하고, 혹은 노자에 사노자를 포함하여 일컫기도 한다. 사노자를 줄여 사노(私奴)라고도 한다. 삼사신과 당상관이 각각 2명을 거느리고, 상통사 이하부터 마상재인에 이르기까지 각각 1명씩 거느린다. 『증정교린지』에는 노자의 총인원이 52명으로 나와 있고, 『통문관지』에는 49명으로 나와 있는데, 『통문관지』의 노자 인원수는 당상역관 1인과 압물관(押物官) 1인의 노자 3명이 빠진 수이다. (대일외교 용어사전)

215 검은 빛깔의 삼베. 마포(麻布)는 마로 만든 직물로, 모시와 삼베를 구분하여 보통 삼베로 만든 것을 마포라고 했다. 지역에서

화석(花席) 5장

유둔(油芚)[216] 5부

三使自分進物 老中銘々三員ヨリ如此.

人參 壹斤

黑麻布 拾匹

色紙 三束

眞墨 拾笏

黃毛筆 貳拾柄

芙蓉香 貳拾柄

扇拍子 壹百顆

白蜜 壹壺

삼사의 개인 예물. 로주 각자에게 3명이 아래와 같이 [보내다]

인삼 1근

흑마포 10필

재배되는 삼, 아마, 모시풀 같은 초피(草皮) 섬유로 만드는데, 국가 간 중요한 진헌물(進獻物)이나 교역 물품으로 사용되었다. 흑마포(黑麻布)는 1607년의 첫 번째 통신사절단을 통해 일본 국왕에게 보내기 시작한 물품이다. (대일외교 용어사전)

216 기름 먹인 종이를 두껍고 넓게 붙여 만든 한지(韓紙). 비가 올 때 쓰기 위해 닥종이를 이어 붙여 두껍게 만든 기름종이로, 질기면서도 질이 좋은 고려지의 하나이다. 유둔지(油芚紙)라고도 하는데, 우산이나 양산을 만드는 데 사용했고, 전주와 남원에서 주로 생산되었다. 무명을 이어 붙여 기름을 먹인 것도 유둔이라고 하는데, 군인들이 싸움터에서 천막 치는 재료로 사용하기도 했다. 유둔은 조선후기 일본과의 교역에서 일본이 요구하는 구청(求請) 물품이기도 하였으며, 통신사행 때에 예단으로 가져갔다. (대일외교 용어사전)

색지 3묶음

진묵 10홀

황모필 20병

부용향 20병

잣송이[217] 100송이(顆)

백밀(白蜜)[218] 1병

217 원문에는 '扇拍子'이나 '房柏子'의 오기(誤記)로 보인다. 방백자(房柏子)는 잣나무의 열매 송이. 잣송이. 송이의 눈 속마다 잣(栢子)이 들어 있다. 1650년에 쇼군 도쿠가와 이에미쓰(德川家光)의 죽음을 알리는 쓰시마의 차왜(差倭)에게 조선의 접위관(接慰官)이 사예단(私禮單)으로 방백자 250송이를 내려준 적이 있다. (대일외교 용어사전)

218 꿀의 일반적인 명칭. 벌꿀 혹은 토종벌의 꿀을 가리킨다. 또는 포도당 성분이 많은 꿀은 겨울에 결정되어 백색이 되는데 이렇게 백색으로 결정을 이룬 꿀을 백밀(白蜜), 백청, 백사청이라고도 한다. (대일외교 용어사전)

三使登城ノ時, 金冠, 朝服, 玉佩. 衣三使共紅色.

笏 象牙

金毛彫

紗幅

識物 / 鈴腰ノ内ニ有.

宗對馬守エ招請ノ時如圖ノ冠.

衣ハ桃色或黃. 大帶·笏等ナシ.

五日副使ノ紗幅ニシコロナシ.

[주요 인물들의 옷차림 묘사]

삼사가 등성할 때 금색 관, 조복(朝服),[219] 옥패(玉佩). 옷은 삼사 모두 홍색.

홀(笏)[220]은 상아(象牙)

금모조(金毛彫)

---

219 전명의례(傳命儀禮)나 하례의식(賀禮儀式)을 행할 때 삼사신(三使臣)이 입었던 복장. 원래는 관원이 조정에 나아가 의식을 거행할 때에 입는 예복을 이르던 말이다. 조근(朝覲)의 의복이라 하여 왕이나 신하가 천자에 나아갈 때에 입는 옷이라는 뜻에서 유래했다. 1426년에 『경국대전』에 법제화되었다. 관(冠)·의(衣)·상(裳)·폐슬(蔽膝)·중단(中單)·대대(大帶)·혁대(革帶)·수(綬)·패옥(佩玉)·옥규(玉圭)·말(襪)·석(舃) 등으로 구성되어 있는데, 붉은 빛의 비단으로 만들며 소매가 넓고 깃이 곧은 것이 특징이다. 왕과 태자가 착용한 조복과 달리 백관이 착용한 조복을 금관조복(金冠朝服)이라고 일컫기도 한다. 조복을 입을 때 금관도 함께 썼기 때문이다. (대일외교 용어사전)

220 조선시대에 관원이 조복(朝服), 제복(祭服), 공복(公服) 차림을 하였을 때에 손에 쥐는 작은 판(板). 원래는 임금 앞에서 교명(敎命)이 있거나 아뢸 것이 있으면 그 위에 써서 잊지 않기 위해 준비한 것인데 후세에는 다만 의례적인 것이 되었다. 왕은 규(圭)를 잡고 대부(大夫)나 사(士)는 홀을 들었다. 길이 약 60cm, 너비 약 6cm에 얄팍하고 약간 굽고 길쭉한 모양. 『경국대전』 예전(禮典) 의장(儀章)에 의하면 1–4품관은 상아로 만든 상아홀(象牙笏), 5–9품관은 나무로 만든 목홀(木笏)을 사용했고 향리(鄕吏)는 공복에만 목홀을 갖추었다. (대일외교 용어사전)

식물(識物)[221] 방울이 허리 안에 있음.

비단 복건(紗幅)[222]

소 쓰시마노카미(宗對馬守)에게 초청되었을 때는 그림과 같은 관 [차림].

옷은 복숭아색 또는 황색. 대대(大帶)[223] · 홀 등은 착용하지 않음.

5일 부사가 쓴 비단 복건에 늘어뜨린 부분은 없음.

221 의미가 불분명함.

222 비단 복건(幅巾). 복건은 검은 천으로 만든 관모(冠帽)이다. 만들 때 한 폭의 천을 온전히 사용하기 때문에 복건(幅巾)이라 불렀다. 검정 헝겊으로 위는 둥글고 삐죽하게 만들며, 뒤에 낮은 자락이 길게 늘어지고 양 옆에 끈이 있어서 뒤로 돌려 매도록 되어 있다. 옷감은 겨울에는 흑단(黑緞), 여름에는 흑사(黑紗)로 만들었고, 사계절 흑갑사(黑甲紗)만을 쓰기도 했다. (대일외교 용어사전)

223 남자의 심의(深衣)나 여자의 원삼·활옷 등에 매는 넓은 띠. 좌우 아래로 드리워진 것이 좌우 옆구리에 위치한다. (대일외교 용어사전)

三使

旅中之服. 衣淺黃或ハ白

삼사

여정 중의 복장. 옷은 옅은 황색 또는 백색

上々官登城ノ服. 色ハ不定. 萌黃·淺黃木也.

製述官 上判事 學士 寫字官. 各登城唐冠. 御三家廻, 曲馬之節モ同

상상관이 등성할 때의 복장. 색은 불확실함. 연두·옅은 황색의 무명이다.

제술관, 상판사, 학사, 사자관. 각기 등성할 때 당관(唐冠)을 착용. 고산케를 방문하여 곡마(曲馬) 공연을 할 때도 동일하다.

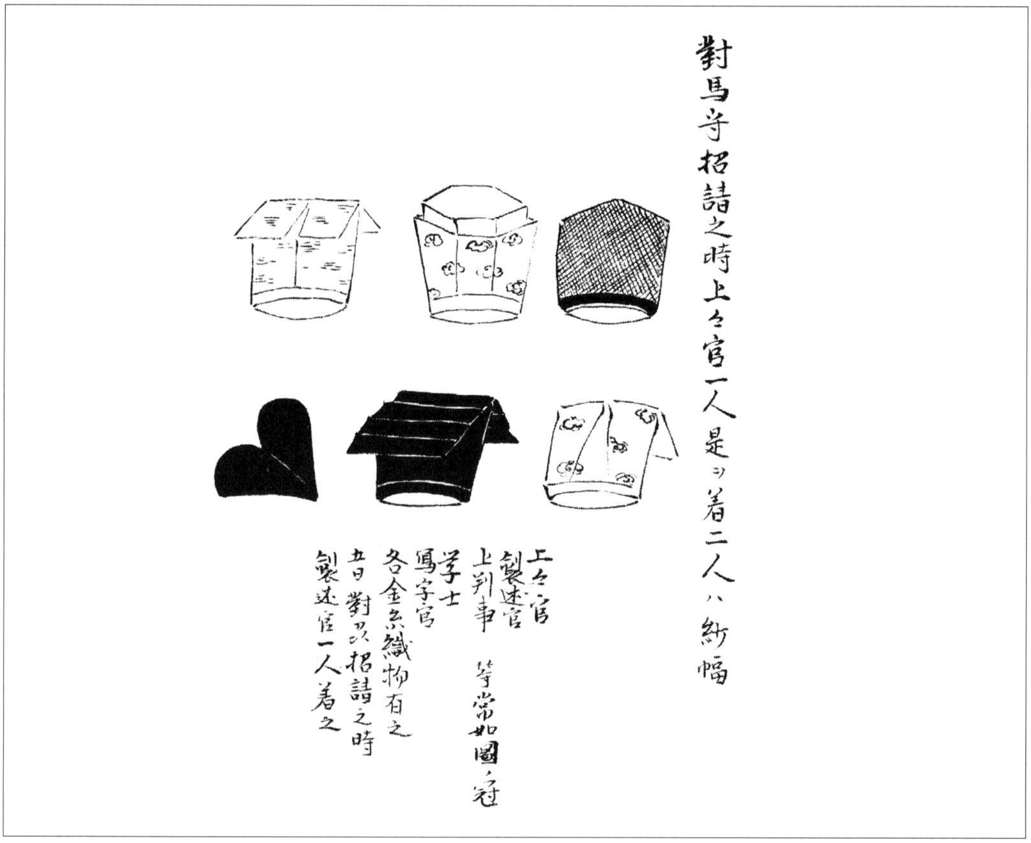

對馬守招請之時上々官一人是ヲ着. 二人ハ紗幅

上々官, 製述官, 上判事, 學士, 寫字官

等常如圖ノ冠

各金絲織物有之.

五日對州招請之時, 製述官一人着之.

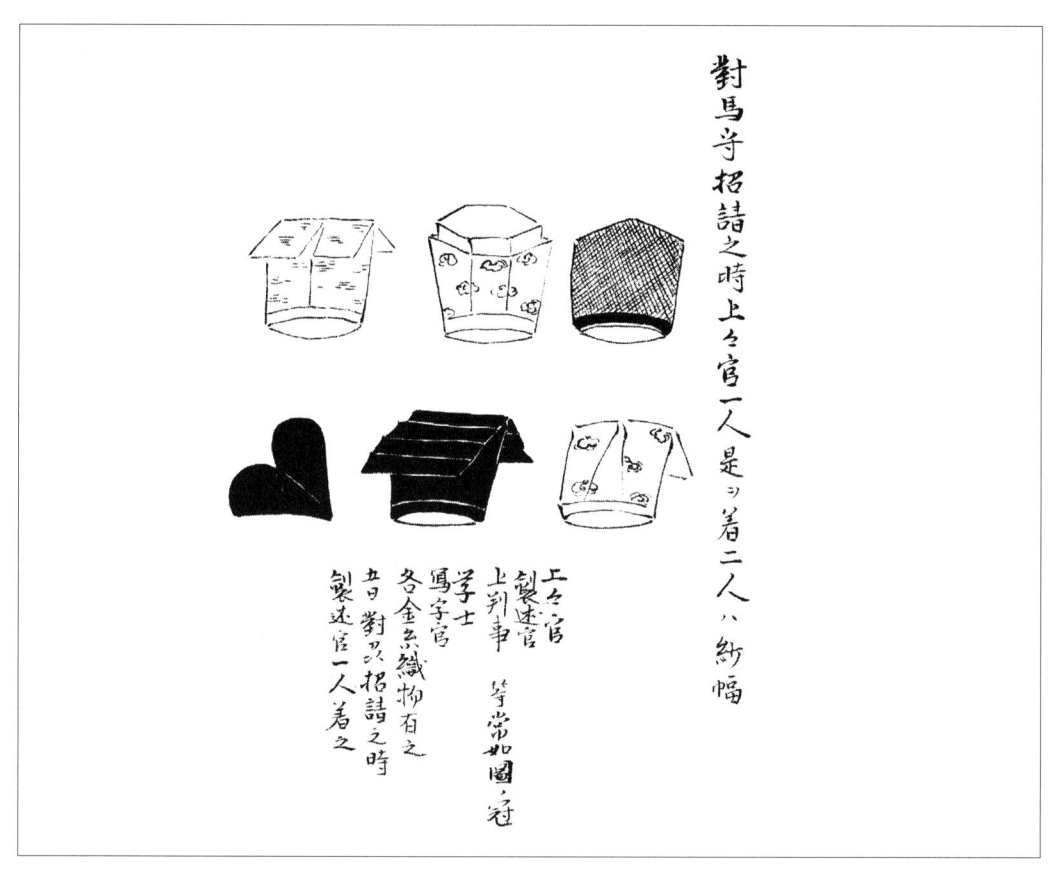

쓰시마노카미가 초청했을 때 상상관 1인이 이것을 착용. 2인은 비단 두건.

상상관, 제술관, 상판사, 학사, 사자관 등은 항상 그림과 같은 관을 착용.

각각 금색 실의 직물이다.

5일 쓰시마노카미가 초청했을 때 제술관 1인이 착용했다.

都而衣ノ下ハ如圖. 皆白

網巾　緇撮　髻ヲ入テ笄ヲサス.

모두 안에 입은 옷은 그림과 같다. 전부 흰색.

망건[224] 치촬[225] 상투를 넣고 막대를 찌른다.

---

224 상투를 틀고 머리카락이 흘러내리지 않도록 하기 위하여 이마 부분에 두르는 장식품. 따라서 관모라기보다는 머리장식의 하나로서, 그 위에 정식 관을 쓴다. 망건은 당 · 편자 · 앞 · 뒤의 네 부분으로 구성되며, 앞이 높고, 옆쪽이 조금 낮은 모양으로 되어 있다. 재료로 말총[馬尾毛]이나 인모(人毛)를 사용하나, 인모는 일반적인 것은 아니고 해진 망건을 수리할 때 쓰인다.

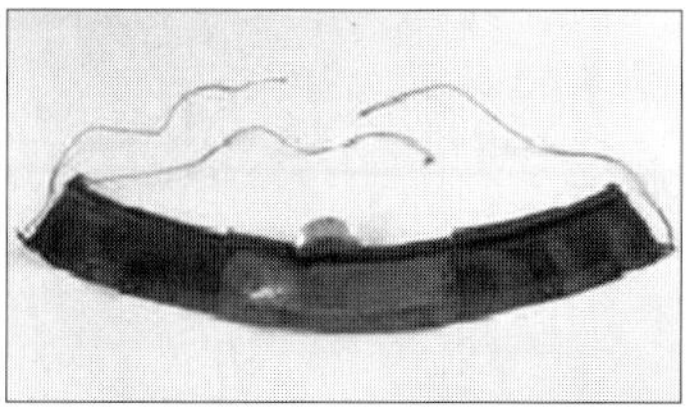

망건으로 표시된 그림은 망건 위에 쓰는 관(冠)으로 보인다.

225 상투를 감싸는 작은 관(冠)으로, 검은색.

軍官登城, 衣淺黃白花色不定. 地ハ如綾.

鞭　　鞭ノ上ニ磁石有之ノモアリ.

各鞭ヲ持.

笠表如羅紗. 裏純子ノ類ヲ張. 笠之先彫ノ有之ノモアリ.

都訓道, 馬上才

形如此. 但弓箭不帶, 太刀負.

弓ハ猩々緋或ハ羅紗ノ袋ニ入. 如圖付ル.

군관이 등성할 때 입은 옷은 옅은 황색인지 백화색인지 명확하지 않다. 소재는 비단인 듯하다.

채찍. 채찍 위에 자석이 있는 것도 있다.

각자 채찍을 들었다.

갓의 겉은 라사(羅紗)[226]인 듯하다. 속은 비단 종류를 썼다. 갓의 앞에 새김 장식이 있는 것도 있다.

도훈도, 마상재. 형태는 이와 같다. 단 활과 화살은 차지 않았고 큰 칼을 찬다.

[군관은 활과 화살을] 적자색(赤紫色)[227] 또는 라사 주머니에 넣어 그림과 같이 지닌다.

226 두꺼운 모직물류. 양털 또는 거기에 무명·명주·인조 견사 등을 섞어서 짠 모직물.

227 원문의 '猩猩緋'는 짙은 홍색(紅色)과 구별하기 위해 붙여진 명칭으로, 붉은색이 강한 적자색(赤紫色).

軍官　　常之服

如此紅ノ毛ナト付タルモ有. 笠ノ緒五彩ノ玉ヲ付モ有.

裏紅或黄

都訓道, 馬上才

常如圖

此畓臑マテ至. 紉小ハセ

モナク, 臑ヲ絹ニテマキ

臑ヲ付ル.

군관.　평소 복장

이와 같이 홍색 털 등을 부착한 것도 있음. 갓 끈에 오색의 옥을 단 것도 있다.

안감은 홍색 혹은 황색

도훈도, 마상재.　　항상 그림과 같다.

이 신은 [높이가] 정강이까지 온다. 조이는 끈도 없고, 정강이를 비단으로 휘감아 정강이에 붙인다.

都訓道, 馬上才

登城ノモ如圖. 衣之色無異.

常ノ服ハ軍官常如形ノ

太刀ヲ負. 鞭

도훈도, 마상재

등성할 때도 그림과 같다. 옷의 색도 다름이 없다.

평상복은 군관의 평소복과 같은 형태이다.

큰 칼을 [등에] 진다. 채찍[을 손에 든다]

小童 禮服

色ハ不定, 淺黃·花色或ハ白, 帶黑.

沓純子, 淺黃紋アリ.

소동의 예복 [차림]

색은 명확하지 않음. 옅은 황색·꽃색[228] 또는 백색. 허리띠는 검은색.

신은 비단. 옅은 황색 문양이 있다.

228 꽃색(花色)은 옅은 푸른색.

小童 常之服

소동의 평상복

吹手 禮服

樂人

各赤麻 中官

常ノ服都訓道常之服ノコトシ.

使令·吸唱·禮事通·小通事 皆同.

취수의 예복. 악공

각각 붉은 삼베 [착용]. 중관

평상복은 도훈도의 평상복과 같은 듯하다.

사령(使令)·흡창(吸唱)·예사(禮事)직·소통사(小通事) 모두 같다.

刀尺　如圖肩ニ掛.

上ノ衣紺, 但各如鵵紉ヲ掛

白布　白, 淺黃

鈴付

도척(刀尺). 그림과 같이 어깨에 멘다.

상의는 감색. 각기 새끼줄을 건다.

백포　백색, 옅은 황색

방울이 달려 있다.

下官服　薄鼠色, 或ハ白

하관의 의복. 옅은 쥐색 혹은 백색

中官以下. 衣之下如圖

草畓, 則ワラシ

중관 이하. 하의는 그림과 같다.

짚신. 와라지[229]이다.

229 와라지는 일본의 전통 짚신. 한국의 짚신과는 형태가 다르다.

일본의 와라지

한국의 짚신

三使·御三家　御獻立

本膳　木地薄盤通三方　高盛磨土器下輪杉

大重土器下輪　熊引盛

上同　蛸盛

小角　蒲鉾　きそく

大重土器下輪　海月

木土器下輪　飯

手鹽　箸臺

大重土器下輪　香物

上同　福目

小角　小桶　ひしほ

[향응에서 제공된 요리의 상세 차림표]

삼사 · 고산케(御三家) 차림표

혼젠(本膳)[230] 상차림. 나무 재질에 밑받침을 깐[231] 산보(三方)에 수북이 담음(高盛), 간토기(磨土器), 하륜삼(下輪杉)[232]

---

230 손님 접대를 위한 연향에서 내는 상차림에는 모테나시노젠(もてなしの膳)·혼젠(本膳)·니노젠(二の膳)·산노젠(三の膳)·요노젠(与の膳)·고노젠(五の膳) 등의 구분이 있었다. 혼젠(本膳)은 밥을 포함한 다섯 가지 요리, 니노젠(二の膳)은 밥을 뺀 여섯 가지 요리, 산노젠(三の膳)은 세 가지 요리를 내는 경우가 많았다. 혼젠·니노젠·산노젠의 순서로 내온다.

231 원문의 '薄盤'은 '우스이타(薄板)'. 꽃병 등의 밑받침으로 쓰는 얇은 판.

232 토기 그릇의 아랫부분이 둥근 것을 의미하는 것으로 추정된다.

커다란(大重)[233] 토기에 만새기(熊引)[234]를 담음

큰 토기에 문어(蛸) 담음

각진 쟁반에 어묵(蒲鉾). 기소쿠(龜足)[235]를 사용

큰 토기에 해파리(海月)

목기, 토기에 밥(飯)

식탁에 놓는 소금(手鹽). 젓가락 받침(箸臺)

큰 토기에 채소절임(香物)

큰 토기에 후쿠메(福目)[236]

각진 쟁반. 작은 나무 통(小桶)에 담은 젓갈

二膳

小重土器下輪　鮫足

上同　卷鯣

間土器下輪　汁 くしこ, むきいも, 皮牛蒡, 大こん, 燒とうふ

下輪　貝盛 きそく

右同　鱲子

上同　干鮎盛

233 삼중으로 그릇을 겹쳐 담을 때 가장 밑에 오는 큰 그릇.

234 생선의 일종.

235 종이의 모서리를 접은 모양이 거북이의 발을 닮은 데에서 유래함. ① 닭고기의 다리나 생선 꼬치의 잡는 부분을 종이로 감아 모서리를 접는 것 ② 요리 아래에 까는 종이의 네 모퉁이를 위로 접어 올리는 것.

236 생선 요리의 일종. 말린 도미, 꼬치고기 등의 고기를 잘게 잘라 으깬 것.

間土器下輪　汁 鹽かも, しひ茸, うと

三膳

니노젠(二膳) 상차림

작은 토기 그릇에　상어 지느러미(鮫足)

上同　가물치말이(巻鰑)

중간 크기 토기에　국(건해삼, 토란, 우엉, 무, 구운 두부)

하륜(下輪)　조개를 담음. 기소쿠(龜足) 사용

右同　절여 말린 숭어알

上同　말린 은어(干鮎]

중간 크기 토기에　국(절인 오리, 표고버섯, 두릅)

산노젠(三膳) 상차림

小角　羽盛

右同　汁 大ふな. 筒きり

間土器　榮螺 きそく

小角　船盛 露はく

右同　汁 たい せ切

四ツ目 木地三方

杉地紙足付大形　差味　鯔長つくり, 鱸ゆかき重ね, ゑんす, ミるくひ

改敷　なんはん, 長しゆん

각진 쟁반에 하모리(羽盛)[237]

右同 국(큰 붕어, 가로로 자른 것)

중간 크기 토기에 소라(榮螺), 기소쿠(龜足) 사용

각진 쟁반에 후나모리(船盛),[238] 비단보자기(露はく)[239] 사용

右同 국(도미, 토막 낸 것)

네 번째 [상차림] 나무 소재의 산보(三方)

삼나무, 바탕 종이(地紙)를 깐 다리 달린 대형 쟁반에 사시미(差味).[240]

숭어(鯔) 길게 썬 회, 농어(鱸) 데쳐 겹친 것, 제비집, 왕우럭조개

요리 밑에 깐 것(改敷)[241]은 난텐(南天),[242] 장춘화(長春花)[243]

---

237 조류를 구워서 날개, 머리, 다리를 날 때의 모양으로 차려놓은 요리.

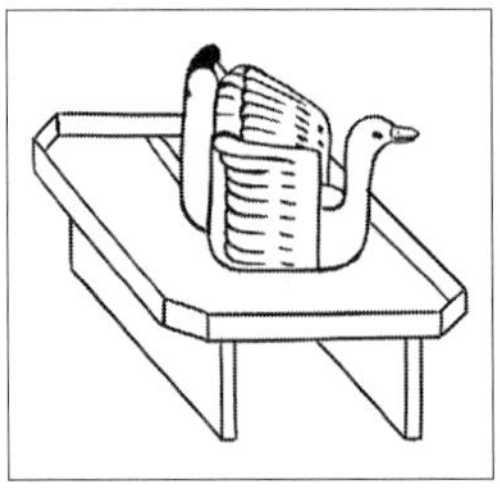

하모리

후나모리

238 새우나 생선 사시미를 높게 쌓아서 담은 요리.

239 로하쿠(蝋珀). 황차(黃茶)색에 광택 없는 비단의 일종.

240 생선회 사시미(刺身).

241 식기에 음식을 담을 때 밑에 까는 것. 대부분은 상록수의 잎이나 잎이 달린 작은 가지, 나중에는 종이도 사용되었다.

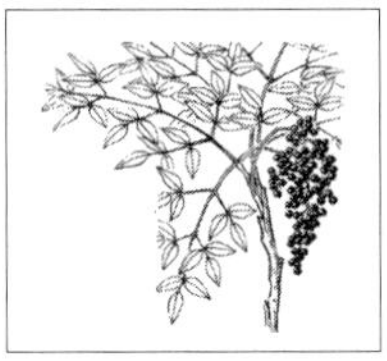

242 식물 이름. 원문은 'なんはん'이나 'なんてん'의 오기로 보인다.

243 금잔화(金盞花)의 다른 이름.

大白茶碗杉足下輪　　南蠻煮 たいうすみ, 鹽まつたけ, ねふか, あひくち, つふし
玉子, 銀匙付
大白猪口　酢味噌 臺

五ツ目
丸箱香臺宗和足付取手竹　　杉箱 たひ, 赤貝, 山のいも

커다란 백자(白磁) 밥공기, 삼나무 다리(杉足), 하륜(下輪) 난반니(南蠻煮),[244] 얇은 도미 살, 소금 친 송이버섯, 파, 간을 한 오리고기,[245] 으깬 계란. 은 숟가락을 함께 냄.
백자 소재의 작은 접시(猪口)[246]에 초된장(酢味噌)

다섯 번째 [상차림]
둥근 상자에 향대(香臺), 낮게 다리가 있으며 대나무 손잡이가 달림. 삼나무 상자(杉箱). 도미, 피조개(赤貝), 참마[247]

大白皿下輪　　盛合　やき鳥うつら, さわら色付, きす色付やき, いせゑひ皮むき, みそ付たい
大白小皿下輪　昆布卷 半弁

244 야채·생선·새고기 따위를 기름에 튀기거나 볶은 요리.
245 난반니(南蠻煮)에 넣는 'あいくち塩鴨'.
246 초쿠(猪口). 술잔 모양의 작은 접시.
247 삼나무 상자(杉箱)에 담긴 요리 재료들.

食次 木地三方
湯次 銀 右同斷

백자 접시에 모듬 요리(盛合). 구운 메추라기, 색을 낸 삼치, 보리멸 색을 입힌 구이, 껍질 벗긴 이세 새우, 된장 양념한 도미

백자의 작은 접시에 다시마 말이. 반 조각

사발(食次).[248] 나무 재질의 산보(三方)

물주전자(湯次). 은. 위와 같음

間土器下輪　吸物 ふな
　　吸物 卯花いりいか, 品川のり
　　吸物 蚫ふくらいり
杯 磨かわらけ
奈良臺　但, 奈良臺ハ三方載ス. 嶋臺ハ嶋形ニ■操足付

중간 크기 토기에　장국(吸物) 붕어
　　장국 비지로 볶은 오징어, 시나가와 김
　　장국 익힌 전복[249]

---

248 『通航一覽』에 따르면 1764년 사행의 향응 다섯째(五つめ) 요리에서 '湯次'에 연이어 '食鉢'가 나오는 경우가 다수 확인되므로 '食鉢'의 뜻으로 보고 해석했다. (『通航一覽』第二, 467, 468쪽)

249 후쿠라이리(膨ら煎). 전복을 물과 술로 충분히 끓여서 미린, 간장으로 윤기가 돌도록 완성한 요리. 옛날에는 해삼, 오징어도 사용했다.

술잔. 간토기(磨土器)

나라다이(奈良臺) 나라다이는 산보 대에 얹음. 나라산 시마다이(島臺)는 섬 모양에 다리가 있음.

弓八幡	大臣壹人, 若男壹人, 尉壹人 弓袋持
養老	大臣壹人, 若男壹人, 尉壹人 桶柄杓持
嵐山	木守男壹人, 同女壹人, シテ壹人 櫻枝持 同斷
芦刈	男壹人, 若男壹人, 女壹人 芦葉持
國栖	初冠人形, シテ人形, 天女壹人 薄衣かつら
白髭	天女壹人, 龍神, 天燈持 龍燈持 白たれ烏兜持

유미야와타(弓八幡)[250]	대신(大臣) 1인, 젊은 남자(若男) 1인, 노인(尉)[251] 1인. 활주머니를 든 사람
요로(養老)	대신 1인, 젊은 남자 1인, 노인 1인. 물통과 국자(柄杓)를 든 사람
아라시야마(嵐山)	나무 돌보는 남자 1인, 나무 돌보는 여자 1인, 시테[252] 1인. 벚나무가지를 든 사람. 같음
아시카리(芦刈)	남자 1인, 젊은 남자 1인, 여자 1인. 갈대 잎을 든 사람

250 일본의 전통예능 노가쿠(能樂)에서 부르는 노래인 요교쿠(謡曲)이자 노오(能)의 레파토리 중 하나. 여기에 열거된 노가쿠의 작품들은 각 작품에 출연하는 연기자의 모습을 인형으로 만들어 나라다이(奈良臺) 위에 장식해 놓은 것으로 추정된다. 뒤에 이어지는 향응에서도 동일하게 나라다이 뒤에 노가쿠의 작품명이 기술되어 있다.

251 노옹(老翁). 특히 노오에서 노인 역할 ↔ 노파(姥).

252 노가쿠(能楽)나 쿄겐(狂言)에서 주인공역.

구즈(國栖)[253]	우이코부리(初冠)[254] 인형, 시테 인형, 천녀(天女) 1인. 얇은 덧옷, 가발
시라히게(白髭)[255]	천녀 1인, 용신(龍神), 천등(天燈)[256]을 든 사람. 용등(龍燈)을 든 사람, 희게 늘어뜨린 머리에 도리가부토(白たれ鳥兜)[257]을 든 사람

押　取肴 からすみ

美人草, なんてん, 小車, 熊さゝ, 薄はき, 菊さつき

銚子　金紙巻絲花鎊

加　右同斷

折三合

253 반란으로 인해 요시노(吉野)의 菜摘川로 도망간 텐무(天武) 천황을 노인부부가 추격자로부터 숨겨주어, 천녀(天女)와 자오곤겐(蔵王権現) 신이 나타나 찬황을 축복한다는 내용.

254 관례 후 처음 관(冠)을 쓰는 것.

255 칙사(勅使)가 오우미(近江)의 시라히게묘진(白鬚明神)을 참배하자, 묘진(明神)·천녀(天女)·용신(龍神)이 나타나 히에이잔(比叡山)의 엔기(縁起)에 관해 이야기한다는 내용.

256 

257 도리가부토(鳥兜)는 무악(舞楽)에서 사용되는 머리에 쓰는 장식품. 봉황의 머리 모양을 본 딴 것으로, 닭 벼슬처럼 상하가 길고 목 뒷부분을 덮는 형태.

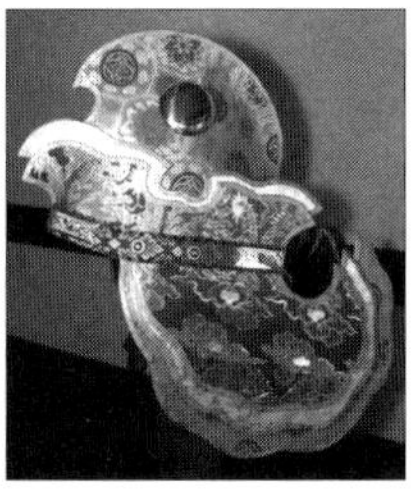

끝에 내는 요리(押). 안주(取肴). 절여 말린 숭어알(鱲・鱲子)

미인초(美人草), 난텐(南天), 금불초(小車), 얼룩조릿대(熊笹), 억새 싸리, 5월 국화

술병(銚子). 금종이를 두름. 실꽃(絲花)[258] 장식

구와에(加). 위와 같음.

도시락(折)[259] 삼합

蝶甲立金引廻し甲立金

けんひ燒, 小板蒲鉾. いと花, 紅葉, 小角もり, きそく金銀. 壹合

やうかん, 金柑盛. 絲花山吹, 算木盛小口金, 菊もみち. 壹合

柚子盛, 外郎餅. 絲花てつせん, 小角もり, 絲花つくし, 算木盛小口銀. 壹合

나비 모양 고다테(甲立)[260] 금장식, 둘러싼 고다테 금장식

모듬구이(けんひ燒), 작은 판 어묵(小板蒲鉾)[261]

실꽃(いと花), 단풍(紅葉), 작은 각진 쟁반, 모서리 접은 종이 장식(금은)

1합

---

258 비단 실을 묶어서 만든 꽃.

259 오리바코(折り箱). 얇은 나무판으로 상자 형태로 만든 얕은 용기. 요리나 과자를 담는다.

260 향응할 때 음식 주위에 세우는 종이.

261 이타가마보코(板蒲鉾)는 판 위에 반(半) 원형의 어묵을 얹어 내는 것.

이타가마보코

양갱(羊羹),[262] 금귤 고임(金柑盛)

실꽃, 황매화(山吹), 산가지(算木) 모양으로 담기, 금 장식, 국화, 단풍

1합

유자 고임(柚子盛), 우이로모치(外郎餅)[263]

실꽃, 철선화, 작은 각진 쟁반, 실꽃을 있는 대로 다 두른 장식, 산가지 모양으로 담기, 좁은 입구에 은장식

1합

二星物

熨斗盛, 唐きひ盛.　　檜のろはく, ふくさてふ, 澤きゝやう

上置　　からすみ, するめ, 著臺

三星物

鹽引鮭, こん切盛.　　角もり, 山茶花, 上角盛, 絲花紅梅

上置　　くしこ, くし貝, おきつたい, 著臺

---

262 팥소에 설탕·우무를 넣어 반죽하거나 찐 대표적인 일본식 과자의 하나.

양갱

263 쌀가루에 설탕을 넣고 찐 과자.

두 번째 호시노모노(二星物)[264]

노시(熨斗) 고임, 옥수수(唐黍)

편백의 로하쿠(비단), 나비 모양을 만든 비단보자기, 숫잔대(沢桔梗, 풀 이름)

요리 위에 얹은 부식물(上置)은 숭어 알 소금 절임, 말린 오징어, 젓가락 대

세 번째 호시노모노(三星物)

소금 친 연어, 작은 말린 갯장어 고임(五寸切盛).

각진 쟁반(角もり), 산다화 꽃(山茶花), 가미카쿠모리(上角盛), 실꽃 홍매화(紅梅)

요리 위에 얹은 부식물은 꼬챙이에 꿴 건해삼, 꼬치에 꿰어 말린 전복(くし貝), 옥돔, 젓가락 대

のりからすみ 小角金銀, ふくさとんほう

指縁高三方居

菓子　　絲花松梅椿, とんほう五本

かすてら, まんちう, あるへい, 大せんへい, 雪みとり, えた柿

やうかん

きそく.　かや, てう

264 호시노모노(星の物)는 술잔치에서 스하마다이(州浜台, 가장자리가 해변 모양으로 들쭉날쭉하게 만든 상(床)에 나무·바위·학·거북 등을 장식한 것)에 꽃이나 새 등의 모조품을 두지 않고 커다란 잔을 별 같이 세 개 또는 다섯 개를 나란히 놓은 미쓰보시(三星)·이쓰쓰보시(五星) 등의 명칭.

きそく.　くるみ, ちとり,

やふし

右御三家·三使. 六膳.

김과 절여 말린 숭어알(鱲·鱲子). 금은 장식의 각진 쟁반, 잠자리 모양을 만든 비단보자기

과자.　실꽃 소나무·매화·참죽나무(松梅椿), 잠자리 5개

카스테라, 만주(饅頭), 설탕과자(有平糖), 큰 전병, 과자 유키미도리, 곶감(枝柿)

양갱

모서리 접은 종이.　새, 나비

모서리 접은 종이.　호두, 물떼새

이쑤시개

이상은 고산케(御三家)와 삼사(三使)에게 제공된 육선(六膳) 요리

上々官

七五三御獻立, 右同斷. 四膳. 但, 星物者不出.

奈良臺

羽衣　釣人二人, 女壹人. 天冠

金札　大臣二人, 黑たれ, 輪冠金札

難波　白たれ鳥兜壹人, 大臣壹人, 天女壹人, 太鼓

상상관

7·5·3의 상차림, 위와 같음. 사선(四膳). 단 호시노모노(星物)는 내지 않는다.

나라다이(奈良臺) 요리

하고로모(羽衣)[265] 낚시꾼(釣人) 2인, 여자 1인. 텐칸(天冠)[266]

긴사쓰(金札) 대신(大臣) 2인, 흑발, 와칸무리(輪冠),[267] 긴사쓰(金札)

나니와(難波) 희게 늘어뜨린 머리에 도리가부토(鳥兜)를 쓴 1인, 대신 1인, 천녀(天女) 1인, 북(太鼓)

御田　田植二人, 鷹帽子人形壹人

同押 ほたん, 芍薬, 長春, 山吹

菓子九種

上判事·學士·良醫 本膳　九角杉足打高盛, 磨かわらけ小道具

七五三御獻立右同斷　但, 奈良臺·星の物不出.

온다(御田) 모내는 사람 2인, 鷹帽子 인형 1인

끝에 내는 요리(押)는 모란(ほたん), 작약(芍薬), 장춘화(長春), 황매화(山吹)

---

265 노가쿠 작품. 이하 긴사쓰(金札), 나니와(難波), 온다(御田)도 노가쿠 작품.

266 노가쿠에서 사용하는 모자의 하나. 금속제 윤관(輪冠)에 가운데 달이나 봉황 등의 장식을 달고 사방에 요라쿠(瓔珞)를 늘어뜨린 형태. 여신, 천인(天人) 역할이 사용.

267 주로 남자 신 역할이 머리에 착용하는 금속제 모자.

과자 9종류

상판사 · 학사 · 양의.	혼젠(本膳). 구각(九角) 모양에 삼나무 소재 다리 달린 상에 수북이 담음. 간토기, 소도구.

7 · 5 · 3의 상차림은 위와 같음. 단 나라다이 · 호시노모노는 내지 않는다.

島臺

山の井	作り物. いと車, 大臣壹人, 女壹人, 桶持
繪馬	作り物. 殿, 繪馬持壹人, 黑たれ唐冠壹人
羅生門	作り物. 赤頭人形, 黑たれ鍬形人形
かも	作り. 矢, 天女, 黑たれ唐冠

시마다이(島臺)

야마노이(山の井)[268]	모조품. 물레, 대신 1인, 여자 1인. 통을 든 사람
에마, 엔마(繪馬)	모조품. 덴(殿),[269] 에마를 든 사람 1인, 흑발 당관(唐冠) 1인

268 야마노이(山の井), 에마, 엔마(繪馬), 라쇼몬(羅生門), 가모(かも)는 모두 노가쿠 작품. 가모는 賀茂, 加茂, 矢立鴨라고도 표기.

269 에마덴(絵馬殿). 신사나 절에 봉납된 에마를 걸어두는 건물. 에마(絵馬)는 기원(祈願) · 감사의 표시로 말 대신에 신사나 절에 봉납하는 말 그림 액자. 원래 신들에게 기원을 할 때에 살아 있는 말을 봉납했으나 그 후 말 대신에 흙이나 나무로 만들어진 장기(駒)가 봉납되었고, 나아가 그것 대신 말을 그린 에마를 봉납하게 되었다고 한다.

라쇼몬(羅生門)	모조품. 붉은 머리(赤頭) 인형,[270] 흑발 가래(鍬形)[271] 장식의 인형
가모(かも)	모조품. 화살, 천녀(天女). 흑발 당관(唐冠)

吳服	作り物. 機, 大臣壹人, 天女, 絲わく持
黑塚	作り物. 絲わく, 山臥壹人, 冠形鐵杖持
小鹽	作り物. 奈袴人形, 尉壹人, 櫻枝持
同押	かきつはた, 姬ゆり, 化老花, かいとう, 桔梗, あちさひ, あさみ
菓子九種	

270 아카가시라(赤頭)는 노가쿠에서 덴구(天狗)·신령·악귀·요괴·사자(獅子) 등을 연기하는 배우가 쓰는 가발. 붉고 긴 머리.

271

구레하(吳服)[272] 모조품. 베틀, 대신 1인, 천녀, 얼레[273]를 드는 사람

구로즈카(黑塚) 모조품. 얼레, 야마부시(山臥)[274] 1인, 간무리가타(冠形)[275]에 쇠몽둥이(鐵杖)를 든 사람

오시오(小鹽) 모조품. 奈袴 인형, 노인 1인, 벚나무 가지를 든 사람

끝에 내는 요리(押)는 제비붓꽃(杜若), 하늘나리(姬百合), 화로화(化老花), 해당화(海棠), 도라지(桔梗), 자양화(紫陽花), 엉겅퀴(薊)

과자 9종류

冠官·軍官 但本膳上々官之通.

七五三右同斷.

島臺

鶏龍田 作り物 殿ニ山臥, 黑たれ輪冠

鞍馬 作り物 花衣小形人形, 赤頭長刀持, 物置

花記念 作り物 車, 大臣壹人, 女壹人, 花かた持

土蜘 作り物 赤頭壹人, 鉢卷人形壹人

---

272 구레하(吳服), 구로즈카(黑塚), 오시오(小鹽)는 모두 노가쿠 작품.

273 짠 실을 감는 테. 축이 있어서 회전하며 감거나 풀게 되어 있음.

274 산야(山野)에 살면서 수행하는 승려.

275 가면(假面) 상단에 관(冠)·에보시(烏帽子)의 밑단 모양을 먹으로 그려 넣거나 조각해 넣은 부분.

관관(冠官) · 군관(軍官). 단 혼젠(本膳)은 상상관과 같다.

7·5·3 요리는 위와 같음.

시마다이(島臺)	
니와토리타쓰타(鷄龍田)[276]	모조품. 노가쿠 무대(殿)에 야마부시, 흑발 와칸무리(輪冠)
구라마(鞍馬)	모조품. 화의(花衣)의 소형 인형, 붉은 머리(赤頭)에 장도(長刀)를 든 사람, 곳간
화기념(花記念)	모조품. 수레, 대신 1인, 여자 1인, 꽃을 든 사람
쓰치구모(土蜘)	모조품. 붉은 머리 1인, 하치마키(鉢卷)[277] 인형 1인

鐵輪　作り物 かものえほし, ■風折人形, 生形人形, 人かた持

氷室　作り物 天女, 白たれ人形, 氷持

小鑑治　作り物 臺かな床, 宗近, 黒たれ輪冠, 上ニ白狐

同押

石竹　おもたか

水仙　山吹

しほん　雪の下

276 니와토리타쓰타(鷄龍田), 구라마텐구(鞍馬天狗), 화기념(花記念), 쓰치구모(土蜘)는 노가쿠 작품.

277 이마를 수건이나 끈으로 동여매는 것. 무장할 때 머리를 천으로 감고 그 위에 투구를 씀.

가나와(鐵輪)[278] 모조품 에보시(烏帽子),[279] ■風折 인형, 生形 인형, 인형을 든 사람

히무로(氷室) 모조품. 천녀(天女), 백발 인형, 얼음을 든 사람

고카지(小鑑冶)[280] 모조품. 철로 된 마룻바닥, 무네치카(宗近)[281] 흑발, 와칸무리(輪冠) 위에 흰 여우

끝에 내는 요리(押)

패랭이꽃(石竹) 벗풀(沢瀉)

수선화(水仙) 황매화(山吹)

국화과의 다년초(紫苑) 바위취(雪の下)

---

278 (https://www.the-noh.com/jp/plays/data/program_026.html 참조)

279 성년 남성이 쓰는 모자의 일종.

280 (https://www.the-noh.com/jp/plays/data/program_037.html 참조)

281 주인공 이름. 산조노고카지무네치카(三條小鍛冶宗近).

次官·小童　三汁十一菜

本膳

鱠　たひ, ミるくひ, くり, せうか, きんかん

汁　つミ入, 大こん, 皮牛房, うと, しいたけ

坪皿下輪

煮物　たこ, くしこ, ミつは

香物

飯

차관·소동. 3즙 11채(三汁十一菜)

혼젠(本膳)

회(鱠)　도미, 왕우럭조개, 밤, 생강, 금귤

국　완자, 무, 껍질우엉, 두릅, 표고버섯

쓰보자라(坪皿)[282]

조림(煮物)　문어, 건해삼, 파드득나물(三つ葉)

채소절임(香物)

밥

282 혼젠(本膳) 요리에 사용하는 작고 깊은 식기.

二膳

杉燒	あつくろ, ねふか, たいらき, 山のいも, わさひ
汁	たゐ鹽煮せ切, ゆ
ひしほ	くるみ
平皿	
切燒	さわら

三膳

니노젠(二膳)

스기야키(杉燒)[283]	아쓰쿠로, 파, 키조개(蛤·玉珧), 참마, 와사비
국	도미를 소금 간하여 삶고 토막낸 것, 뜨거운 물
히시오(醬, 醢)[284]	호두
넓적한 접시(平皿)	
잘라 구운 요리(切燒)	삼치

산노젠(三膳)

283 작은 삼목(杉木) 상자에 어개류(魚介類)를 담아 불에 올렸다가 그 상자째 손님에게 내는 요리로, 요리에 삼목 향이 밴다.

284 보리·누룩에 콩·찹쌀 따위를 섞어 띄우고 소금에 절인 가지나 오이 따위를 담가 저장한 것.

杉地紙足付 鯔長つくり

差味 白身, くらけ, 花はす, わさひ, 改敷熊笹

汁 ふな

小猪口 煎さけ

下皿 下輪

もみ貝 葉せうか

四ツ目

삼나무, 바탕 종이(地紙)를 깐 다리 달린 상에 길게 썬 숭어(鯔) 회

사시미(差味) 흰 살(白身), 해파리, 연꽃(蓮花), 와사비, 요리 밑에 깐 것은 식물 얼룩 조릿대(熊笹)

국(붕어)

작은 접시(小猪口) 구운 연어

접시, 하륜(下輪) 조개, 잎이 있는 상태의 생강(葉生姜)

네 번째

色焼 小たひみそ漬, せり

盛 燒鳥うつら, いせゑひ, きす色付

煮物 赤かい, たい薄身, 鹽松たけ, つふし玉子

肴

大杉 かまほこ

吸物 いか, ミる

肴二種 組付

食次

湯次

이로야키(色燒)[285]	된장에 절인 작은 도미, 미나리
모듬 요리(盛)	닭고기 꼬치 구이(燒鳥), 메추라기(우즈라[鶉]), 이세 새우, 색을 입힌 보리멸(생선[鱚])
니모노(煮物)	피조개, 얇은 도미의 살, 소금 간을 한 송이버섯, 으깬 계란

생선(肴)

대삼(大杉). 어묵

장국(오징어, 청각)　생선 2종류를 달아 보낸다.

사발(食次)

물주전자(湯次)

菓子　やうかん, 色付長いも, 水くり, やうし

後菓子　まんちう, かすていら, あるへい, みとり, えたかき, やうし

一. 朝鮮人登城相濟候翌日爲恐悅惣出仕有之.

285 구워서 표면의 색이 바뀐 요리.

과자　　　　양갱, 색을 입힌 참마, 삶은 밤, 이쑤시개(楊枝)

후식과자　　만주(饅頭), 카스테라,[286] 설탕과자, 미도리, 곶감, 이쑤시개

一. 조선인이 등성(登城)을 마친 다음 날 축하하기 위해 모두 [에도성에] 출근했다.

一. 二月卄八日御書付右近將監渡之.

御本丸

西丸

諸番頭

諸物頭

布衣以上御役人

右者來月朔日朝鮮人曲馬被遊

上覽候付, 見物被仰付候間, 服紬小袖麻上下

着之先登城有之. 其上ニ而見物所江

一. 2월 28일 문서를 우콘노쇼겐[287]이 건넸다.

---

286 계란을 풀고 밀가루, 설탕(또는 물엿)을 섞어서 만든 반죽을 구운 과자. 포르투갈에서 전해진 남만 과자를 바탕으로 일본에서 독자적으로 발전한 일본식 과자.

287 로주 마쓰다이라 다케치카(松平武元).

혼마루(本丸)[288]

니시노마루(西丸)[289]

반가시라(番頭)[290]들

모노가시라(物頭)[291]들

호이(布衣) 이상의 관리(役人)

위는 다음 달 1일 조선인 곡마를 관람하시어 구경하도록 분부하셨으므로, 의복은 명주의 고소데(小袖)[292]와 마(麻) 상하의를 착용하고 먼저 등성(登城)한다. 그 후 관람 장소로

可被相越候. 尤當番·詰番等之面々者被相越ニ不及候. 見物所江被相越候樣子·刻限等者大目付·御目付江可被承合候.

288 쇼군이 거주하면서 정무와 의례를 행하는, 에도성에서 중심적인 역할을 하는 공간.

289 에도성 혼마루의 남서쪽에 있는 일곽(一郭). 쇼군의 세자 또는 前 쇼군이 거하는 공간.

290 교대로 잡무, 막영(幕營)의 경비, 쇼군의 신변경호 등을 담당하는 자를 반가타(番方)라고 하며, 이들 조직에 大番組·小姓番組·書院番組 등이 있었다. 이 조직의 우두머리인 오반가시라(大番頭)·고쇼반가시라(小姓番頭)·쇼인반가시라(書院番頭)가 반가시라이다.

291 무가의 유미구미(弓組)·텟포구미(鉄砲組) 등 아시가루(足輕)의 대장.

292 좁은 소매, 목 부분의 깃을 엇갈리게 해서 입는 긴 평상복. 속옷으로 입기도 한다.

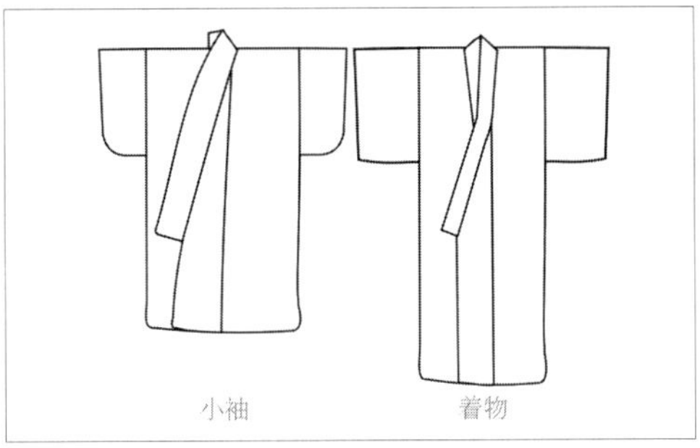

고소데(小袖)와 기모노(着物) 비교

御本丸

西丸

御目見以上御役人

右同斷. 服紗小袖麻上下着之. 田安御門·

半藏御門·淸水御門之內向寄次第可

罷出候. 見物所之儀者右之御門々ニ而承合

이동한다. 도반(當番)·쓰메반(詰番)[293] 등의 사람들은 가지 않는다. 관람 장소로 이동하는 방식·시각 등은 오메쓰케(大目付)·메쓰케(目付)에게 들을 것이다.

혼마루

니시노마루

오메미에(御目見)[294] 이상의 관리

위 [관리들]도 마찬가지이다. 의복은 비단 고소데(小袖)와 마(麻) 상하의를 착용한다. 다야스몬(田安門)·한조몬(半藏門)·시미즈몬(淸水門)[295] 안쪽으로 향해 가면 나올 것이다.[296] 관람 장소에 관해서는 위의 문에서 문의하여

293 근무할 순번이 된 당번이나 숙직하는 사람.

294 쇼군 배알이 가능한 신분의 무사.

295 에도성에 있던 문들.

296 1764년 사행은 마상재가 통신사와 동행하는 마지막 사행이었다. 1711년 막부는 마상재를 위해 다야스몬(田安門) 안에 새로운 마장(馬場)을 설치하여 이후 여기에서 공연하는 것이 관례가 되었고, 이곳은 후대까지 '조센바조(朝鮮馬場)'라 불리었다. 마상재는 쇼군·막부의 고관·일부 다이묘들만이 관람할 수 있어, 일반 무사나 에도 시민들이 직접 볼 수 있는 기회는 없었다.

可被相越候. 尤當番詰番等之外向々役所
御用有之者者罷出ニ不及候. 刻限之儀者
大目付·御目付江可承合候.
右之趣向々江可被相達候.

二月
朝鮮人曲馬
上覽之節見物被仰付候面々
召連候供廻之覺

이동하면 된다. 또한 도반(當番)·쓰메반(詰番) 외에 각 관청에서 용무를 보는 사람은 나가지 않는다. 시각은 오메쓰케(大目付)·메쓰케(目付)에게서 들을 것이다. 위의 내용을 각자에게 전달하기 바란다.

2월
조선인 곡마(曲馬)를 [쇼군께서] 관람하실 때 구경하도록 분부받은 사람들이 대동하는 동행자에 관한 각서

一. 萬石以上·以下共幷布衣以上之御役人寺澤
御門通吹上見物所江罷越候節, 侍二人·草履
取壹人, 雨天之節者傘持壹人召連.
右供廻之儀者紅葉山下御門ニ相殘, 主人

計吹上見物所江被相越候事.

一. 退散之節も紅葉山下御門迄主人計

罷越, 夫ゟ蓮池御門通, 大手御門, 櫻田御門

向寄次第退散之事.

一. 紅葉山下御門ゟ見物所迄, 御徒士目付·御小人

一. 만 석 이상·이하와 호이(布衣) 이상의 관리는 데라사와몬(寺澤門)[297] 길의 후키아게(吹上) 관람소[298]로 이동할 때 사무라이 2인·조리토리(草履取)[299] 1인, 우천 시에는 우산 드는 사람 1인을 데리고 온다. 위 동행자들은 모미지야마시타몬(紅葉山下門)에 남고 주인(상전)만 후키아게 관람소로 이동할 것.

一. 물러나 해산할 때에도 모미지야마시타몬까지는 주인만 이동하고, 거기서부터 하스이케몬(蓮池門) 길, 오테몬(大手門), 사쿠라다몬(櫻田門)으로 가는 대로 해산할 것.

一. 모미지야마시타몬에서 관람소까지 가치메쓰케(徒士目付)[300]·고비토

目付致案內候. 尤退散之節も同斷之事.

一. 布衣以下御役人, 諸番方之儀者半藏御門·

297 에도성의 문.

298 후키아게(吹上)는 니시노마루(西丸) 서편에 있는 후원이다. 마상재가 행해지는 '조선마장(朝鮮馬場)'은 후키아게의 한편에 설치되어 있었다.

299 무가(武家)에서 주인의 신발 조리(草履)를 가지고 동행하는 하인.

300 에도막부의 직명. 메쓰케(目付)의 지휘하에 에도성 안의 숙직(宿直), 다이묘의 등성 감찰, 막부 관리들의 집무 내정(內偵) 등을 담당했다.

田安御門·淸水御門右三ヶ所御門ニ向寄ゟ吹上

役所御門邊迄被相越, 右場所江御徒目付·

御小人目付差出置候間, 承合見物所江被

相越候事.

一. 半藏御門·田安御門·淸水御門ゟ面々主人計

被相越, 尤雨天之節者手傘相用候事.

一. 萬石以上·以下幷布衣以上御役人見物所江

메쓰케(小人目付)[301]가 안내한다. 해산할 때에도 같다.

一. 호이(布衣) 이하의 관리, 여러 반카타(番方)들은 한조몬(半藏門)·다야스몬(田安門)·시미즈몬(淸水門) 세 곳 근처에서 후키아게 관청 문 근처까지 이동하며, 위 장소로 가치메쓰케·고비토메쓰케를 보내 배치할 예정이니 문의하여 관람 장소까지 이동할 것.

一. 한조몬(半藏門)·다야스몬(田安門)·시미즈몬(淸水門)에서부터는 주인만 이동하며, 우천 시에는 우산을 사용할 것.

一. 만 석 이상·이하 및 호이 이상의 관리가 관람 장소로

罷越候節, 刀之儀者, 紅葉山下御門ニ而家來江

相渡, 脇差計ニ而, 何茂被相越候事.

右之趣御心得可有之候.

---

301 에도막부의 직명. 메쓰케(目付)의 지휘하에 여러 특별 상황에 입회하며 감옥 순찰, 메쓰케가 먼 지방으로 출장 갈 때의 수행 등을 맡았다.

二月　　太田三郎兵衛

　　　　曲淵勝次郎

道筋

本願寺ゟ東仲町, 雷門前, 淺草御門,

横山町, 本町通, 常盤橋御門, 松平越前守

이동할 때, 가타나(刀)[302]는 모미지야마시타몬(紅葉山下門)에서 부하에게 넘겨주고 와키자시(脇差)[303]만 가지고 모두 이동할 것.

위의 내용을 명심하라.

2월　오타 사부로베(太田三郎兵衛)

　　마가리부치 가쓰지로(曲淵勝次郎)

경로[304]

혼간지(本願寺)에서 히가시나카마치(東仲町), 가미나리몬(雷門) 앞, 아사쿠사몬(淺草門), 요코야마초(橫山町), 혼마치도오리(本町通), 도키와바시몬(常盤橋門), 마쓰다이라 에치젠노카미(松平越前守)

302 에도시대 무사가 통상 허리에 차던 대소(大小) 두 개의 칼 중에 큰 것.

303 무사가 통상 허리에 차는 대소 두 개의 칼 중 작은 것.

304 혼간지에 머물고 있던 통신사의 마상재 일행이 혼간지를 나와 에도성 다야스몬에 위치하는 마장(馬場)까지 이동한 경로.

屋敷脇前, 秋元但馬守殿御屋敷前, 夫ゟ
一橋御門內御番屋前通, 雉子橋御門, 清水御門
外久留島數馬屋鋪前通, 元飯田町中坂
御用屋敷脇, 田安御門. 罷歸候道筋同斷

저택 곁, 아키모토 다지마노카미(秋元但馬守) 님 저택 앞, 거기에서 히토쓰바시몬(一橋門) 내 경비소(番屋) 앞 길, 기지바시몬(雉子橋門), 시미즈몬(淸水門) 밖 구루시마 가즈마(久留島數馬) 저택 앞 길, 전(前) 이다마치(飯田町) 나카자카(中坂) 어용저택(御用屋敷) 곁, 다야스몬(田安門). 돌아가는 경로도 같다.

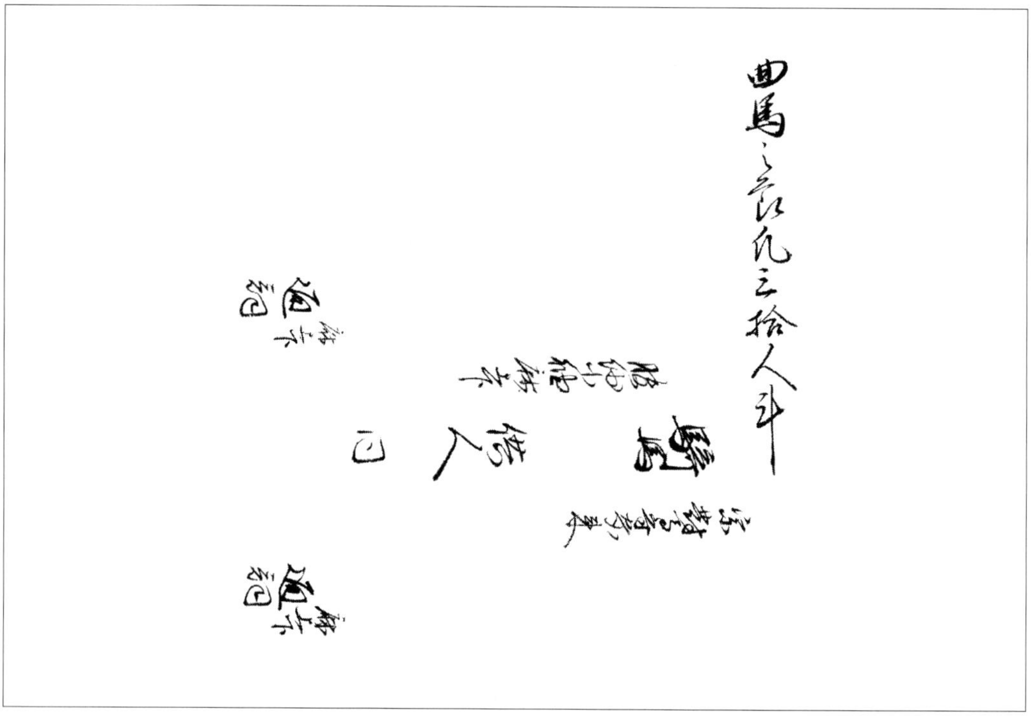

曲馬之節凡三拾人計

宗對馬守家來　　　　　通詞 麻上下

騎馬　　　供人　　　同

服紗小袖麻上下　　　　通詞 麻上下

곡마(曲馬) 시 대략 30인[이 동원됨]

소 쓰시마노카미(宗對馬守)의 가신　　　　　통사. 마 상하의

기마(騎馬)　　　수행원　　　同

의복은 비단 고소데(小袖)·마(麻) 상하의　　　　　통사. 마 상하의

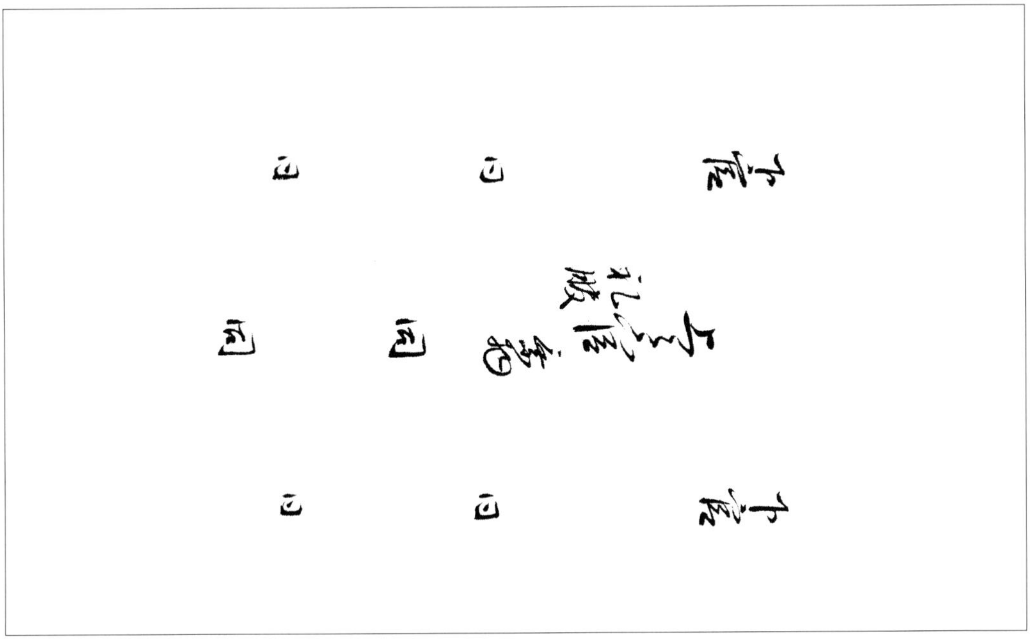

下官　同　同

上々官　乘物　同　同

禮服

下官　同　同

하관(下官)　同　同

상상관(上々官)　가마　同　同

예복

하관　同　同

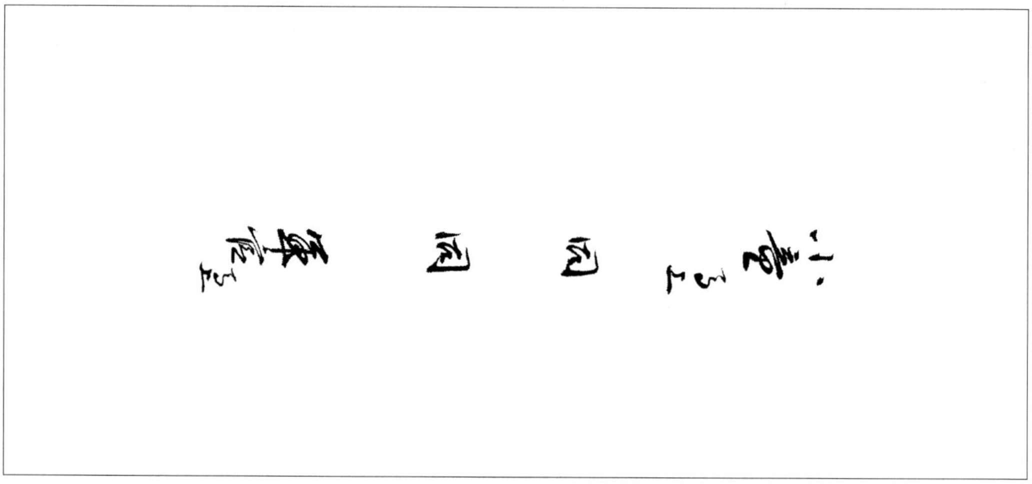

小童 馬上　同　同　軍官 馬上

소동(小童). 마상　同　同　군관(軍官). 마상

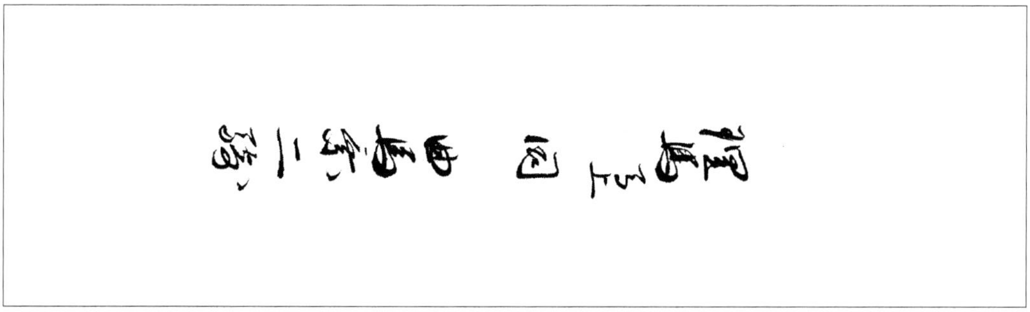

理馬 馬上　　同　　曲馬乘 二騎

말 돌보는 사람. 마상(馬上)　　同　　곡마할 사람(曲馬乘). 말 2마리

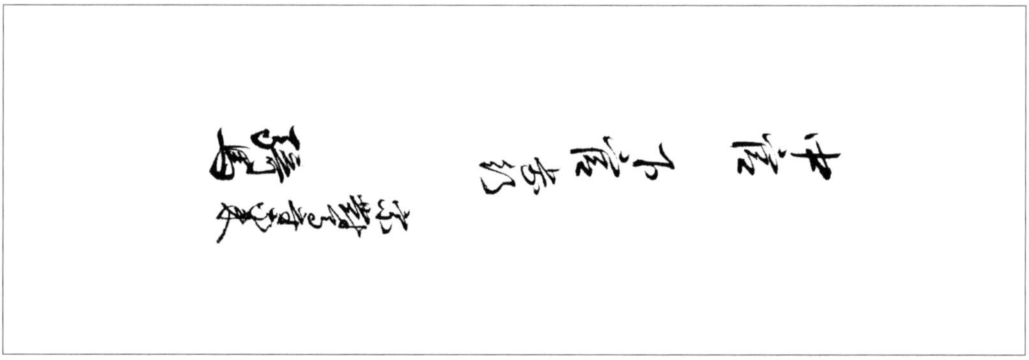

中官 下官 步行　　騎馬

宗對馬守家來

중관(中官) 하관(下官). 보행　　기마(騎馬)

소 쓰시마노카미(宗對馬守)의 가신

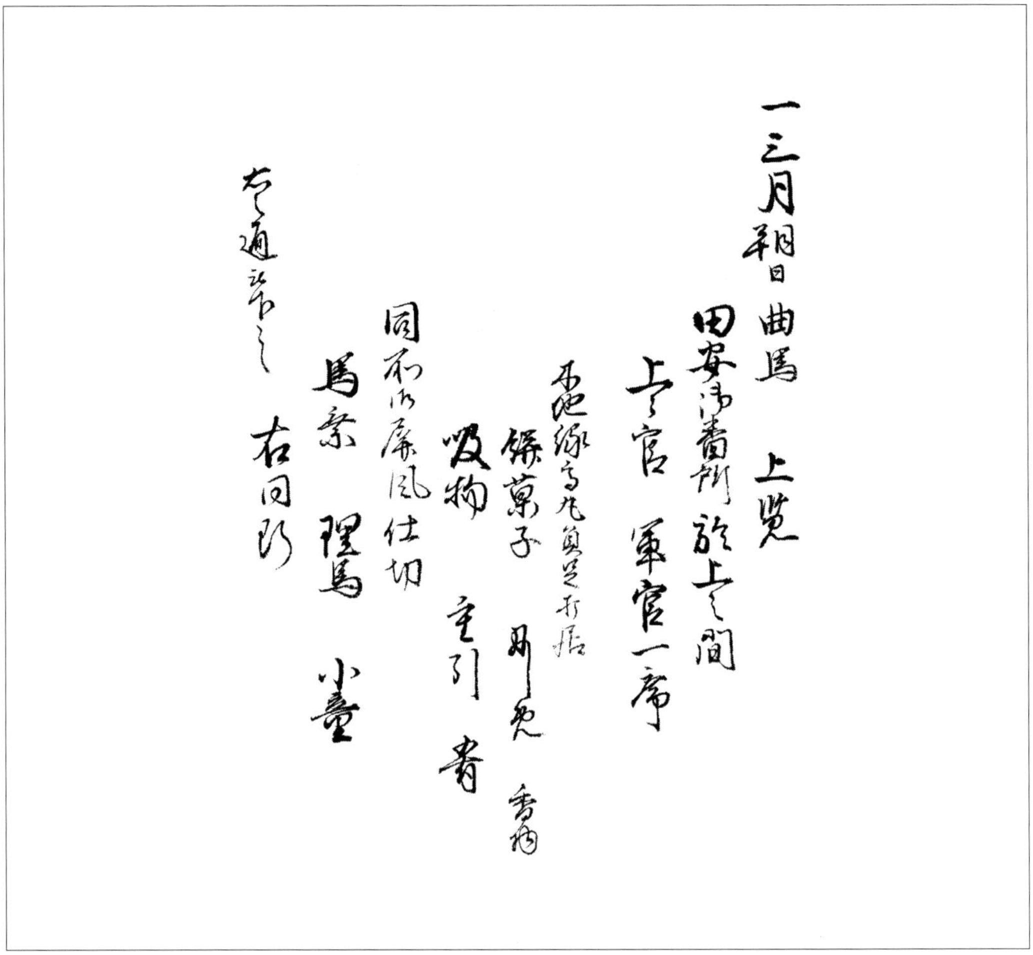

一. 三月朔日曲馬上覽

田安御番所於上之間

上々官·軍官一席

木地緣高丸負足打居

餅菓子 にしめ 香物

吸物 重引 肴

同所御屏風仕切

馬乘·理馬·小童

右之通被下之. 右同斷

一. 3월 1일 [쇼군께서] 곡마를 관람하셨다.

다야스몬 경비소의 가미노마(上之間)에서

상상관(上々官)·군관(軍官)이 동석함

나무 소재에 가장자리가 높고 발이 달린 [음식] 상에

모치가시(餅菓子),[305] 조림, 채소절임(香物), 장국(吸物), 주비키(重引), 생선[을 제공하다]

같은 곳을 병풍으로 공간을 나누어

곡마사·말 돌보는 사람·소동(小童)[이 대기함]

위와 같이 하사했다. [제공한 음식도] 동일하다.

305 떡·찹쌀·갈분·메밀 등을 원료로 하여 만든 과자. 팥을 넣기도 함.

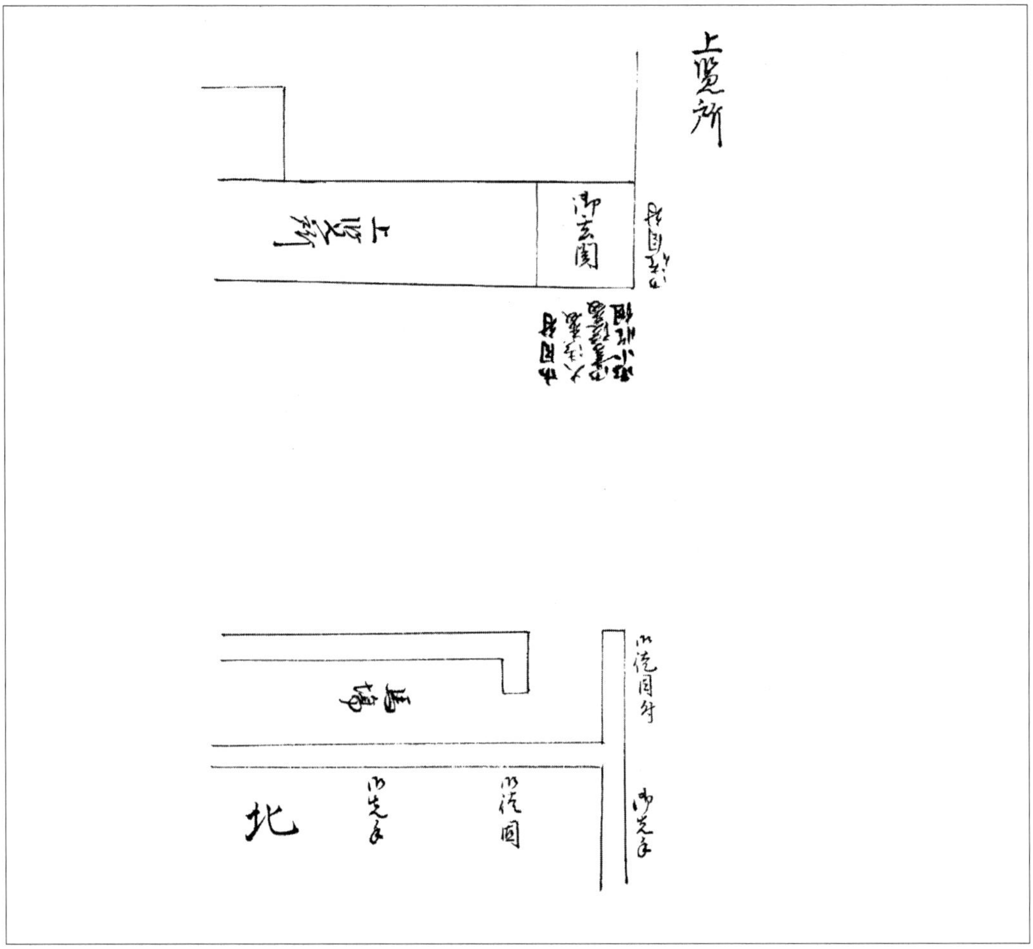

上覽所

御玄關

御徒目付

御目付　　大御番　　御書院番　　御小姓組

上覽所

御徒目付 御先手

馬場

御徒固

御先手

北

쇼군이 관람하시는 곳(上覽所)[의 공간구조와 인원 배치도]

현관(玄關)

가치메쓰케(徒目付)

메쓰케(目付) 오고반(大御番) 쇼인반(書院番) 고쇼구미(小姓組)

상람소

가치메쓰케(徒目付), 선수(先手)

마장(馬場)

오카치(御徒) 경비

선수(先手)

북(北)

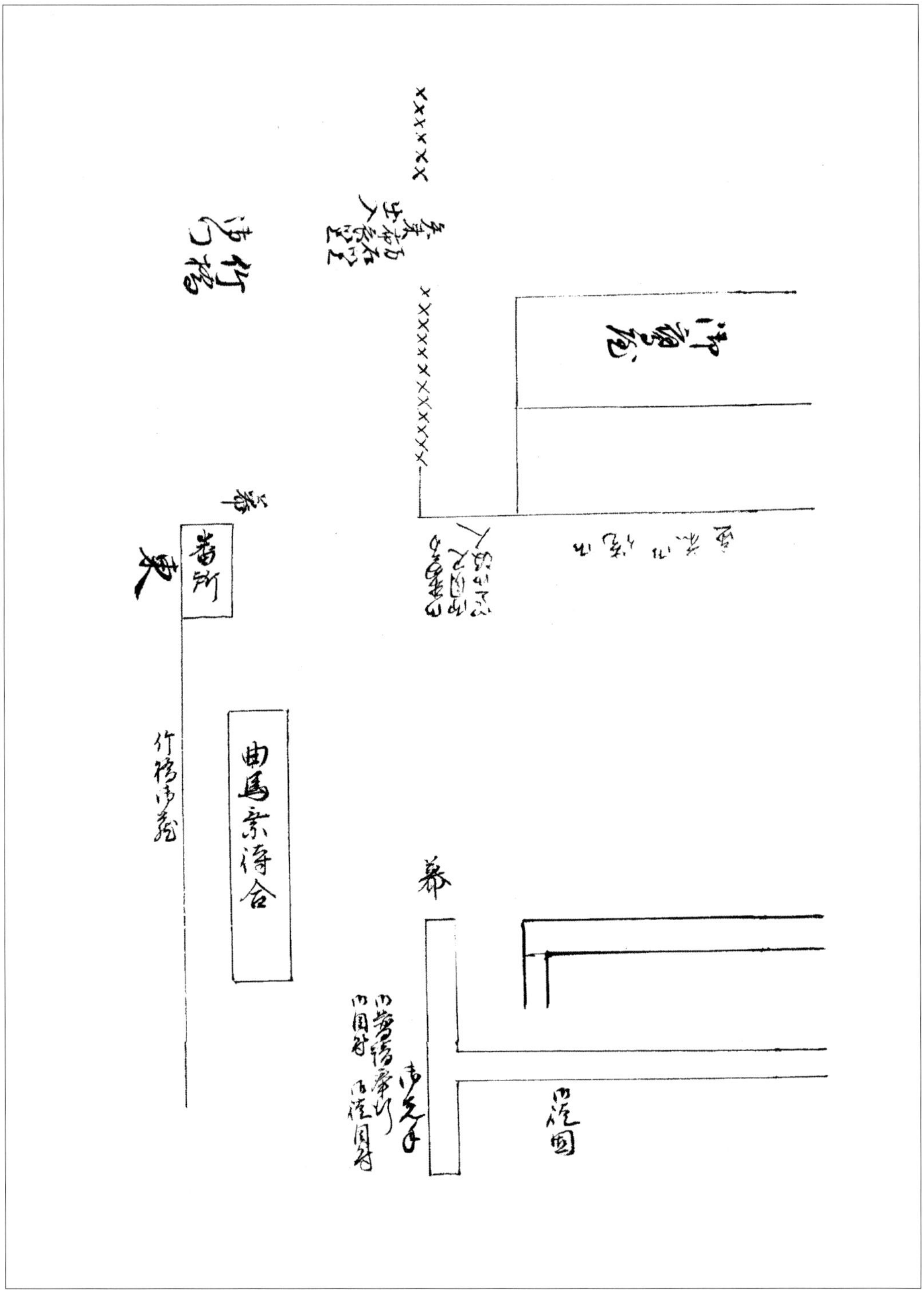

御鷹屋

御前置 御徒

御番方·御目見以上御役人

矢來

萬石以上·布衣以上出入

御徒固

幕

御先手 御普請奉行 御目付 御徒目付

竹橋御門

幕

番所

柬

曲馬乘對合

竹橋御藏

매 우리

마에오키(前置), 오카치(御徒)

반카타(番方)·오메미에(御目見) 이상의 역인(役人)

울타리[矢來]

만 석 이상·포의(布衣) 이상 출입

오카치(御徒) 경비

장막

선수(先手), 후신부교(普請奉行), 메쓰케(目付), 가치메쓰케(徒目付)

다케바시고몬(竹橋御門)

장막

경비소(番所)

동(東)

곡마승(曲馬乘) 대기소

다케바시(竹橋) 오쿠라(御藏)

	右曲馬	
馬上立	立一さん	左右七步
馬上倒立	逆立	馬上仰臥
橫乘	鐙裏隱シ身	忍かくれ
貫通	雙騎馬	雙馬
等也.		

위의 곡마(曲馬)[306]

306 마상재 재인이 펼쳐 보인 곡마 묘기의 명칭. 일본인들은 마상재 재주에 크게 감탄하였고, 뒤에 이것을 모방하여 다이헤이본류(大坪本流)라는 승마기예의 한 유파를 만들기도 했다. 또한 마상재 묘기를 자개로 새긴 도장 주머니가 귀족 사이에 널리 유행하기도 했다.

마상립(馬上立)[307] 立一さん 좌우칠보(左右七步)[308]

마상도립(馬上倒立)[309] 역립(逆立) 마상앙와(馬上仰臥)[310]

횡승(橫乘)[311] 등리은신(鐙裏隱身)[312] 은신(忍かくれ)

관통(貫通) 쌍기마(雙騎馬) 쌍마(雙馬)[313]

一. 三月五日對馬守亭江三使招請.

爲執持

307 말 위에 선 채로 달리는 동작. 전쟁 때와 마찬가지의 장비를 말에다 갖춘 다음, 채찍질을 하여 말이 달리면 기수가 중간에서 가볍게 올라타는 기예. 안장 위에 선 기수는 왼손으로는 고삐를 잡고 오른손에는 삼혈총(三穴銃)을 높이 들어 공중을 향해 쏜다. (『한국민족문화대백과사전』)

308 말 등 넘나들기. 안장 앞쪽 언저리를 두 손으로 짚고 몸을 뒤로 쭉 펴서 말 등에 엎드리는 자세를 취한다. 그리고 배가 말 등이나 안장에 닿지 않게 하면서 몸을 말의 왼쪽으로 넘긴다. 이때 발은 땅에 닿을 듯 말 듯한 정도까지 내려오며, 다시 몸을 들어 말 등을 닿지 않은 채 오른편으로 넘어간다. 오른편에서도 발이 땅에 닿을 듯하다가 다시 왼편으로 넘어가며, 이러한 동작이 여러 번 반복된다. 이 동작을 좌우칠보(左右七步)라고 한다. (『한국민족문화대백과사전』)

309 말 위에서 거꾸로 서는 동작. 안장의 앞부분을 두 손으로 잡고 상반신을 말 왼쪽으로 떨어뜨린 채 하반신을 공중으로 쭉 편다. 이때 기수의 오른편 어깨는 말의 왼쪽 앞죽지에 닿을 듯 말 듯하게 내려오며 공중에 뻗친 다리가 휘청거리는 순간에, 몸을 빠르게 돌려서 다음 동작으로 넘어간다. (『한국민족문화대백과사전』)

310 뒤로 눕는 동작. 보통 때 말 타는 자세를 취하고 두 발을 등자에 건 채로 뒤로 누워, 기수의 머리를 말의 엉덩이 쪽으로 가져간다. 이때 한 손으로는 말꼬리를 잡기도 한다. (『한국민족문화대백과사전』)

311 옆으로 누워서 타기. (『한국민족문화대백과사전』)

312 말 옆구리에 몸 숨기기. 오른편 오금을 안장에 걸치고 오른손으로 안장 뒤쪽을 잡고 몸을 말 왼쪽으로 떨어뜨린다. 기수의 등이 말 왼쪽 옆구리에 달라붙고, 왼다리는 말 머리 쪽으로 뻗치므로 사람이 말 옆구리에 달려서 거꾸로 끌려가는 자세가 된다. 이때에 왼손으로 땅의 모래를 쥐어서 흩뿌리며 적진으로 들어간다. 몸을 말의 오른쪽으로 옮겨서 같은 동작을 반복한다. (『한국민족문화대백과사전』)

313 앞의 동작들을 말 두 마리를 나란히 달리게 하고 연출하는 경우. (『한국민족문화대백과사전』)

細川越中守

有馬上總介

藤堂和泉守

津輕出羽守

三使輿表門內江入, 白洲中央ニ而下乘. 此所江對馬守用人兩人, 布衣着之, 出迎一揖有而, 玄關ニ至, 玄關家老兩人, 布衣着之, 出迎二揖有之.

一. 3월 5일 쓰시마노카미(對馬守) 저택으로 삼사를 초청하다.

응대 역할

호소카와 엣추노카미(細川越中守)

아리마 가즈사노스케(有馬上總介)

도도 이즈미노카미(藤堂和泉守)

쓰가루 데와노카미(津輕出羽守)

삼사의 가마가 앞문으로 들어가 흰 모래가 깔린 마당(白洲) 가운데에서 내렸다. 이곳으로 쓰시마노카미의 가신(用人)[314] 2인-호이(布衣)를 착용-이 마중 나와 한 번 읍했다. 현관에 이르자 현관의 가로(家老) 2인-호이(布衣)를 착용-이 마중 나와 두 번 읍했다.

---

314 요닌(用人)은 주군(主君)의 용무를 전달하는 것이 주된 업무이지만 소바요닌(側用人)이 설치된 제번(諸藩)·하타모토(大身旗本)의 경우 소바요닌은 주군의 '사적인 일·가정(家政)상의 용무'를 전하고, 상대방과 절충하여 서무를 담당하는 것이 주된 역할이었다. 한편 요닌(用人)은 주군의 '공적인 용무'를 번내의 가신들에게 전하고 상대방과 절충하여 서무를 담당하는 역할을 맡았다.

座敷ニ至時, 對馬守·兩長老玄關と書院間ニ
廊下江出迎二揖有而, 同道にて書院ニ至. 書院
入口越中守·上總介·和泉守·出羽守, 各重衣·冠, 罷出
對揖, 書院ニ着席相濟而, 上々官以下中官
迄罷出拜禮有之. 夫ゟ三使附書院着座
饗應有之. 對馬守·兩長老相伴. 此所江
右四人取持之大名出席會釋有之.
上々官者三之間, 其外夫々席ニ着. 次官·
中官·小童江者, 二汁七菜料理出.

연회석에 이르자 쓰시마노카미(對馬守)·2인의 장로(長老)가 현관과 서원의 사이에 있는 복도로 맞이하러 나와 두 번 읍하고, 동행하여 서원으로 갔다. 서원 입구에는 엣추노카미(越中守)·가즈사노스케(上總介)·이즈미노카미(和泉守)·데와노카미(出羽守)–각자 겹옷에 관(冠)을 쓰고–가 나와 마주 읍하고 서원에 착석했고, 상상관 이하 중관까지 나와 배례했다. 그리고 삼사가 서원에 착석하고 향응이 있었다. 쓰시마노카미·2인의 장로가 접대 역할로 배석했다. 이곳으로 위 4인의 다이묘가 나와 인사했다. 상상관은 산노마(三之間)[에 착석하고], 그 밖의 사람들도 각기 자리에 앉았다. 차관·중관·소동에게는 2즙 7채(二汁七菜)[315]의 요리를 냈다.

315 두 개의 장국과 일곱 가지 요리.

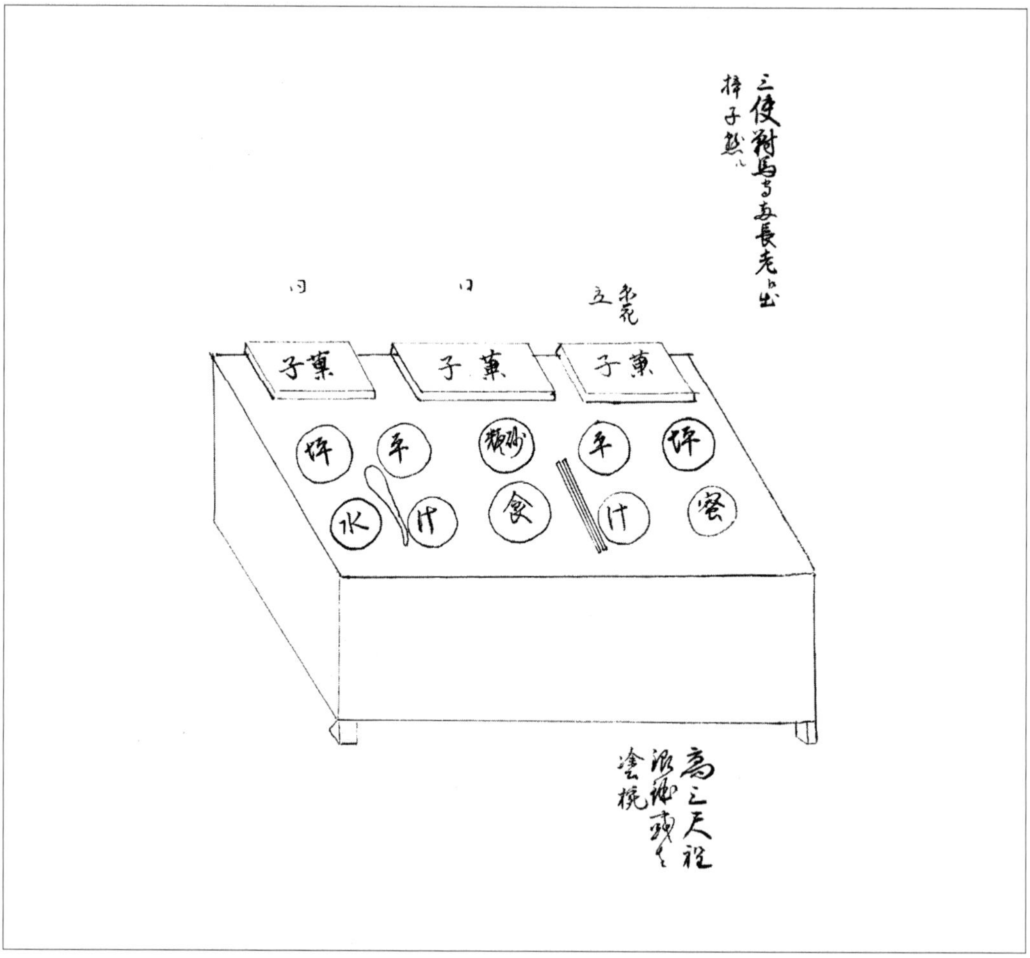

三使·對馬守·兩長老江出. 椅子懸ル.

同　　　同　　　絲花立

菓子　　菓子　　菓子

坪　平　砂糖　平　坪

水　汁　食　汁　密

高三尺程. 銀鉢或者塗椀

삼사가 쓰시마노카미·장로 2인에게 와서 의자에 앉았다.

同		同		조화 장식(絲花)[316] 세로
과자		과자		과자
종지(坪皿)	넓적한 접시(平皿)	설탕	넓적한 접시	종지
물	국	밥	국	꿀

높이 3척 가량. 은 사발 또는 색칠한 사발

腹部[317] 相濟而

土佐座

初

三番叟　　人形

次

おやま笠をとり　　三人

間たるまからくり

次

金時草刈之體

식사를 마치고

---

316 이토바나(絲花). 견사(絹糸)로 만든 조화(造花).

317 내용의 흐름상 '膳部(식사)'의 오기로 추정된다.

도사자(土佐座)[318][의 공연이 펼쳐졌다]

첫 공연(初)

산바소(三番叟)[319] 인형극

다음 공연

오야마가사 춤. 3인

사이에 다루마 카라쿠리[320]

다음 공연

긴토키쿠사가리(金時草刈)의 체(體)

間觀音からくり

次

俵藤太百足退治

間燭臺からくり

松井源水

こまの曲

次

まりの曲

又

---

318 자(座)는 연예단(演藝團)을 의미.

319 일본의 전통예능. 노가쿠(能樂)에서는 교겐(狂言) 배우가 연기한다. 가부키(歌舞伎)나 닌교조루리(人形浄瑠璃)에도 도입되어 일본 각지의 민속예능이나 인형극에서 축하의 춤으로 남아 있다.

320 카라쿠리란 인형이나 도구를 태엽, 용수철, 톱니바퀴, 수은, 모래, 물 등을 응용하여 자동으로 움직이게 만든 장치. 옛날에는 자동 기계, 자동 장치를 총칭하는 단어로 사용되었다. 중국에서 일본으로 전래된 것으로 추정되며, 에도시대에 카라쿠리가 크게 발전하여 카라쿠리 인형극이 인기를 모았다.

사이에 간논(觀音) 카라쿠리

다음 공연

다와라 토다(俵藤太)의 지네(百足) 퇴치[321]

사이에 쇼쿠다이(燭臺) 카라쿠리

마쓰이 겐스이(松井源水)[322]

고마노쿄쿠(こまの曲)[323]

다음 공연

마리노쿄쿠(まりの曲)

또

321 다와라 토다(俵藤太)는 헤이안 시대 중기의 귀족이자 무장인 후지와라 히데사토(藤原秀郷)의 이칭(異稱). 후지와라 히데사토는 近江三上山에서 거대한 지네(百足)를 퇴치한 전설로 유명하다. 일본 가구라(神樂) 양식 중 하나인 이와미카구라(石見神楽)의 '三上山'이란 작품은 히데사코의 지네 퇴치 전설을 소재로 한 것이다.

322 길거리 예능인. 축제일에 번잡한 길가에서 흥행·요술 따위를 하거나 싸구려 물건을 팔기도 했다. 마쓰이는 교호(1716~36) 무렵 하카다고마(博多獨楽)를 도입하여 교쿠고마(曲獨楽)를 연기했다. 마쓰이 겐스이라는 이름으로 쇼와(昭和)까지 17대(代) 이어졌다.

323 교쿠고마(曲独楽). 고마(独楽)를 사용한 곡예. 고마란 축을 중심으로 회전시키며 노는 전통 완구의 일종.

猿廻し
　以上

원숭이 재주 부리기(猿廻し)[324]
　이상

一. 三月七日　上使　松平右近將監
　　　　　　　　　松平右京大夫
　御返翰御進物被遣之. 三使其外被下物
　一. 御屛風 二拾雙
　一. 鞍皆具 二拾四通
　一. 大卓 二飾
　一. 亂茶苧 二百端
　一. 染紗綾 百端

一. 3월 7일 삼사에게 보내는 사자. 마쓰다이라 우콘노쇼겐(松平右近將監)·마쓰다이라 우쿄노다이부(松平右京大夫)
　회답 서한과 예물을 보냈다. 삼사와 그 외 사람에게 보내는 선물.
　一. 병풍 20쌍

324 사루마와시(猿回し·猿廻し). 원숭이를 시켜 재주를 부리게 하고 그것으로 돈을 버는 사람.

一. 마구(鞍皆具) 24통(通)

一. 대탁(大卓) 2식(飾)

一. 난다저(亂茶苧)[325] 200단(端)

一. 물들인 사릉[染紗綾] 100단(端)

一. 色羽二重 百疋

串海鼠 拾箱

右者於筑前乘船破船候付, 被下之.

一. 색우(色羽)[326] 두 겹 100필

말린 꼬치 해삼 10상자

위는 지쿠젠(筑前)에서 배가 파손되어 준 것이다.

---

325 모시의 일종.

326 물들인 우단(羽緞). 우단은 거죽에 고운 털이 돋게 짠 비단. 우단은 수자직(繻子織)으로 제직된 전통 직물인 단(緞)의 일종이다. 단(緞)은 다른 조직의 직물에 비해 광택이 월등히 좋고 외관이 아름다우며, 밀도가 높고 불투명하여 주로 겨울용으로 쓰인다. 우단은 단(緞) 중에서도 최고의 품질과 가치를 가진 것으로 예복이나 관복 등에 주로 사용되었다. 색우(色羽)는 이러한 우단을 다양한 색으로 물들인 것이다.

公方様ゟ	
一. 白銀 五百枚 · 綿 三百把 宛	三使江
一. 白銀 貳百枚宛	上々官江
一. 同 五拾枚宛	上判事江
一. 同 三拾枚宛	學士江
一. 同 五百枚	上官·次官·小童江
一. 同 千枚	中官·下官江
一. 同 百枚	馬藝者二人江
一. 同 六拾枚	射藝之者江

쇼군(公方, 구보)[327]님이 보낸 선물

一. 백은(白銀) 500매 · 면(綿) 300묶음씩	삼사에게
一. 백은 200매씩	상상관에게
一. 同 50매씩	상판사에게
一. 同 30매씩	학사에게
一. 同 500매	상관·차관·소동에게
一. 同 1,000매	중관·하관에게
一. 同 100매	마예(馬藝) 2인에게
一. 同 60매	사예(射藝)[328]에게

327 구보(公方)는 무로마치(室町) 시대 이후 세이이다이쇼군(征夷大將軍)의 칭호.

328 활 쏘는 기예(技藝).

一. 同 百枚 上々官·軍官·次官·小童江

右曲馬之節差添罷越候ニ付, 被下之.

一. 同 百枚·時服 十 長老二人江

右朝鮮人差添罷越候ニ付, 被下之.

一. 同 100매 상상관·군관·차관·소동에게

위는 곡마(曲馬)했을 때에 동행했기에 하사한 것이다.

一. 同 100매·시복(時服)[329] 10 장로 2인에게

위는 조선인과 동행했기에 하사한 것이다.

朝鮮人召連罷越候ニ付, 來丙年參勤御御用捨被成下之旨, 御白書院於御緣側, 右京大夫申渡之.

一. 白銀 三百枚

時服 三十 御暇之節

御刀 一腰 助國代金 千貫 宗對馬守

御馬 一疋

同 家來

銀 三十枚 · 時服 十 宛

平田將監·古川大炊·多田監物

329 철에 맞는 옷. 특히 천황이나 쇼군이 신하에게 하사하던 옷.

諸向ゟ朝鮮江贈物如左
一. 白銀二百六拾枚宛　　田安·清水·一橋ゟ
内 二百枚 三使江
六拾枚 上々官江

조선인을 데려왔으니 병년(丙年)[330]의 에도 참근(參勤)을 생략해 주신다는 뜻을 시로쇼인(白書院)의 툇마루에서 우쿄노다이부가 전했다.

一. 백은 300매

시복(時服) 30	휴식 때에
칼 1자루 조국(助國)[331] 대금 1,000관	소 쓰시마노카미(宗對馬守)에게 하사
말 1필 ·	

소씨의 가신에게

은 30매 · 시복 10씩	히라타 쇼겐(平田將監)
	후루카와 오이(古川大炊)
	다다 겐모쓰(多田監物)

각처에서 조선[통신사]에게 보는 선물은 아래와 같다. 다야스(田安) · 시미즈(淸水) · 히토쓰바시(一橋)[가문에서 보낸 선물][332]

一. 백은 260매씩

330 병술년(丙戌年) 1766년.

331 도검을 제작하는 유파의 하나.

332 도쿠가와 고산쿄(御三卿).

그중 200매 삼사에게

60매 상상관에게

一. 同斷　　尾張殿·紀伊殿 より

右同斷

一. 同　六拾枚　水戶殿

一. 同 百三拾枚宛　酒井左衛門尉·松平右近將監·秋元但馬守·松平右京大夫·松平周防守

一. 같음　　오와리(尾張) 님·기이(紀伊) 님[이 보낸 선물]

(내역) 위와 같음

一. 同 60매　　미토(水戶) 님[의 선물]

一. 同 130매씩　　사카이 사에몬노조(酒井左衛門尉)·마쓰다이라 우콘노쇼겐(松平右近將監)·아키모토 다지마노카미(秋元但馬守)·마쓰다이라 우쿄노다이부(松平右京大夫)·마쓰다이라 스오노카미(松平周防守)

所司代

一. 同 四拾枚宛　板倉佐渡守·小出信濃守·松平攝津守·水野壹岐守·酒井石見守

一. 同 拾枚　松平和泉守

쇼시다이(所司代)[333]

一. 同 40매씩　　이타쿠라 사도노카미(板倉佐渡守) · 고이데 시나노노카미(小出信濃守) · 마쓰다이라 셋쓰노카미(松平攝津守) · 미즈노 이키노카미(水野壹岐守) · 사카이 이와미노카미(酒井石見守)

一. 同 10매　　마쓰다이라 이즈미노카미(松平和泉守)

一. 同 三拾枚宛　　加藤遠江守·毛利能登守

一. 同 百三拾枚宛　　溜詰 井伊掃部頭·松平肥後守

一. 三月十一日歸國

當日爲送品川迄罷出　　町奉行 依田豊前守

御刀一腰 備前國盛 代金五百貫　　御老中 松平右近將監

一. 同 30매씩　　가토 도토미노카미(加藤遠江守) · 모리 노도노카미(毛利能登守)

一. 同 130매씩　　다마리즈메(溜詰)[334] 이이 가몬노카미(井伊掃部頭) · 마쓰다이라 히고노카미(松平肥後守)

一. 3월 11일 [통신사] 귀국길에 오르다.

당일 전송을 위해 시나가와(品川)까지 나감. 마치부교(町奉行) 요다 부젠노카미(依田豊前守)

---

333 교토쇼시다이(京都所司代)는 교토의 치안유지를 담당하던 막부의 직책.

334 에도시대 다이묘가 에도성에 등성할 때 구로쇼인(黒書院)의 다마리노마(溜の間)라는 공간에 자리를 부여받은 다이묘. 신판(親藩)이나 후다이(譜代)의 중신 중에서 선택되며 로주와 함께 정무상의 중대사에 참여하기도 했다. 다마리노마즈메(溜の間詰).

칼 1자루. 비젠노쿠니모리(備前國盛)[335] 대금 500관(貫). 로주(老中) 마쓰다이라 우콘노쇼겐(右近將監)

時服七	若年寄 松平攝津守
同 六	寺社奉行 松平和泉守
同 四	大目付 大井伊豫守
同 四	儒者 林大學頭
同 四	御勘定奉行 一色安藝守
同 三	林圖書頭
金三枚宛	御目付 太田三郎兵衛
	曲淵勝次郎
外金二枚ツヽ	

시복(時服) 7	와카도시요리(若年寄) 마쓰다이라 셋쓰노카미(松平攝津守)
同 6	지샤부교(寺社奉行) 마쓰다이라 이즈미노카미(松平和泉守)
同 4	오메쓰케(大目付) 오이 이요노카미(大井伊豫守)
同 4	유자(儒者) 하야시 다이가쿠노카미(林大學頭)
同 4	간조부교(勘定奉行) 잇시키 아키노카미(一色安藝守)
同 3	하야시 즈쇼노카미(林圖書頭)
금 3매씩	메쓰케(目付) 오타 사부로베(太田三郎兵衛)
	마가리부치 가쓰지로(曲淵勝次郎)
그 외는 금 2매씩	

335 도검을 제작하는 유파의 하나.

右朝鮮人御用掛り相勤候ニ付, 於御座間御目見,

於芙蓉間拜領物右近將監申渡之.

金三枚　　奧御祐筆組頭 淸水孫之丞

時服三

右御返翰御用相勤候ニ付

金三枚　　奧御祐筆 上村政次郎

銀五枚

金三枚　　同斷　　長坂忠七郎

右同斷於奧被下之

위 [인물들은] 조선통신사 접대를 위해 일했으므로 고자노마(御座間)에서 [쇼군님을] 알현하고, 후요노마(芙蓉間)에서 하사품(拜領物)을 우콘노쇼겐이 건넸다.

금 3매 · 시복(時服) 3　　오쿠유히쓰구미가시라(奧祐筆組頭) 시미즈 마고노조(淸水孫之丞)[336]

위는 [조선에 보내는] 회답 국서의 작성을 담당했기 때문이다.

금 3매 · 은 5매　　오쿠유히쓰(奧祐筆)　　우에무라 마사지로(上村政次郎)

금 3매　　동일　　나가사카 주시치로(長坂忠七郎)

위 [인물들에게는] 오쿠노마(奧間)에서 건넸다.

336 사료의 모두 부분에는 '淸須孫之丞'로 기재되어 있다.

一. 延享五辰年五月卄一日

惇信院様御代朝鮮來聘之節, 於東本

願寺於[337]旅館, 詩唱和及筆談

滕嘉奐字夷目號雁皐 東都人 白崎直右エ門

井世翼字子羽笠澤 同上 岩井安右エ門

宮維翰字文翼龍門 平安人 宮瀬三右エ門

學士朴敬行字仁則號矩軒 製述官

泰事李鳳煥字聖章號濟菴 正使書記

進士李命啓字子文號海皐 從事書記

一. 엔쿄(延享) 5 진년(辰年)[338] 5월 21일.

준신인(惇信院)님[339]의 시대에 조선인이 내빙했을 때, 히가시혼간지(東本願寺) 여관에서 시 창화와 필담[을 나누다]

도카칸(滕嘉奐),[340] 자는 이모쿠(夷目), 호는 간후(雁皐), 에도(東都)사람, 시라사키 나오에몬(白崎直右衛門)

세이세이요쿠(井世翼), 자는 시우(子羽), [호는] 류타쿠(笠澤), 이와이 야스에몬(岩井安右衛門)

규이칸(宮維翰), 자는 분요쿠(文翼), [호는] 류몬(龍門), 헤이안(平安)사람, 미야세 산에몬(宮瀬三右衛門)

337 원문에는 '於'자와 겹쳐지는 형태로 ○가 표시되어 있다.

338 1748년.

339 쇼군 도쿠가와 이에시게(德川家重)의 시호(諡號).

340 등가환·정세익·궁유한이라는 이름은 조선인과 필담창화를 한 일본인들이 조선 풍의 이름을 함께 사용한 것으로 추정된다.

학사(學士) 박경행(朴敬行), 자는 인칙(仁則), 호는 구헌(矩軒), 제술관(製述官)

태사(泰事) 이봉환(李鳳煥), 자는 성장(聖章), 호는 제암(濟菴), 정사서기(正使書記)

진사(進士) 이명계(李命啓), 자는 자문(子文), 호는 해부(海阜),[341] 종사서기(從事書記)

問矩軒　白崎氏

自明暦天和, 至正德享保, 諸聘使詩及皆集錄行于世, 余每讀之, 以製述官青泉申公詩爲巨臂, 余獨不稱之, 我邦老詩者亦爲東來第一, 其詩格調秀穩, 風度可思, 不知申公無恙乎, 余不堪慕藺之情云.

答　矩軒

青泉詩果如所教, 氣雄而語壯, 足下得

시라사키(白崎) 씨가 구헌(矩軒, 박경행)에게 물었다.

메이레키(明暦)·텐나(天和)에서 쇼토쿠(正德)·쿄호(享保)에 이르기까지,[342] 여러 빙사(聘使)들의 시를 모두 모아 세상에 간행했습니다. 나는 매번 그것을 읽고, 제술관 청천(靑泉) 공(公) 신유한(申維翰)[343]의 시가 뛰어나다고 여겼습니다. 나 혼자 그렇게 칭하는 게 아니라 우리나라에

---

341 이명계의 호는 해고(海皐)이며 뒤의 창수 부분에서도 海皐로 나오고 있는데 이 원문에는 해부(海阜)로 되어 있다.

342 1655년 통신사에서 1682년·1711년·1719년 통신사까지.

343 신유한은 1719년 정사 홍치중(洪致中)·부사 황선(黃璿)·종사관 이명언(李明彦) 등 통신사 일행이 도쿠가와 요시무네(德川吉宗)의 습직(襲職)을 축하하기 위해 일본을 방문했을 때, 제술관(製述官)으로 일본에 다녀왔다. 사행 중 신유한의 시를 받기 위해 수많은 일본 문사들이 모여들었고, 일본문사들로부터 대단한 칭송을 받았다. 각각 주고받은 시와 필담이 『남도창화집

서 시에 숙달된 자 또한 '동쪽[일본]으로 온 자들 중 최고'라고 합니다. 그 시의 격조가 빼어나고 풍채와 태도가 사모할 만합니다. 신유한 공이 무탈한지 모르겠습니다. 나는 경모하는 정을 금할 수 없습니다.

구헌이 답하다.
청천 [신유한]의 시는 과연 말씀하신 바와 같습니다. 기운이 씩씩하고 말도 훌륭합니다. 그대는 그것을 아시는군요.

之矣. 方爲延日大守, 矍鑠如舊耳.

告矩軒　　岩井氏
我邦上古郡縣海內, 一傚漢唐之制,
故天朝春宮學士滋野貞主所撰經
國集, 詳載其策問對策文. 我神祖受
命, 撥亂反正, 混一海內, 立諸侯分四民,
大似三代封建之制. 唯其制無復五等

(藍島唱和集)』·『상한창수집(桑韓唱酬集)』·『상한훈지(桑韓塤篪)』·『객관최찬집(客館璀粲集)』·『봉도유주(蓬島遺珠)』·『삼림한객창화집(三林韓客唱和集)』 등 수많은 필담창화집에 수록되어 있다. 신유한은 문장으로 이름이 났으며, 특히 시에 걸작이 많고 사(詞)에도 능했다. 사행일기로 『해유록(海遊錄)』이 있고, 그 밖에도 『청천집(靑泉集)』과 『충서난록(奮忠難錄)』 등이 있다. (대일외교 용어사전)

三等之目, 然公輩自對馬至東都所經

歷者, 往々諸侯封邑也. 而我邦

지금은 연일[344]태수(延日大守)이시며, 예전과 같이 정정하십니다.

이와이(岩井) 씨가 구헌에게 고했다.

우리나라는 상고시기에 군현을 전국에 두어 하나같이 한당(漢唐)의 제도를 본받았고, 우리의 춘궁학사(春宮學士) 시게노노 사다누시(滋野貞主)[345]가 편찬한 『경국집(經國集)』에 그 책문(策問)[346]과 대책문(對策文)[347]을 상세히 실었습니다. 우리 신조(神祖)는 천명을 받아 난을 평정하여 올바름을 돌이켰으며, 국내를 통일하고 제후를 세워 사민(四民)을 나누었으니, 삼대(三代)[348] 봉건[349]의 제도와 크게 유사합니다. 다만 그 제도에 다시 오등(五等),[350] 삼등(三登)의 구분이 없을 뿐입니다. 그러한 바 공들께서 쓰시마부터 에도까지 거쳐 온 이곳저곳이 제후의 봉읍입니다. 우리나라는

---

344 현재 경상남북도 포항시 남구 연일읍 지역의 옛 지명.

345 생몰기간(785년~852년). 헤이안 시대 전기의 공경(公卿)이자 한시인(漢詩人). 칙선(勅撰) 한시집 『文華秀麗集』 『経國集』, 고금의 문서를 편찬한 『秘府略』 1000권의 편수에도 참여했다. 『凌雲集』 이하의 칙선 한시집에 34수(首)가 실림.

346 문과(文科) 시문(詩文)의 하나. 정치에 관한 계책(計策)을 물어 적게 한 것.

347 책문(策問)에 답하는 글.

348 하, 은, 주의 시대.

349 천자가 나라의 토지를 나누어 주고 제후를 봉했던 것.

350 공(公) · 후(侯) · 백(伯) · 자(子) · 남(男) 등 다섯 등급의 작위를 이른다.

天皇歴世都于山城, 諸侯皆襲封, 大夫皆世祿, 士之子恒爲士, 農之子恒爲農, 工商亦然. 是以絶無及第科場之. 或可知也. 如不佞世翼, 世祿于一侯家, 亦唯區々武人, 幼好學, 誦其詩讀其書, 密爾娛斯文, 遂有所志而去, 當今時卑陋. 如僕亦無落第之恥, 是爲多幸耳. 嗚呼公等射策第一, 豈不愉快哉, 欽羨々々.

천황이 역대로 야마시로노쿠니(山城國)[351]에 도읍했고, 제후는 모두 습봉(襲封)하며 대부는 모두 세록(世祿)하니, 무사의 자식은 항상 무사, 농민의 자식은 항상 농민, 공상(工商) 또한 그러합니다. 이것은 과거(科擧) 합격이 없기 때문입니다. 혹 그것을 아시는지요. 저 세이요쿠(世翼)의 경우 제후 가문에서 대대로 녹을 받는데, 다만 보잘것없는 무인으로서 어려서부터 학문을 좋아하고 시 외고 글을 읽으며 남몰래 유학(儒學)의 도의(道義)를 즐기고 끝내 뜻을 품고 가니, 지금은 비루합니다. 저와 같은 사람도 낙제의 부끄러움이 없으니 이것이 다행일 따름입니다. 아아, 공들은 과거시험에서 제일이니 어찌 유쾌하지 않겠습니까. 공경하며 부럽습니다.

351 현재 교토후(京都府)의 남쪽 지역.

問濟菴　　東海

公等今日所冠, 其名如何. 衣袍亦有所名乎.

又本月朔日三使臺所冠及衣袍, 其名如何.

六日應對馬侯招時, 衣冠與先所見者異. 請

詳聞焉.

答 濟菴

矩軒臥龍冠, 僕東坡冠, 海皐高後八卦冠.

三使大人金冠·朝服·玉佩, 閑居綸巾·深衣.

見馬守時紗幅·團領.

도카이(東海)가 제암(濟菴) 이봉환에게 물었다.

공들이 오늘 쓴 관의 이름은 무엇입니까. 의포(衣袍) 또한 이름이 있습니까. 또 이번 달 초하루에 삼사가 쓴 관과 의포의 이름은 무엇입니까. 6일 쓰시마 번주 소씨의 초대에 응했을 때의 의관과 앞서 본 것은 달랐습니다. 상세하게 알려주시기를 청합니다.

제암이 답했다.

구헌은 와룡관(臥龍冠), 저는 동파관(東坡冠), 해고는 고후팔괘관(高後八卦冠)입니다. 삼사 대인은 금관(金冠), 조복(朝服), 옥패(玉佩)를 착용했고, 한가로이 거처할 때 착용한 것은 윤건(綸巾)·심의(深衣)였습니다. 쓰시마 소씨를 만났을 때는 비단두건[紗幅]과 단령(團領)이었습니다.

問海皐　　　龍門

騎吹中所用之絃, 貴國以何名焉.

答 皐

騎吹所用絃, 卽嵇琴.

又問

騎吹中小管似笳者何.

答 皐

似笳小管者太平簫.

류몬(龍門)이 해고(海皐) 이명계에게 물었다.

말 탄 사람이 연주할 때 사용한 현악기를, 귀국에서는 뭐라고 부르십니까.

해고가 답했다.

말 탄 사람이 연주한 현악기는, 해금(嵇琴)이라고 합니다.

다시 물었다.

말 탄 사람이 연주한, 갈대피리 같은 작은 관은 무엇입니까.

해고가 답했다.

갈대피리 같은 작은 관은 태평소(太平簫)입니다.

奉呈朴矩軒　　　龍門

知君奉使有輝光, 冠蓋軒々出玉堂,

文獻一時傳舊德, 雄豪萬里競先鳴,

轉親醇醲周郎美, 惹風流荀令香,

何是詩篇當贈紵, 七襄終日未成章.

奉和宮龍門　　矩軒

出使衣冠萬里光, 風流文墨繞禪堂,

欲隨天外溟鵬徙, 誰禁風前代馬鳴,

滿岸琪光猶屬夢, 隔籬珠芰細分香.

박구헌(박경행)에게 삼가 올림. 류몬(龍門)

아노라, 그대가 사명을 받듦에 휘광 있음을. 사신의 수레가 당당하게 화려한 궁전을 나오는구나.

문헌(文獻)은 한결같이 옛 덕을 전하고, 걸출한 자들은 만 리(里)에 선명(先鳴)을 겨룬다.

술 빚기를 친히 여긴 주랑(周郞)[352]의 아름다움이여. 풍류를 이끌던 순령(荀令)[353]의 향이여.

어찌 이 시편(詩篇)이 선물로 적당하겠는가.[354] 종일토록 일곱 번을 옮기어 앉아도 아직도 문장을 이루지 못하였네.

규류몬(宮龍門)에게 삼가 화답함. 구헌

사신으로 나서는 의관(衣冠)이 만 리에 빛나고, 풍류의 문장이 선당(禪堂)을 휘감는다.

---

352 주랑(周郞)은 삼국시대 오나라의 명장 주유(周瑜). 진수가 편찬한 『삼국지』의 「주유전(周瑜傳)」에 따르면, 주유는 젊었을 때부터 음악에 조예가 깊었다고 한다. 그래서 술에 취해서도 악사들이 연주를 잘못하면 반드시 곧 알아차리고 악사 쪽을 돌아보았다. 그래서 그 무렵의 사람들 사이에서는 "연주가 틀리면 주랑이 돌아본다(曲有誤, 周郞顧)"는 속요가 유행했을 정도였다.

353 순욱(荀彧, 163~212년)은 중국 후한 말 조조 휘하의 정치가로 자는 문약(文若). 지금의 허난성 쉬창시 사람. 순욱은 용모가 단정하고 수려하며, 위장부(偉丈夫)이기도 하여 젊을 적부터 하옹(何顒)으로부터 왕을 보좌할 수 있는 재능을 가졌다고 칭찬을 받았다.

354 증저(贈紵)는 모시옷을 준다는 뜻인데 정이 두터워져서 선물을 주고받는 것을 의미한다. 오(吳)나라 계찰(季札)이 정(鄭)나라 자산(子産)에게 흰 명주 띠를 선사하자 자산이 그 답례로 모시옷을 보냈다는 고사에서 온 말이다. 『春秋左氏傳 襄公29年』

하늘 저편의 아득히 큰 붕새를 따라가고자 하나, 누군가 금하여 바람 앞 말 울음으로 대신할 따름이다.

해안에 가득 찬 아름다운 빛은 도리어 꿈속이고, 울타리를 사이에 두고 옥 같은 마름풀이 향을 나누어주는구나.

華津歸路當三伏, 原隰空吟四牡章.

奉奉呈李濟菴 白崎雁皐

雲敞鴻臚墨水隈, 天南昨夜使星開,

漢家樂府推都尉, 自是河梁賦別才.

奉奉和滕雁皐 濟菴

武昌城郭紫瀾隈, 仙客相逢畵硯開,

人傑地靈風土別, 富山千疊孕奇才.

奉奉呈李海皐 笠澤

萬里乘槎滄海分, 吳鉤紫氣犯星文,

화진(華津)[355]으로 돌아가는 길에 삼복(三伏)을 맞이하는데,[356] 고원과 저습지에서 쓸쓸하게 읊조리는 사모장(四牡章).[357]

355 경상북도 화진.

356 이 필담창화를 나눈 시기가 사절단이 에도의 히가시혼간지(東本願寺)에 머물던 5월 21일이므로, 귀국길에 올라 조선에 도착했을 즈음엔 삼복 여름이 된다.

357 사신의 노고를 위로하는 노래.

이제암(이봉환)에게 삼가 올림. 시라사키 간후(白崎雁皐)

구름은 창연하고 외교사절의 내방을 알리는 소리(鴻臚)[358]와 사신의 글월이 굽이쳐 흐른다. 하늘 남쪽에는 어젯밤 사성(使星)[359]이 떴네.

한나라의 악부(樂府)는 도위(都尉)를 천거했으니,[360] 그로부터 친구를 떠나보내는 이별의 시를 지었다네.[361]

도간후(滕雁皐)에게 삼가 화답함. 제암

무창(武昌) 성곽에 자줏빛 물결이 굽이쳐 흐르고, 선객(仙客)이 서로 만나 벼루를 연다.

걸출한 인물은 땅이 영험하고 풍토가 특별한 곳에서 나니, 후지산 겹겹마다 기이한 재능을 잉태하네.

이해고(이명계)에게 삼가 올림. 류타쿠(笠澤)

만리 뗏목을 타고 창해를 가르고, 휘어진 칼(吳鉤)의 자줏빛 기운이 별자리를 침범하네.

---

358 '홍로(鴻臚)'란 '외교사절의 내방을 알리는 소리'라는 뜻. 홍로관(鴻臚館)은 헤이안 시대에 설치된 외교 및 해외교역 시설이며, 홍로관의 전신으로 筑紫館, 難波館이 나라 시대 이전부터 존재했다. '鴻'은 커다란 새라는 의미에 유래하여 '크다'는 뜻이고, '臚'는 배(腹)라는 의미에 유래하여 '전하여 고하다'라는 뜻이다.

359 사성(使星)은 한나라 화제(漢和帝) 때 이합(李郃)이 천문(天文)의 사성(使星)을 보고 두 사신이 파견될 것을 미리 알았던 고사와 관련된다.

360 악부는 본래 중국 한대(漢代) 무제(武帝) 때에 세워진 음악을 관장하는 관청의 이름. 무제는 음악가 이연년(李延年)을 협률도위(協律都尉)에 임명하여 음악을 관장하게 했다.

361 하량은 강을 건너기 위한 다리. 친한 친구를 전송할 때 이별하고 싶지 않은 기분. 중국 전한(前漢) 시대에 이민족인 흉노에 붙잡힌 이릉(李陵)이 함께 붙잡힌 소무(蘇武)가 한나라로 돌아갈 때 보낸 시에서 비롯된 말. 이릉과 소무의 이별도 앞 구절과 같이 무제 때의 일이다.

旌旄遙指瀛洌色, 舟楫猶連韓國雲,

應笑驢鳴兼犬吠, 始看鶴立出鷄群,

定知桂樹攀來後, 倚馬聲名誰似君.

奉和井笠澤 海皐

薄達惆帳[364]人臨別, 鮫錦題江爛纈文,

歲月蒼茫憑逝水, 山川今古有歸雲.

留人蜃市自如奇, 倚釼午 氣不群,

帶得蟬聲牽別恨, 落花時節更思君.

奉呈朴矩軒 雁皐

깃대가 멀리 조선 한양의 색을 가리키고, 배는 더욱이 한(韓)의 구름과 이어지네.

하찮은 이야기나 졸렬한 문장(驢鳴犬吠)에 응하여 웃으니 비로소 군계일학을 바라보네.

벼슬한 것은 알았는데[363] 글을 빨리 잘 지어내는 명성이 당신과 같은 이 누구이겠는가.

류타쿠(笠澤)에게 삼가 화답함. 해고

실의한 사람이 이별할 때에 임하여, 비단 상어 강에 지은 시는 화려하게 염색된 비단 같네.

세월의 아득함은 흘러가는 물에 비기고 예나 지금이나 구름은 산수로 돌아가네.

---

362 惆愴(실망하여 슬퍼함)의 오기로 보임.

363 攀桂樹는 '벼슬을 하다'라는 뜻. (고전번역원DB 갈암집 등) 계수(桂樹)는 과거 급제를 비유하는 시어(詩語). 현량 대책(賢良對策)에서 장원을 한 극선(郤詵)에게 진 무제(晉武帝)가 소감을 묻자, 극선이 "계수나무 숲의 가지 하나를 꺾고, 곤륜산(崑崙山)의 옥돌 한 조각을 쥐었다"라고 답변했는데, 월궁(月宮)에 계수나무가 있다는 전설을 여기에 덧붙여서 과거 급제를 '월궁절계(月宮折桂)'로 비유하기도 한다. (『晉書 卷52 郤詵列傳』)

사람을 붙드는 신기루(蜃市)는 진실로 기이한 듯하고, 칼에 의지한 낮의 기운은 비할 바 없이 뛰어나다.
매미 우는 소리를 들으니 이별하는 한스러움에 이끌리지만, 꽃이 질 때 다시 그대를 생각하겠노라.

박구헌에게 삼가 올림. 간후

知君經術一時傳, 銜命星軺向日邊,
自有握中明月色, 携來燦爛滿瓊筵.

奉和藤[366]雁皐 矩軒

蓬萊春色有詩傳, 夢入層濤莽蕩邊,
淋漓文墨風流會, 只恨逢場是別筵.

筆語告諸公

諸公迭唱, 意則可感, 而僕輩十餘日來, 疲於酬應, 至廢寢食, 意倦神敗, 恐難再酬, 恕諒焉.

그대의 학문이 일시(一時)에 전해짐을 알았는데, 명을 받든 사신의 수레는 아득히 먼 곳으로 향하네.
스스로 명월(明月)의 색을 손에 쥐고 있어, 가지고 온 찬란함이 화려한 이 자리를 채우는구나.

364 滕의 오기로 보임.

도간후에게 삼가 화답함. 구헌

봉래산의 춘색(春色)은 시가 있어 전하고, 꿈은 층층 파도 아득한 데로 들어가네.
힘찬 문장과 풍류(風流)가 모이니 다만 만남의 장이 이것으로 이별함이 한스럽다.

제공(諸公)에게 고하는 필어(筆語)

공들과 번갈아 창수하며 그 뜻에 감동하였으나 저희들이 10여 일 동안 응대에 지쳐 침식(寢食)을 폐하기에 이르렀습니다. 의지가 느슨해지고 정신이 상하여 다시 응하기 어려울 듯합니다. 헤아려 주십시오.

正使洪啓禧驛旅吟題富山

獨立巍々白玉巒, 中天積雪夏猶寒,
五雲佳氣連金闕, 雄治扶乘萬歲安.

國忌

二月 十七日 卄四日　　三月 二日 卄四日 卅日
四月 七日 十五日　　五月 四日 八日 十日 卄四日
六月 八日 卄七日 卄八日 卄九日　　七月 十日
八月 十三日 十四日 十八日 卄二日 卄五日 卄六日

정사 홍계희(洪啓禧)가 여행하며 읊으니 후지산이라는 제목이다.

홀로 우뚝 선 백옥 같은 산이여. 하늘 한복판에 눈이 쌓여 여름에도 춥구나.

오색 구름의 아름다운 기운이 금궐(禁闕)[365]까지 닿아 있으니 훌륭한 다스림으로 만세가 편안하도다.

국기(國忌)

2월 17일, 24일　　　3월 2일, 24일, 30일

4월 7일, 15일　　　5월 4일, 8일, 10일, 24일

6월 8일, 27일, 28일, 29일　　　7월 10일

8월 13일, 14일, 18일, 22일, 25일, 26일

九月 八日 卄三日　　　十月 卄六日

其外三使自分忌日有之.

9월 8일, 23일　　　10월 26일

그 외 삼사 개인의 기일이 있음.

朝鮮王書翰

朝鮮國王李　昑　奉書

日本國大君　　殿下

365 황거(皇居)의 문. 禁門, 皇居, 御所, 禁中, 禁裏, 金闕.

聘問之曠, 今垂卅載, 逖承
殿下紹有
基圖
撫寧方域
休聞所及, 欣聳豈已. 致慶修睦, 於禮

조선왕(영조)의 국서

조선국왕 이금(李昑)이 일본국 대군(大君) 전하에게 글을 올립니다.

통신사가 [일본을] 찾은 지 이제 30년 남짓에, 멀리서 전하가 계승하여 기초를 닦아 나라 안을 편안하게 한다는 소식을 들으니 기쁠 따름입니다. 축하드리고 친목을 다지는 것이 당연한 예(禮)입니다.

則然. 肆遣耑价, 用展隣誼, 不腆土宜,
仍表遠忱. 惟冀
益敦舊好,
永膺洪祉. 不備.
丁卯年十一月
朝鮮國王李 爲政以德 印 昑

드디어 사자를 보내 이웃의 정의를 펴고 변변찮은 토산물로 멀리서 정성을 표하려 합니다. 오랜 우호를 더욱 돈독히 하고 넓은 복을 오래도록 품기를 기원합니다. 미처 할 말을 다 갖추지 못합니다.

정묘년(1747) 11월

조선국왕 이(李)　爲政以德　인(印)　금(昑)

御返翰

日本國源　家重　敬復

朝鮮國王　殿下

聘問修好, 書辭通信, 就審

起居泰寧, 寔切嘉慶. 迺今聞誕保

前緖以固

邦基. 仍率舊章. 爰敘新懽.

幣儀旣多,

회답국서[366]

일본국 미나모토노 이에시게(源家重)가 조선국왕 전하에게 답서를 올립니다.

통신사가 방문하여 우호를 닦고 글로써 믿음을 통하여 안녕히 기거하심을 알게 되니 참으로 즐겁고 경사스럽습니다. 이에 지금 들으니 전대의 공적을 크게 보전하여 나라의 기틀을 공고히 하고, 옛 법도에 따라 새 기쁨을 펴시는군요. 보내주신 폐물이 많고

366 위 영조의 국서에 대한 쇼군 이에시게(家重)의 답서.

禮意愈深. 所以彰兩國交際之誼. 益知永世

講信之厚也. 聊將土宜, 附諸歸使. 惟冀

親睦無違, 休祥可期. 不備.

日本國源　家重

寶曆十四甲申六月十三日明和改元

예를 표하는 뜻이 또한 깊으니, 양국 교제의 정의가 뚜렷합니다. 더욱더 오래도록 신뢰가 두터울 것임을 알겠습니다. 변변치 않은 토산물을 돌아가는 사신에게 부쳐 보내오니, 친목에 어긋남이 없고 아름다운 징조가 찾아오기를 기원합니다.

일본국 미나모토노 이에시게(源家重)

호레키(寶曆) 14년(1764) 갑신(甲申) 6월 13일. '메이와(明和)'로 연호를 바꿈.

朝鮮人來聘記 寶暦 全

사료 원문

朝鮮人來聘記

寶曆 全

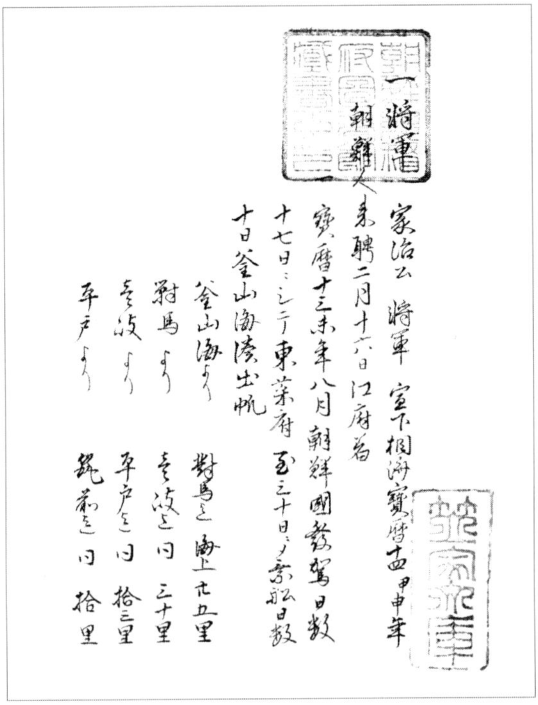

家治公 将軍 宣下相済寳暦十四甲申年
来聘二月十六日江府着
寳暦十三未年八月朝鮮國發駕日数
十七日ニ而東莱府ゟ三十日ニ而發船日数
十日釜山海湊出帆
釜山海より 對馬迄 海上[illegible]五里
對馬より 壹岐迄 同 三十里
壹岐より 平戸迄 同 拾三里
平戸より 筑前迄 同 拾里

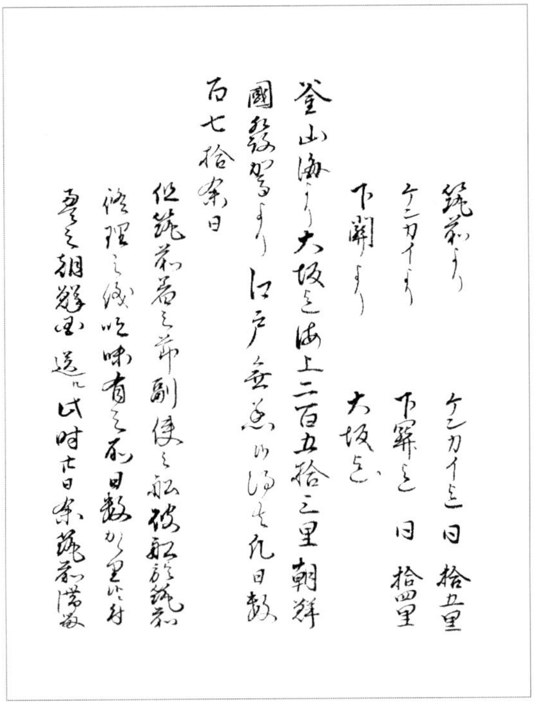

筑前より ケニカイ迄 同 拾五里
ケニカイより 下関迄 同 拾四里
下関より 大坂迄
釜山海より大坂迄海上二百五拾三里 朝鮮
國發駕より江戸参着迄凡日数
百七拾余日
但筑前着之節副使之船破船致筑前
修理之儀吟味有之候日数相懸り候
為之朝鮮迄送る 此時廿日余筑前滞留

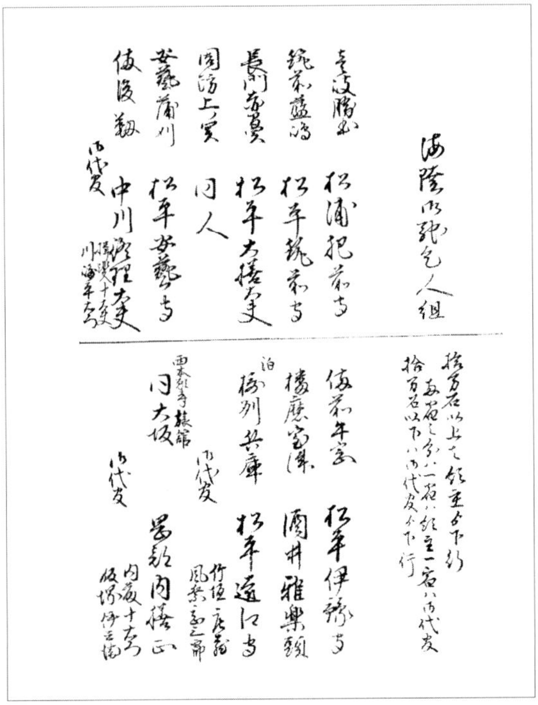

海陸御馳走人組
壹岐勝本 松浦肥前守
筑前藍島 松平筑前守
長門赤間 松平大膳大夫
周防上関 同人
安藝蒲刈 松平安藝守
備後鞆 御代官 中川[illegible]大夫

拾万石以上之領主ゟ下行
并万石之分ハ一宿ハ領主一宿ハ御代官
拾万石以下ハ御代官ゟ下行
備前牛窓 松平伊豫守
播磨室津 酒井雅楽頭
泊 摂州兵庫 御代官 松平遠江守 竹垣庄蔵 風祭甚三郎
同大坂 西本願寺旅館 御代官 [illegible]内藤[illegible]

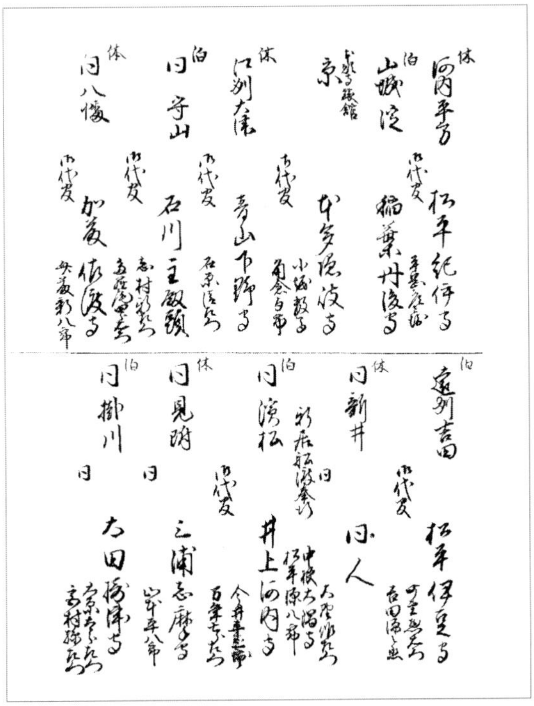

休 河内平方 松平紀伊守
泊 山城淀 御代官 稲葉丹後守
京 本國寺旅館 小堀数馬 角倉与一
休 江州大津 御代官 青山下野守 石原清左衛門
泊 同守山 御代官 石川主殿頭
休 同八幡 御代官 加藤佐渡守

泊 遠州吉田 御代官 松平伊豆守
休 同新井 同人
泊 同濱松 井上河内守
休 同見附 御代官 三浦志摩守
泊 同掛川 太田摂津守

豆州三嶋 泊 松平[illegible] 御代官 江川太郎左衛門
相州箱根 休 大久保大蔵[illegible]
同小田原 泊 同人 川田[illegible]
同大磯 休 [illegible]坂[illegible]守
同藤沢 泊 稲葉能登守 御代官 [illegible]十郎
武州神奈川 休 溝口主膳正 [illegible]太郎 伊奈半左衛門
同品川 泊 伊東若狭守
同 同人

御用掛
御老中 松平右近将監
若年寄 松平摂津守
寺社奉行 松平和泉守
大目付 大井伊勢守
御目付 曲渕勝次郎
吉田三郎兵衛
御勘定奉行 安藤弾正少弼

同彦根 泊 井伊掃部頭
同今須 休 同人
美濃大垣 泊 戸田采女正 御代官 千種[illegible]
尾州起 休 尾張殿
三州岡崎 泊 松平周防守 御代官 [illegible]十郎 [illegible]太郎
同赤坂 休 稲垣対馬守 御代官 [illegible]十郎

同金谷 休 同人 岩出伊右衛門
駿州藤枝 泊 [illegible]
同府中 休 内藤丹後守 [illegible] 今田伊右衛門
同江尻 泊 松平[illegible]守 久保[illegible]八郎 池田[illegible]八郎
同吉原 休 京極佐渡守 小林孫四郎

御返翰持出御用掛り
表御右筆 赤塚平左衛門
同御右筆 新村七八郎
奥御右筆御返翰認り
組頭 清須孫之丞
御右筆 上村政次郎
長坂忠七郎

御勘定吟味役 荻田仁右衛門
同組頭 大塚権之助
御勘定 鶴田左十郎
秋山三十郎
武嶋安右衛門
葉若源四郎
儒家 林大学頭
同 図書頭

人馬割御代官 小田切新五郎
辻六郎左衛門
横山伝右衛門
前沢藤十郎
内方鉄五郎
吉野田十郎
御馳走人 加藤左近将監
毛利能登守
御賄御代官 辻源五郎 吉岡久太郎 [illegible]山[illegible]太郎

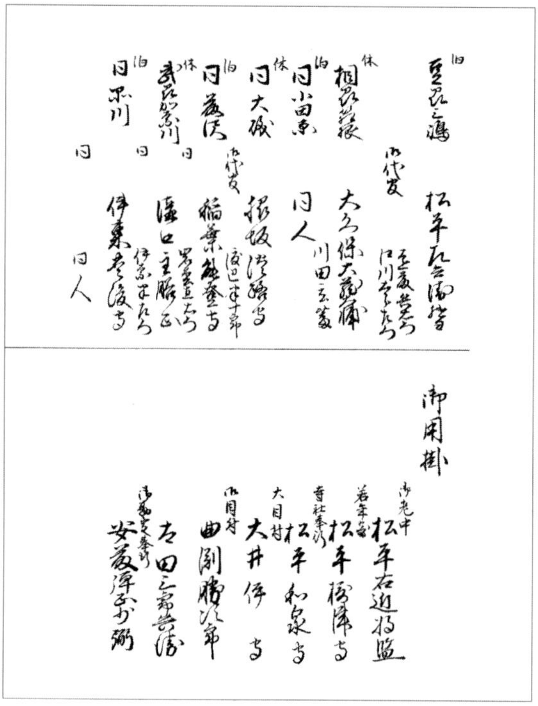

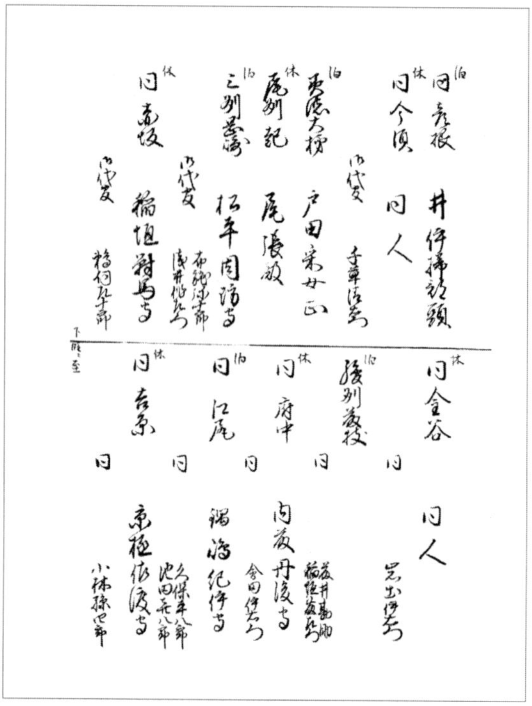

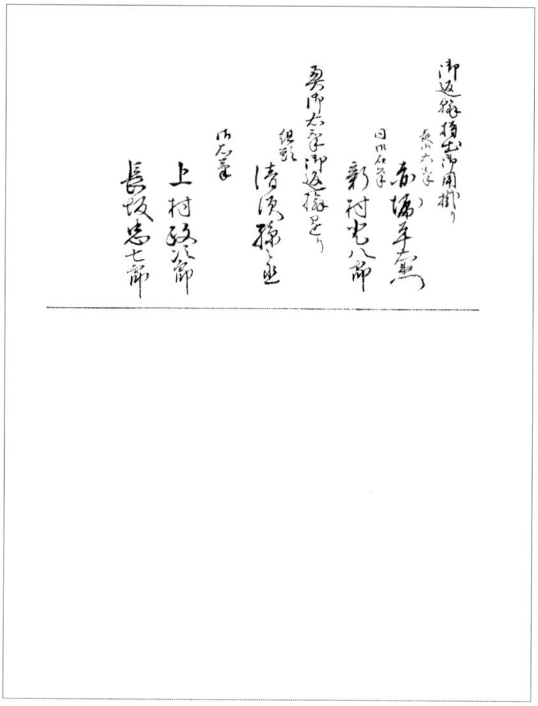

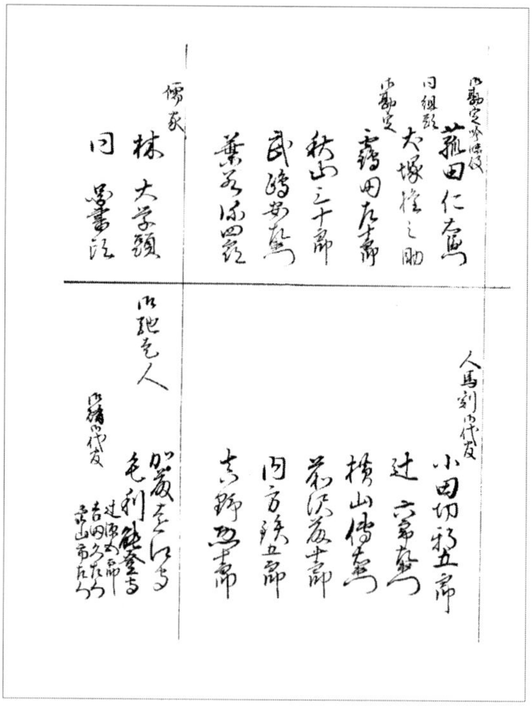

佐竹次郎
松平大和守
立花左近将監
榊原式部大輔
酒井左衛門尉
奥平大膳大夫
〆大名三拾壱人
帰り江戸ゟ参候迄
水戸殿

一 鞍馬鞍皆具並出候而も不苦候
来月七日淀ゟ到着迄
松平加賀守
松平阿波守
松平信濃守
〆大名 三拾壱人
日斉坂より江戸迄
松平陸奥守
上杉大炊頭

右之通出し合高之処三延弐五延七延出之
紀伊殿
松平越前守
松平土佐守
有馬中務大輔
松平相模守
南部大膳大夫
〆大名 三拾壱人

日新井ゟ淀迄
松平讃岐守
松平肥後守
松平下総守
松平越中守
小笠原伊勢守
松平真次郎
土田伊豆守
〆大名 四拾九人

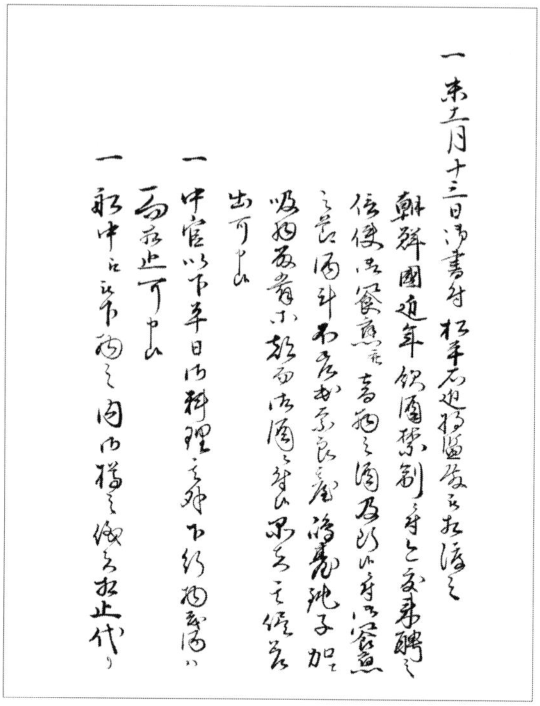

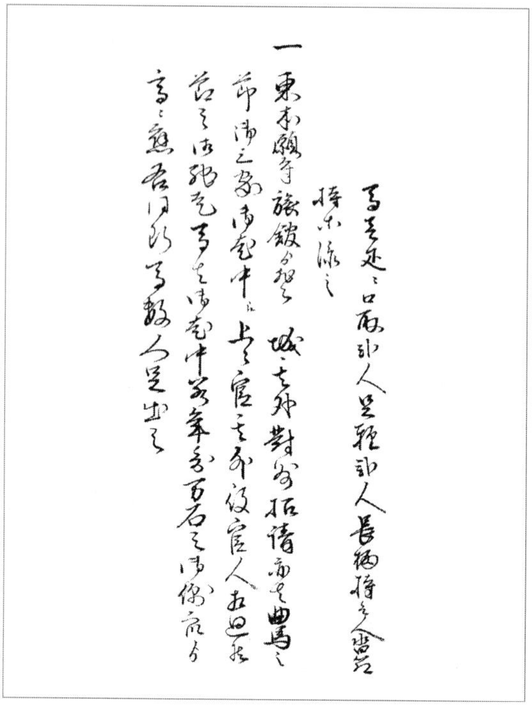

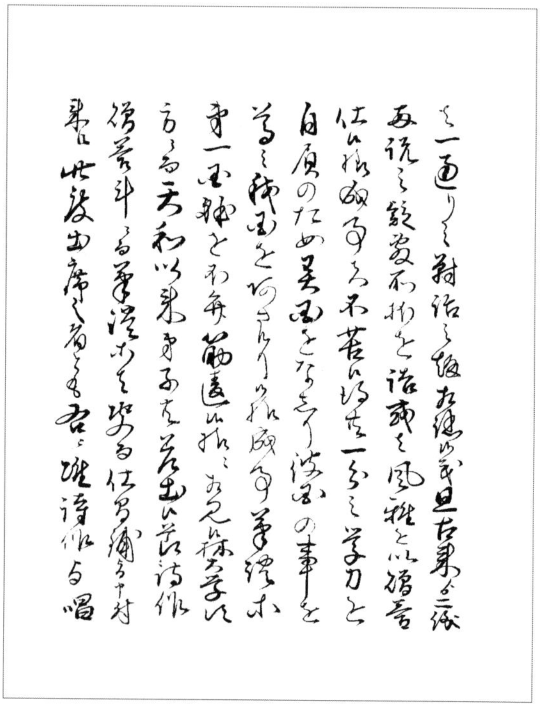

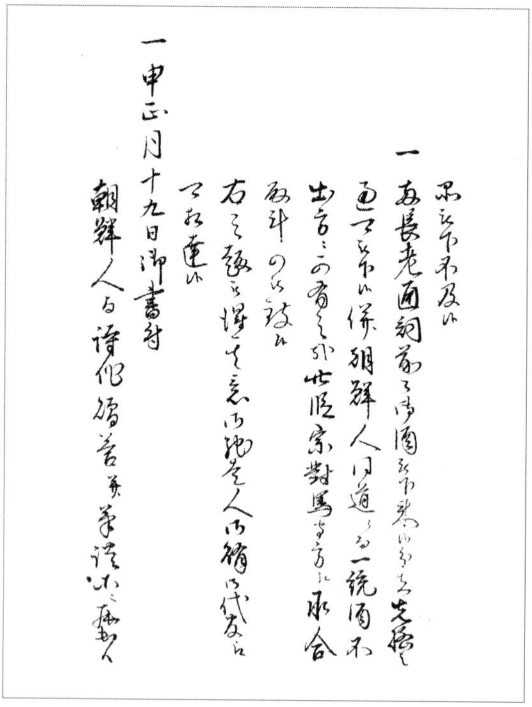

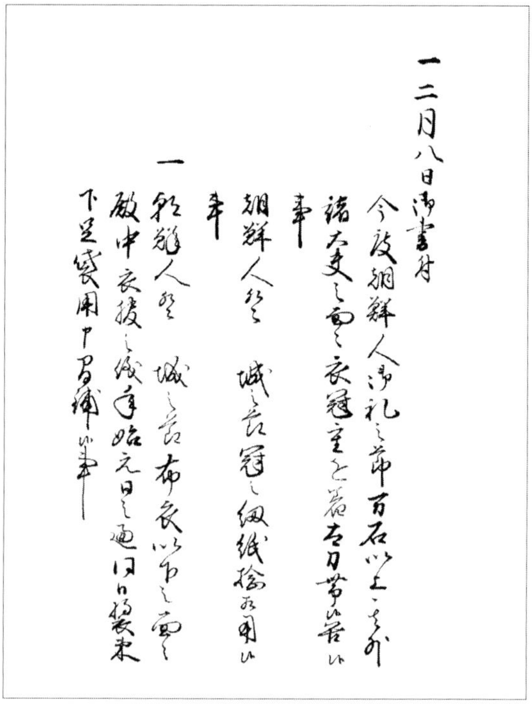

一 二月八日御書付
今度朝鮮人御礼之節百石以上之分
諸大夫之面々衣冠其外之者布衣着可為着候
事
朝鮮人登　城之節衣冠之[illegible]紙捻可用候
事
一 朝鮮人登　城之節布衣以下之面々
殿中衣服之儀年始元日之通[illegible]装束
下足袋用可申候事

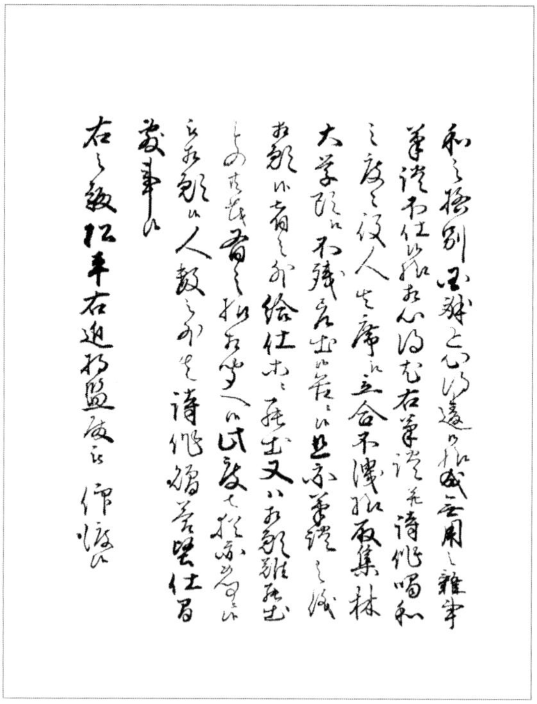

和之格別出精之心得ニ相成[illegible]用之雑事
筆談不仕候而者心得[illegible]右筆談并詩作唱和
之儀役人共席ニ立合不洩様取集林
大学頭ニ不残差出候様ニ且亦筆談之儀
[illegible]
[illegible]
[illegible]人数[illegible]詩作[illegible]仕置
候事候
右之趣松平右近将監殿ニ 仰渡候

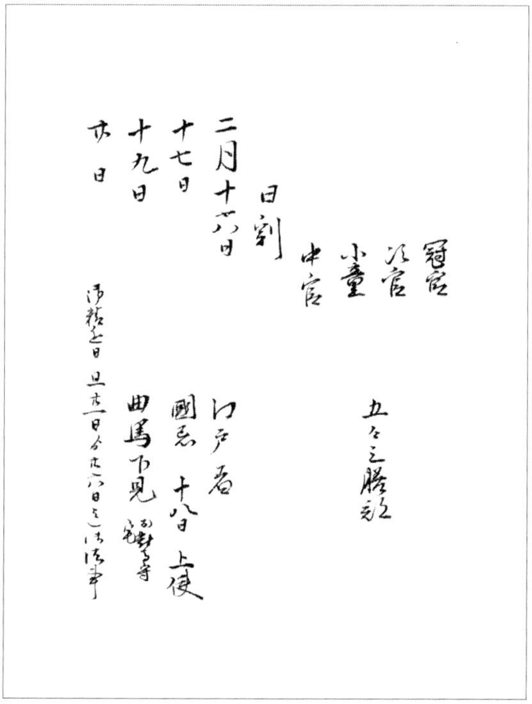

冠官
次官
小童
中官
五々三膳部
二月十六日 日割
江戸着
十七日 国忌
十八日 上使
十九日 曲馬御見物
廿日 御礼之日 但廿一日[illegible]廿六日[illegible]

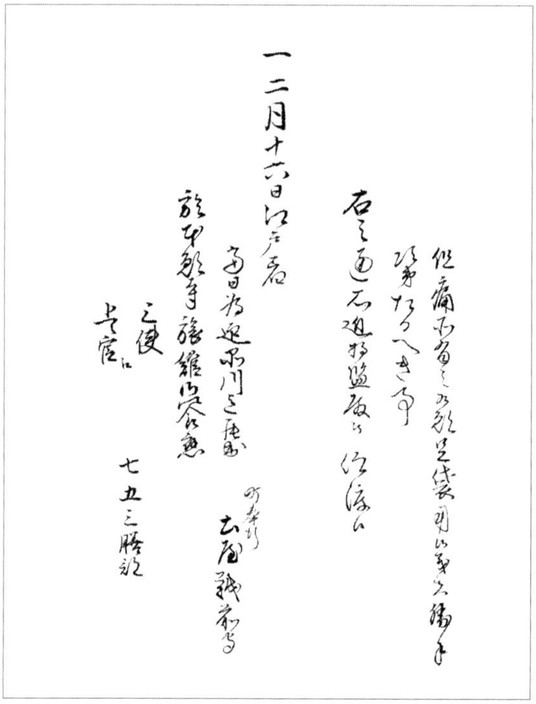

但病気之者[illegible]足袋用[illegible]
[illegible]へき事
右之通松平右近将監殿ニ 仰渡候
一 二月十六日江戸着
[illegible]迎[illegible]
[illegible]
三使
上官ニ
七五三膳部
[illegible]

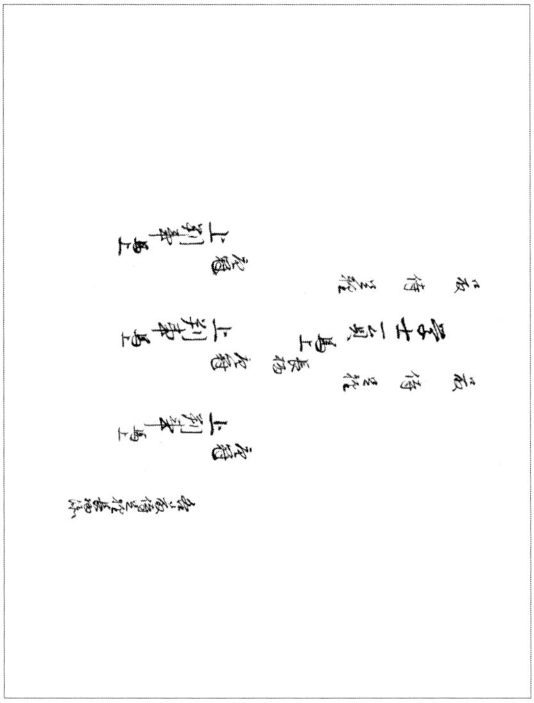

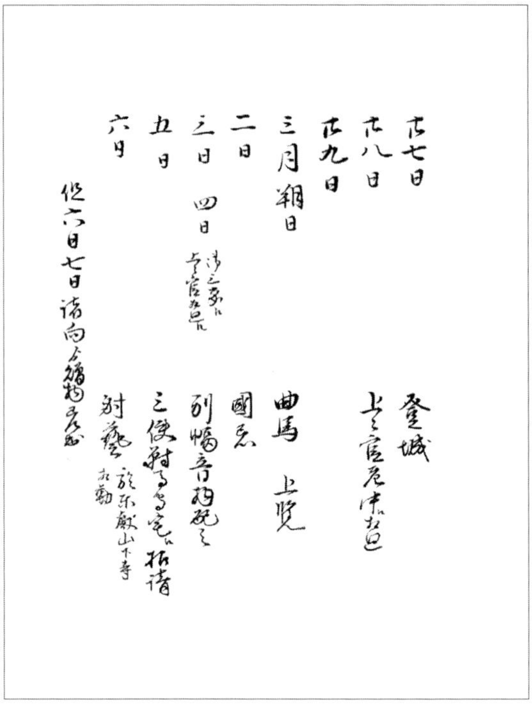

十七日
十八日
十九日
三月朔日
二日
三日　四日　御三家方ニ上官以上
五日
六日
但六日七日諸向ゟ饗応

登城
上々官以下
曲馬　上覧
国忌
別幅音物献之
三使対馬守宅ニ招請
射芸　於…山下寺

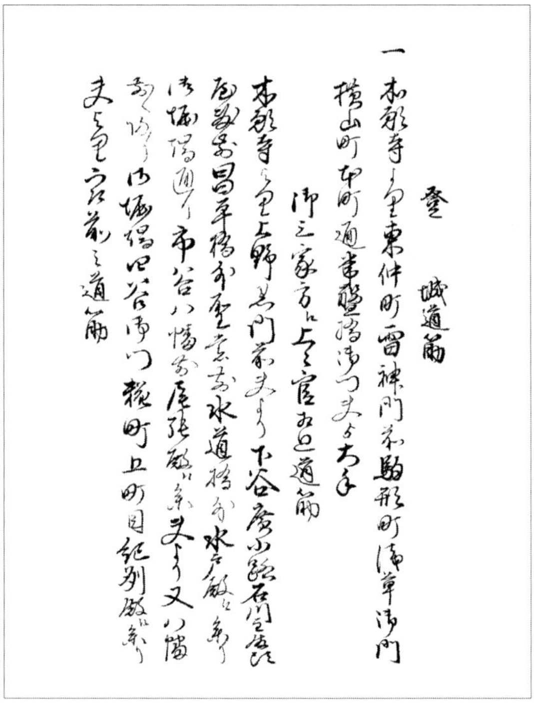

一 本願寺ゟ東仲町雷神門前駒形町浅草御門
横山町本町通常盤橋御門ゟ大手
　御三家方ニ上々官以上道筋
本願寺ゟ上野御門前ゟ下谷広小路石川主殿
… 水道橋 … 水戸殿ニ
… 市谷八幡 …
… 御門 … 町 …
大手前之道筋
登城道筋

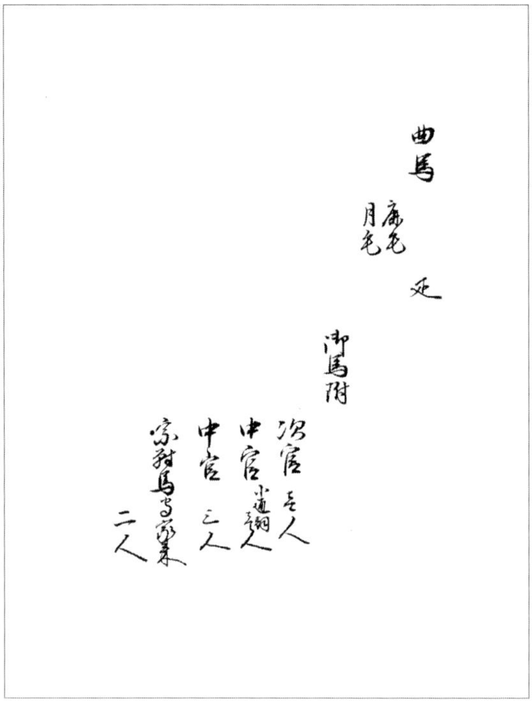

曲馬
鹿毛
月毛　疋
御馬附
次官　三人
中官　小通詞　人
中官　二人
宗対馬守家来　二人

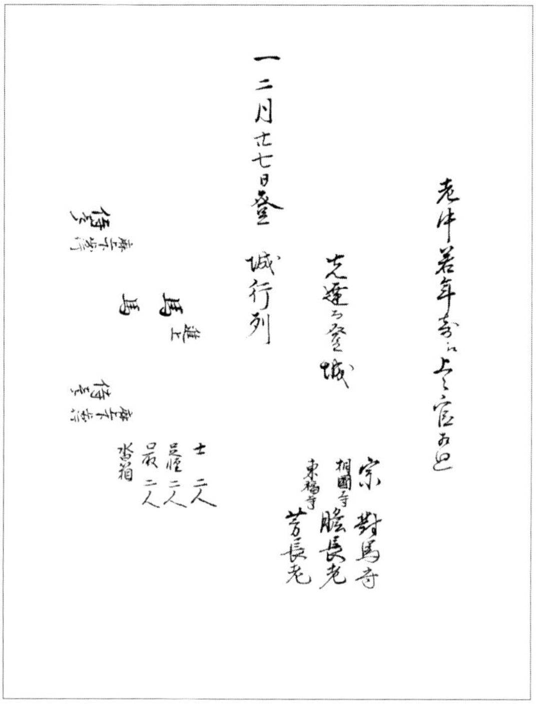
宗対馬守
相国寺 脇長老
東福寺 芳長老
一二月廿七日登城行列
士 二人
足軽 二人
進上 馬
馬

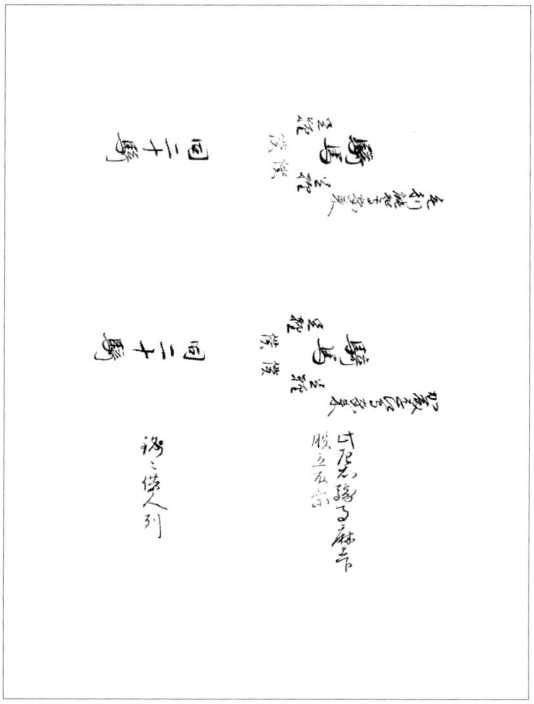
騎馬
同二十騎
騎馬
同二十騎

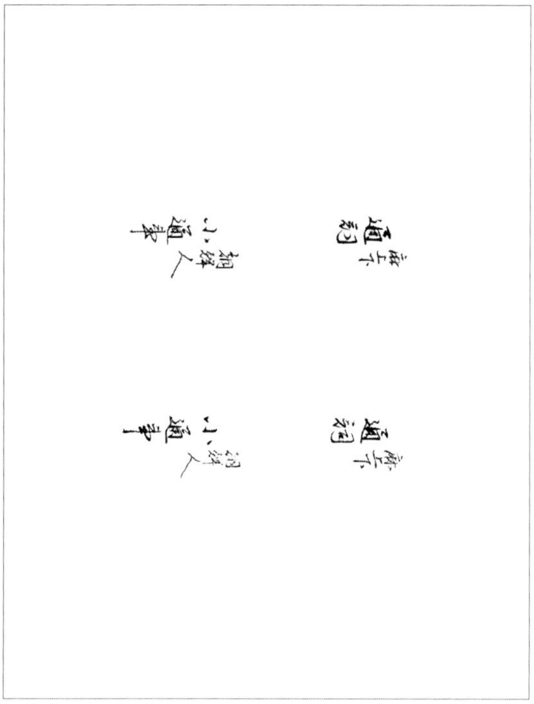
通詞
小通事
通詞
小通事

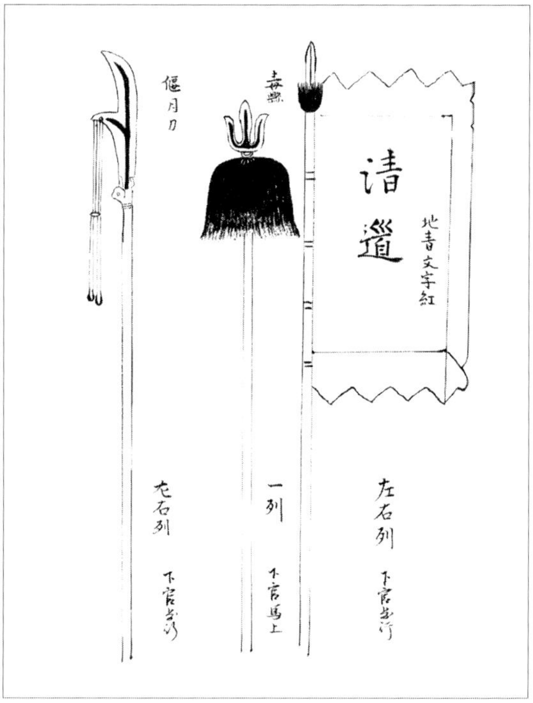
清道
地青文字紅
偃月刀
左右列
下官歩行
一列
下官馬上
左右列
下官歩行

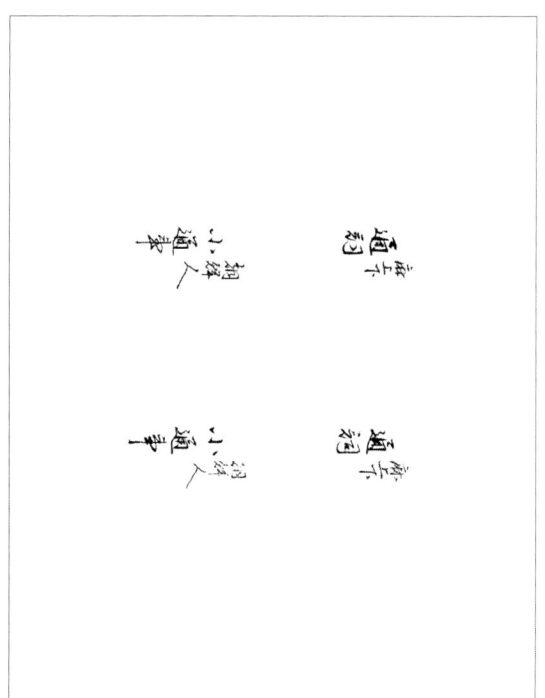

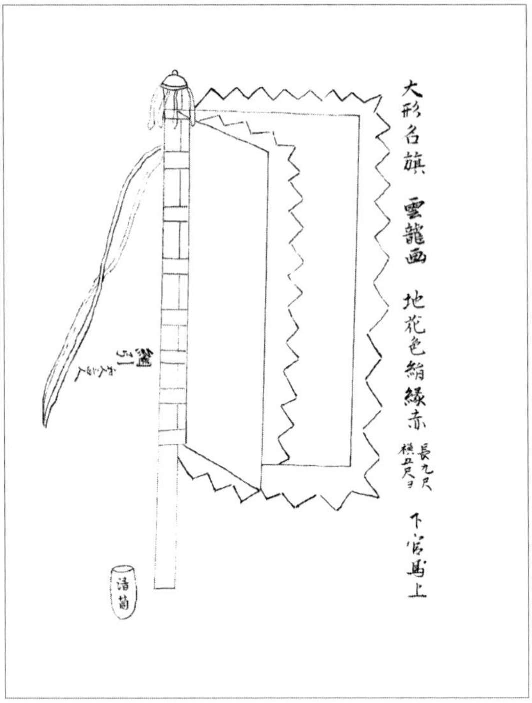
大形名旗 雲龍画 地花色綃縁赤
長九尺 横五尺
下官馬上

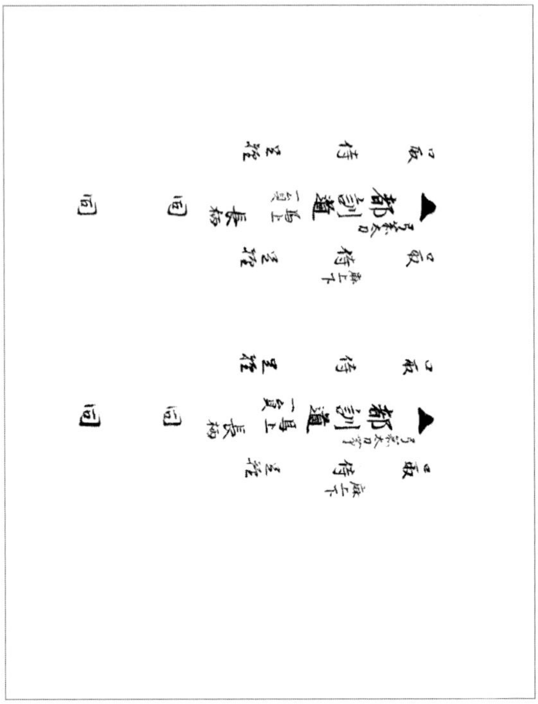

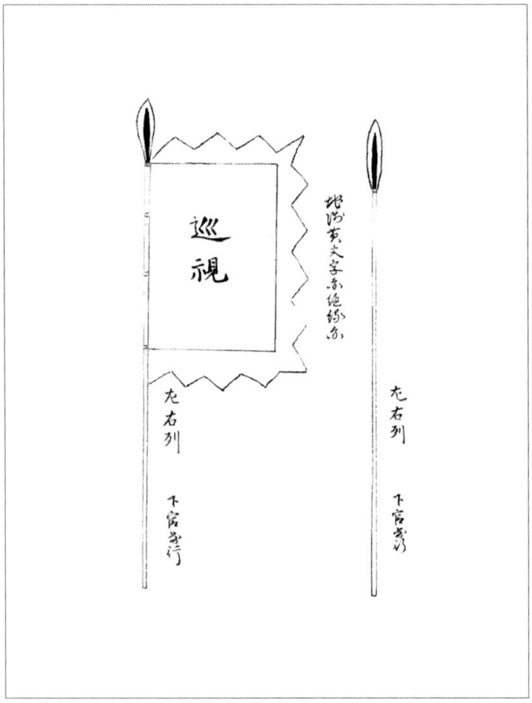
巡視
左右列
下官歩行
左右列
下官歩行

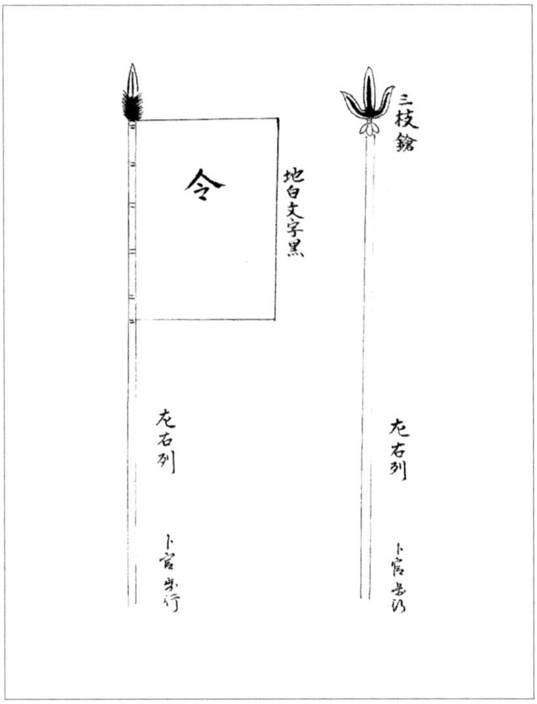
令
地白文字黒
三枝鎗
左右列
下官歩行
左右列
下官歩行

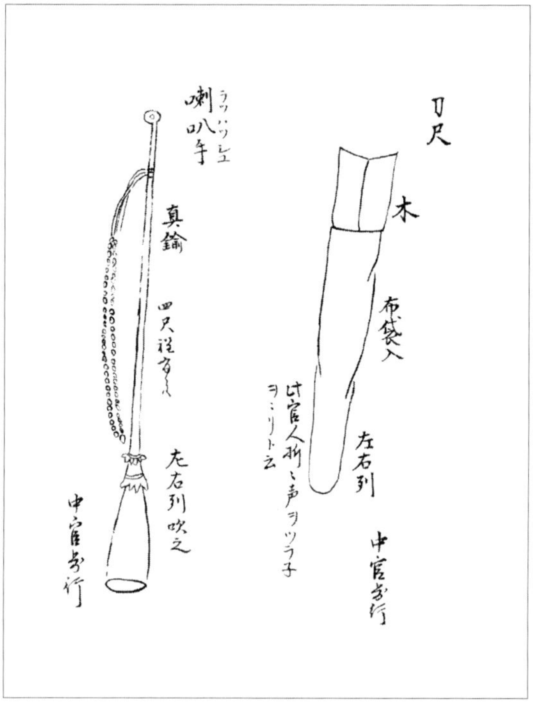
木
布袋入
左右列
中官歩行
喇叭手
真鍮
四尺程有之
左右列吹之
中官歩行

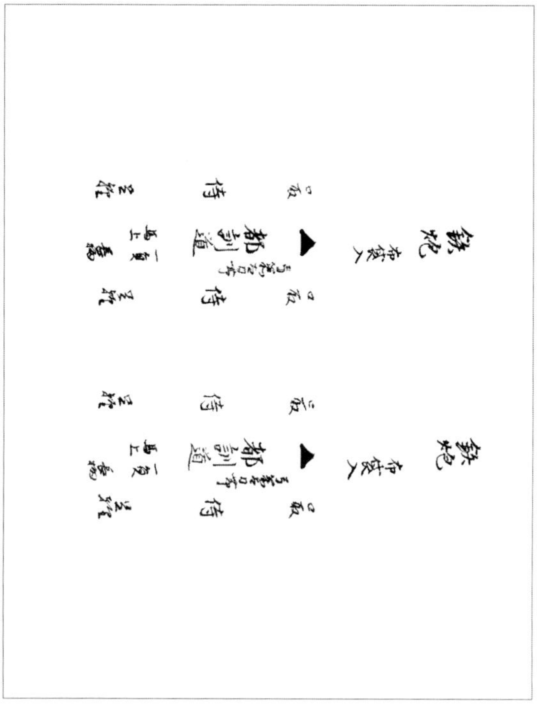
鉄炮
布袋入
都訓導
鉄炮
布袋入
都訓導

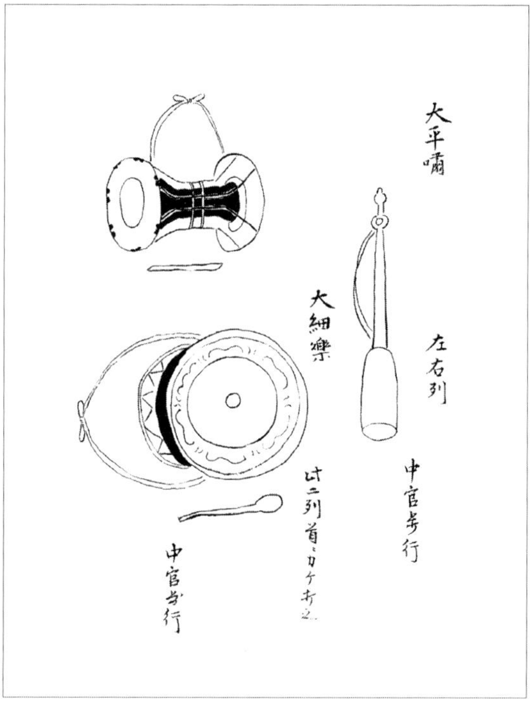
大平嘯
左右列
中官歩行
大細楽
中官歩行

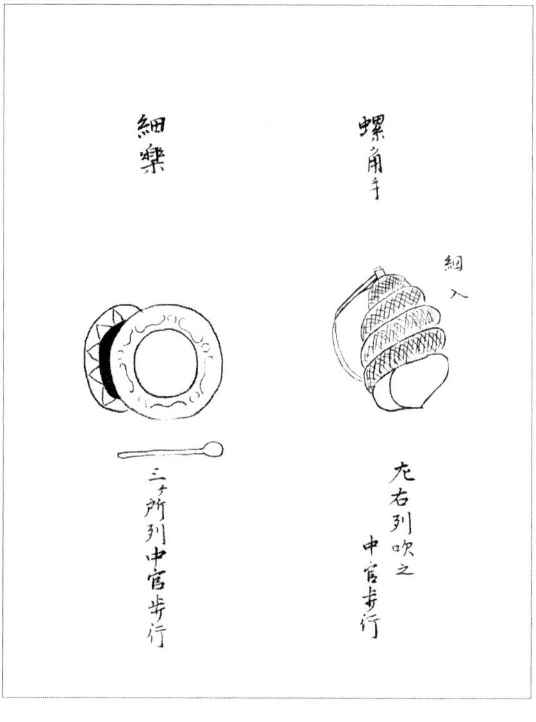
螺角手
左右列吹之
中官歩行
細楽
三ヶ所列中官歩行

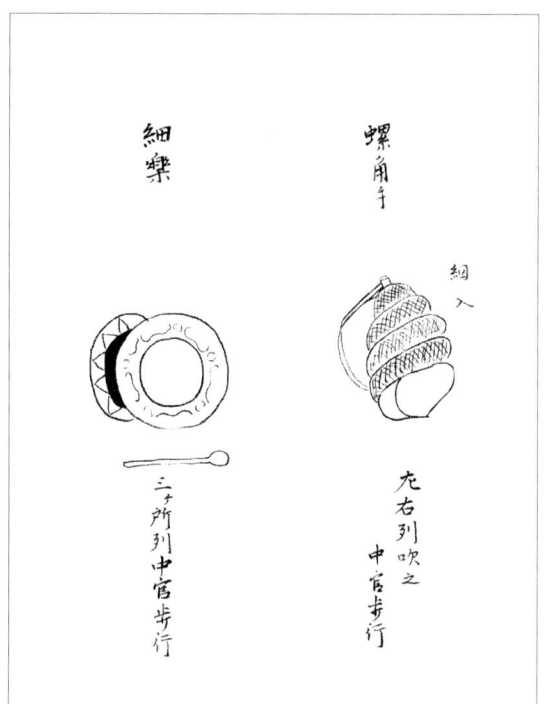

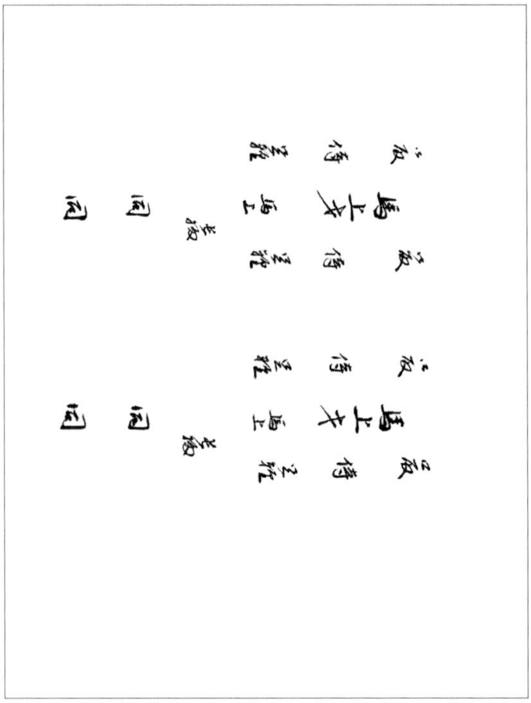

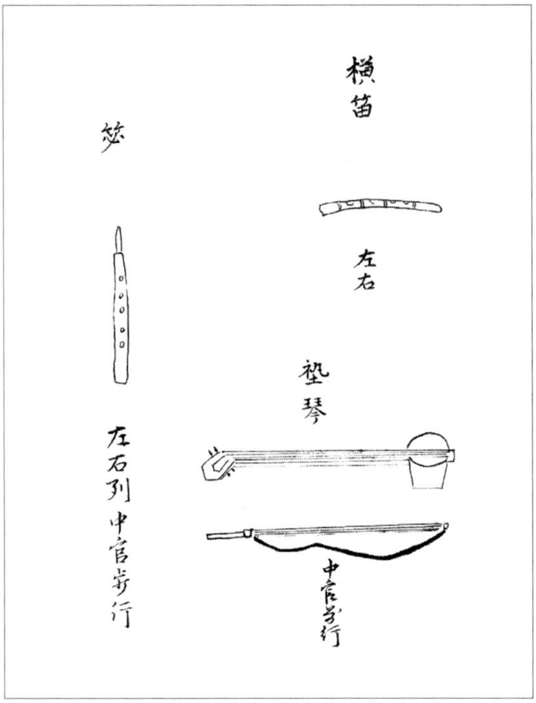
横笛
簫
左右
奚琴
左右列中官歩行
中官歩行

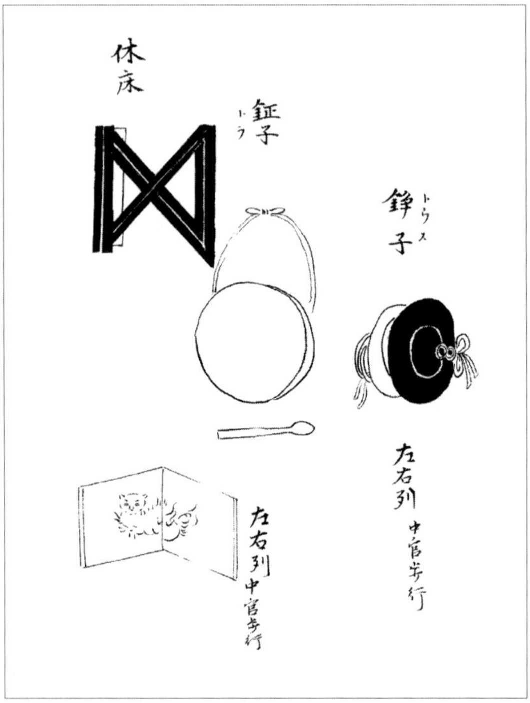
休床
鉦子
左右列中官歩行
左右列中官歩行

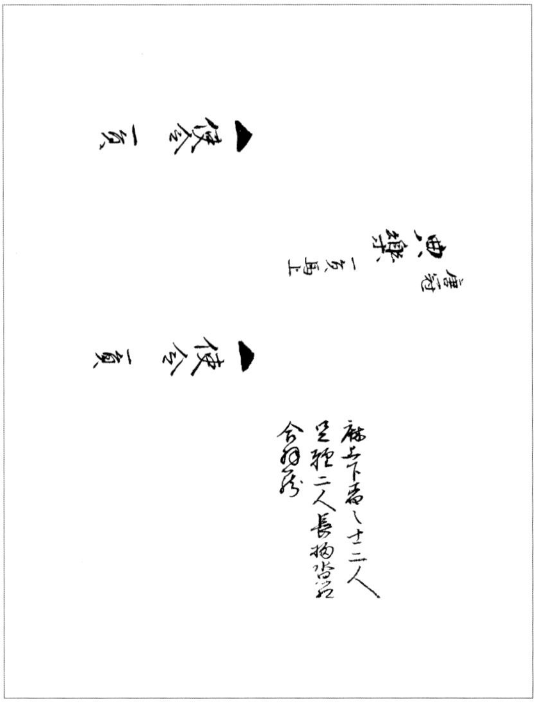
使令一員
使令一員

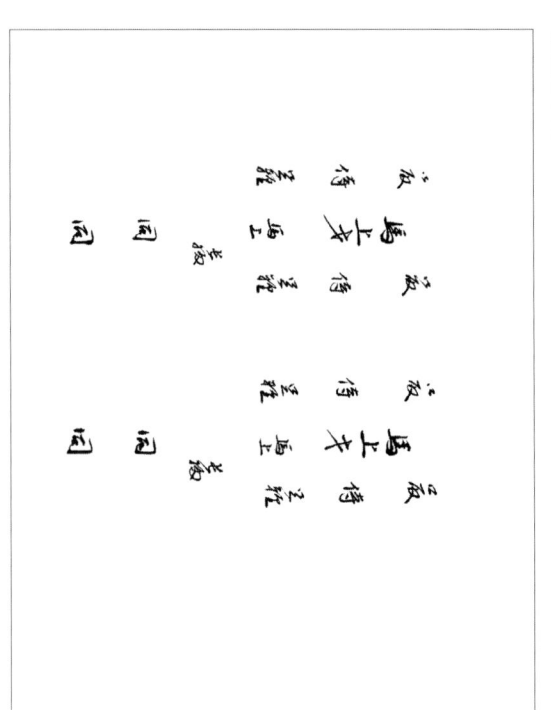

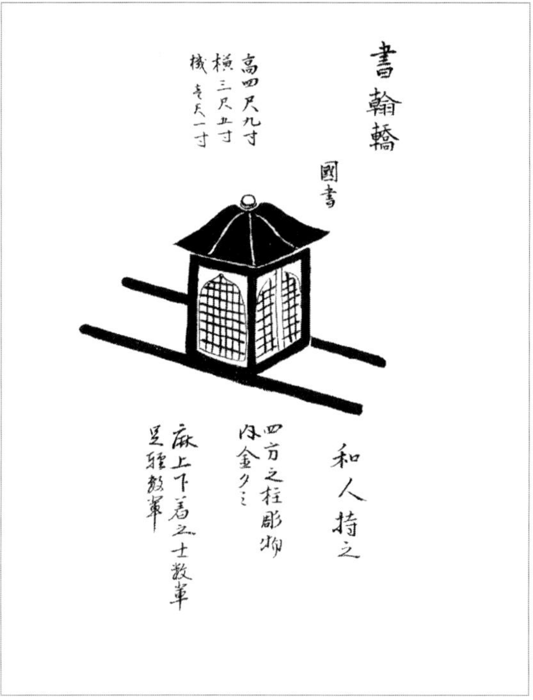
書翰轎
高四尺九寸
横三尺五寸
國書
和人持之
四方之柱彫物
内金々々
麻上下著之士数輩
足軽数輩

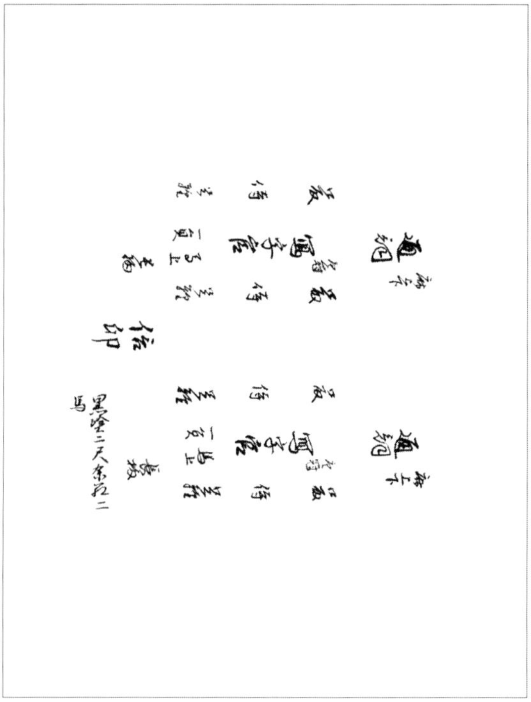

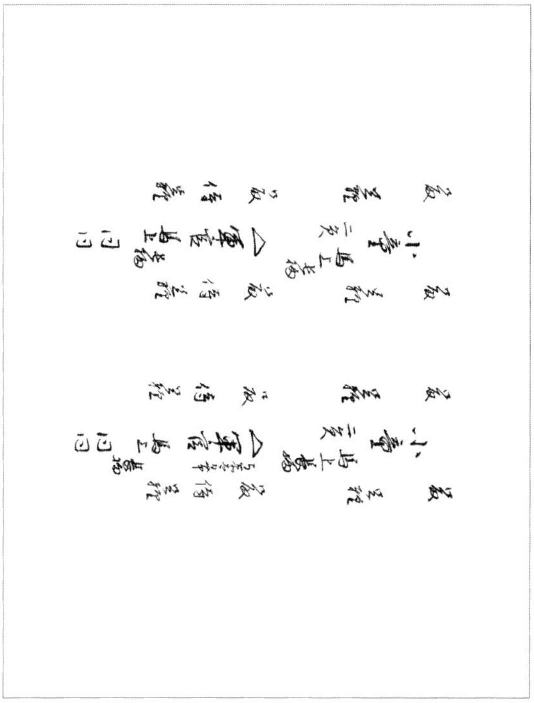

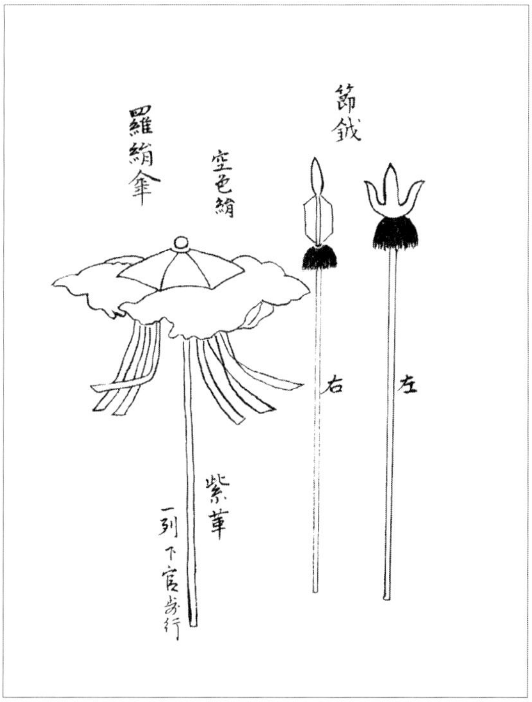
節鉞
羅絹傘
空色絹
右
左
紫革
一列下官歩行

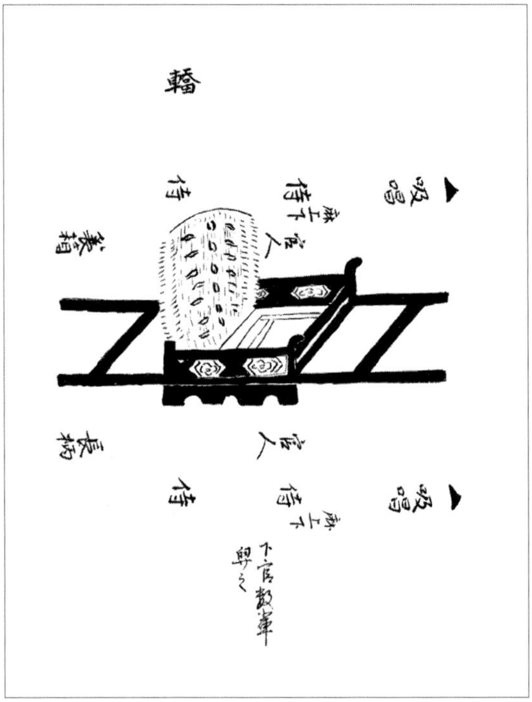

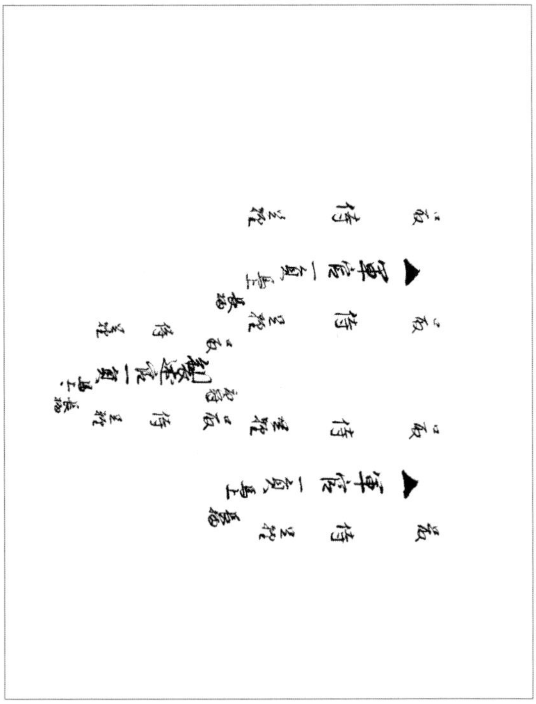

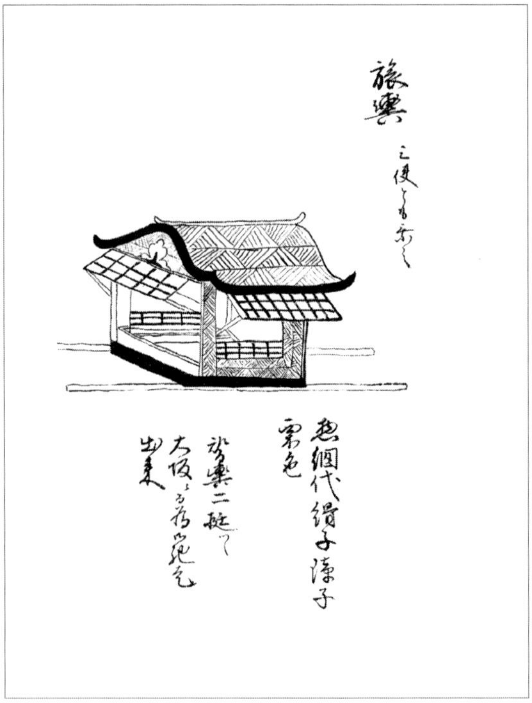

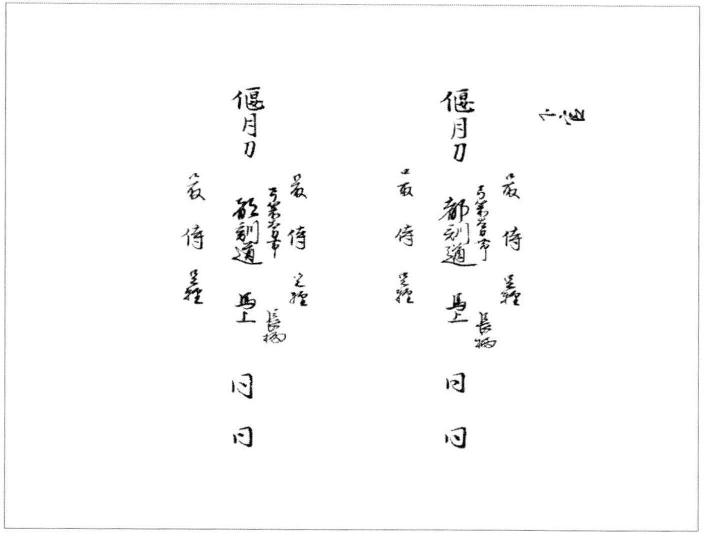

下官
偃月刀 都訓道 馬上 同 同
偃月刀 都訓道 馬上 同 同

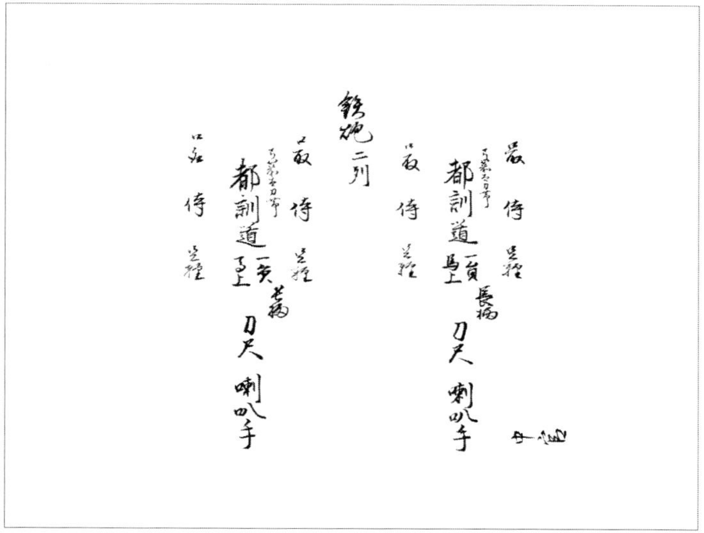

中官
都訓道 馬上 刀尺 喇叭手
鳥銃二列
都訓道 馬上 刀尺 喇叭手

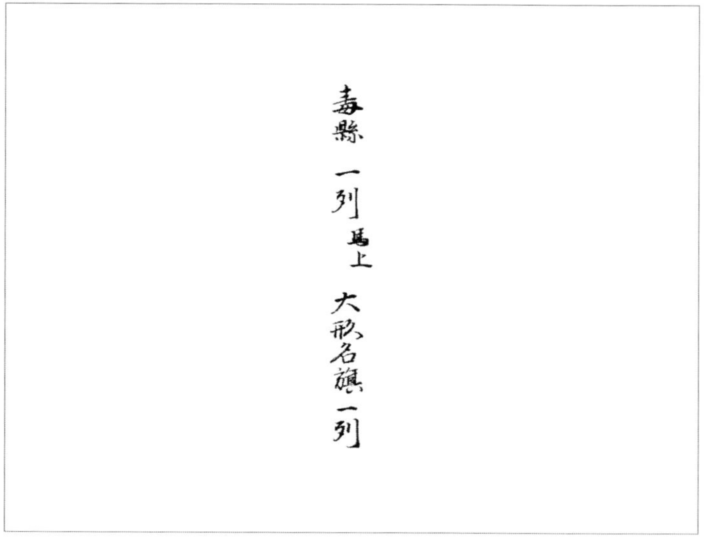

纛 一列 馬上 大形名旗 一列

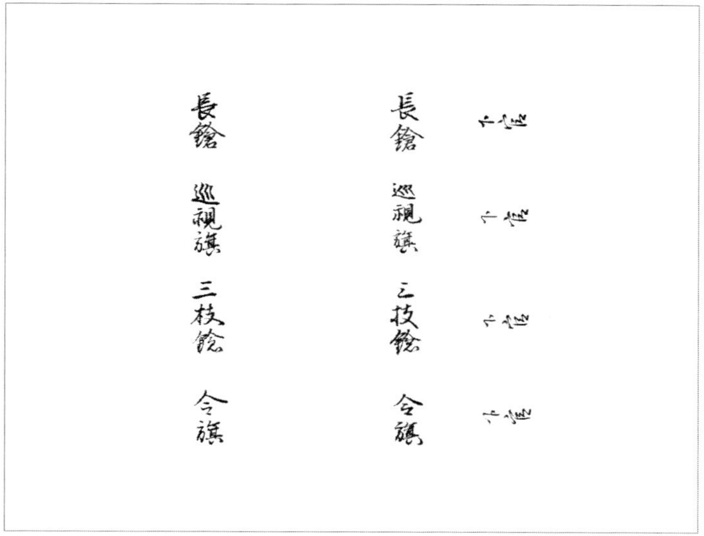

下官 長鎗
下官 巡視旗
下官 三枝鎗
下官 令旗
長鎗
巡視旗
三枝鎗
令旗

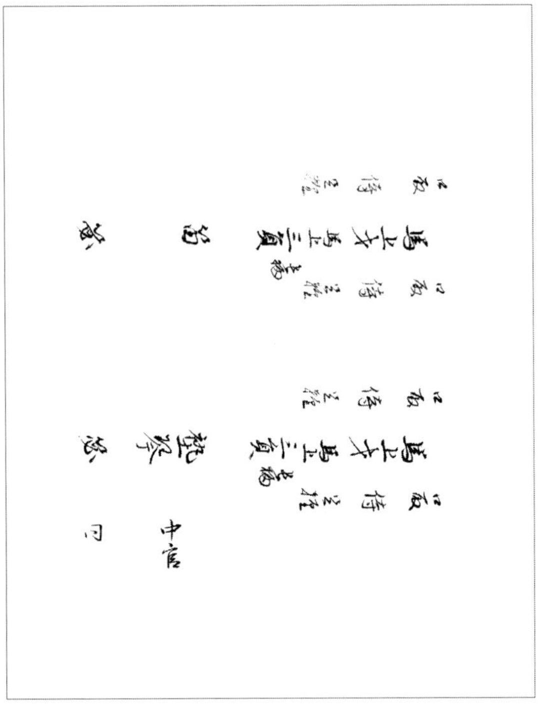

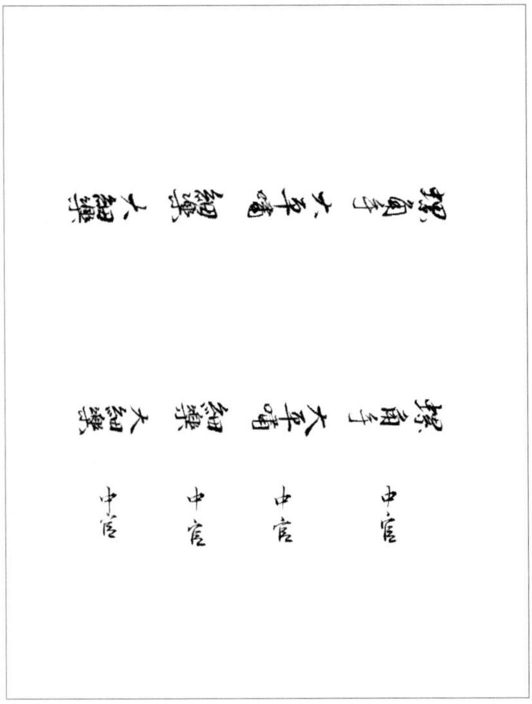

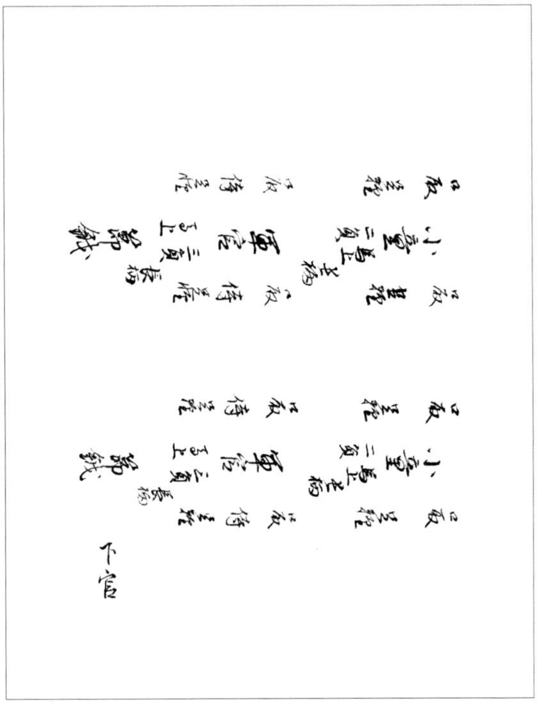

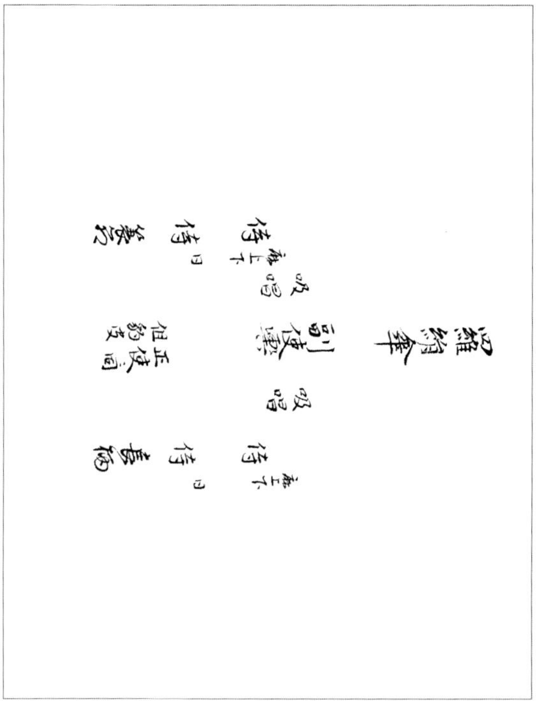

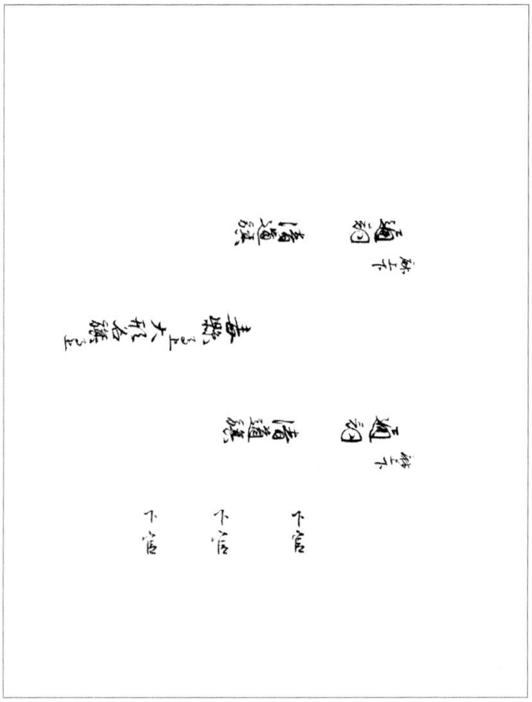

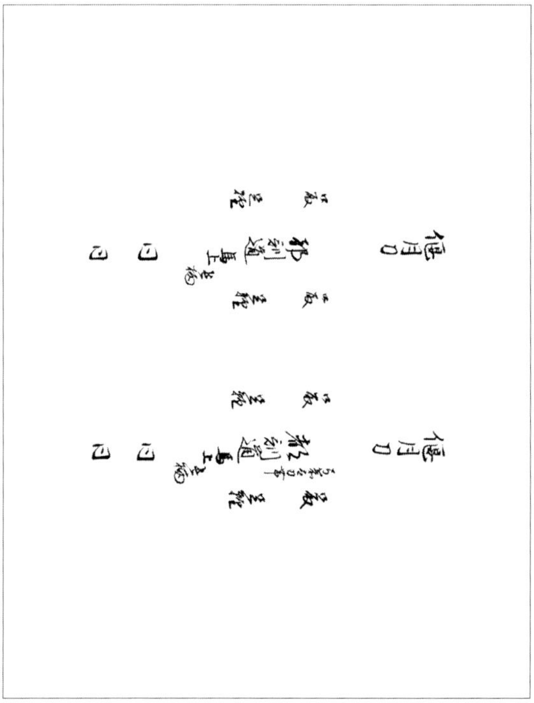

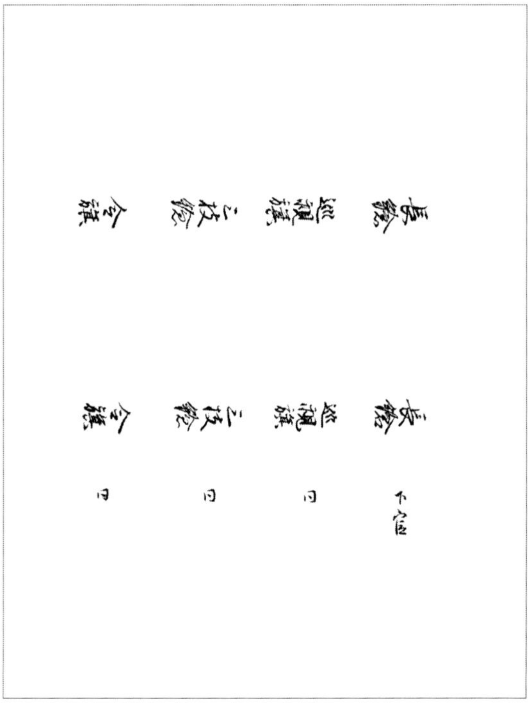

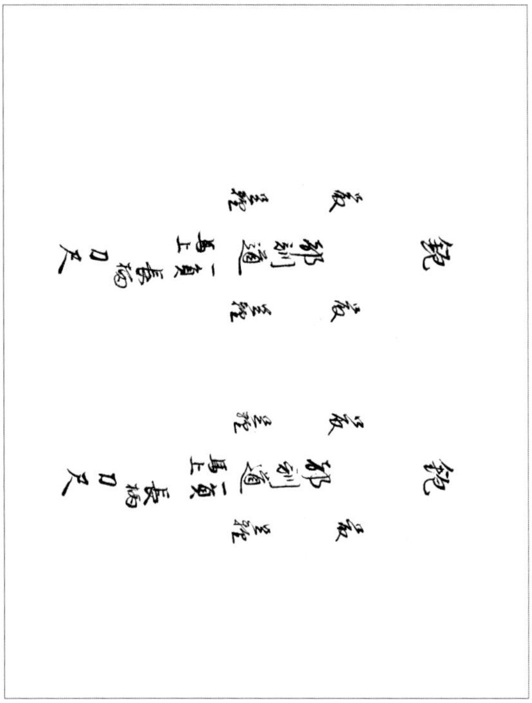

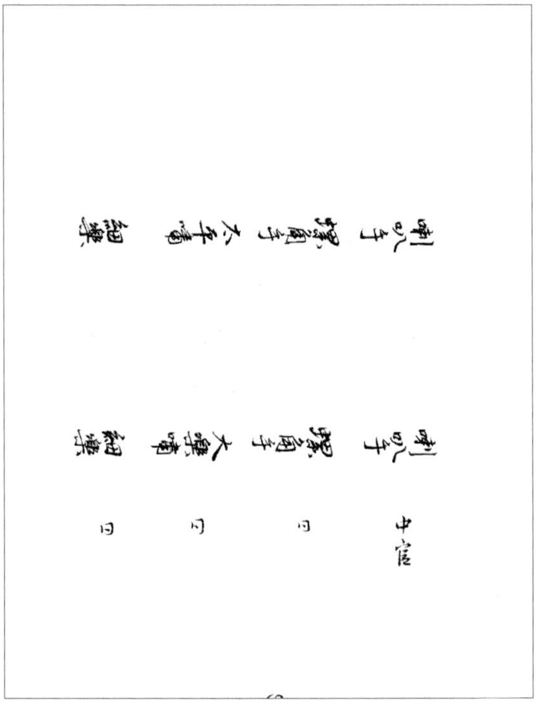

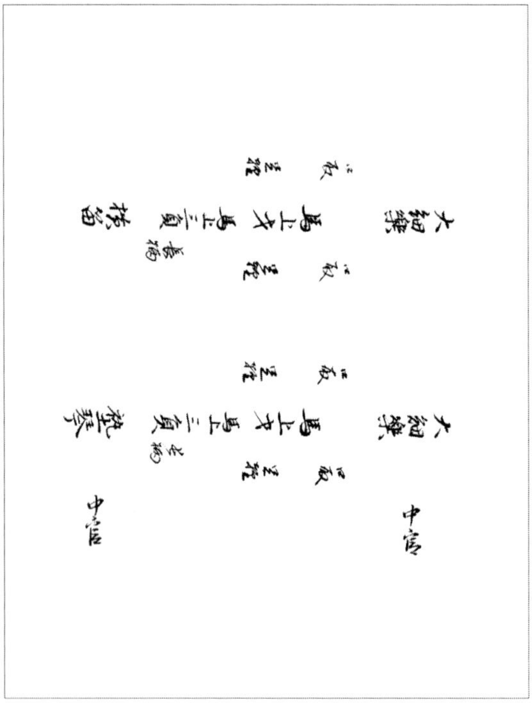

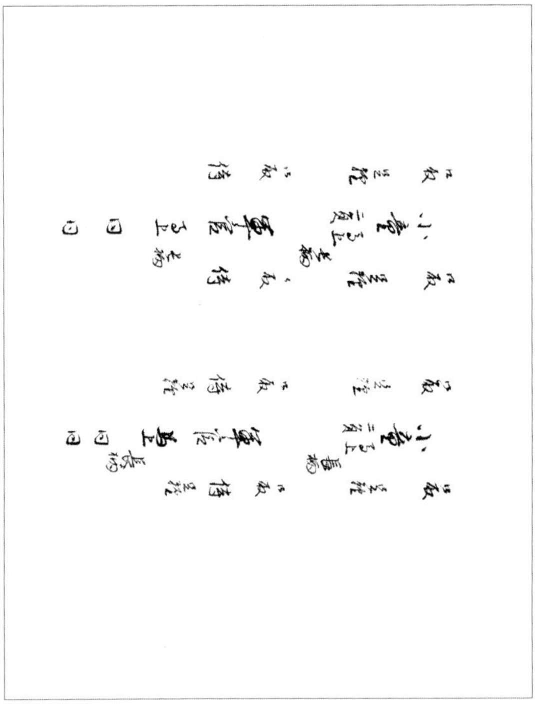

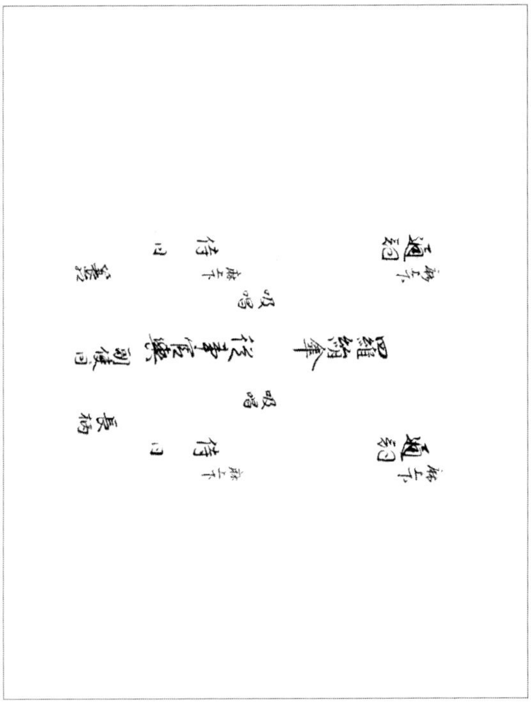

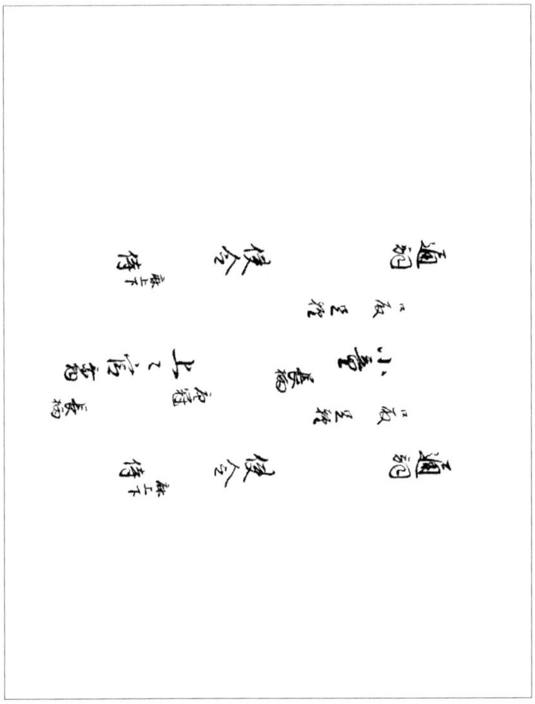

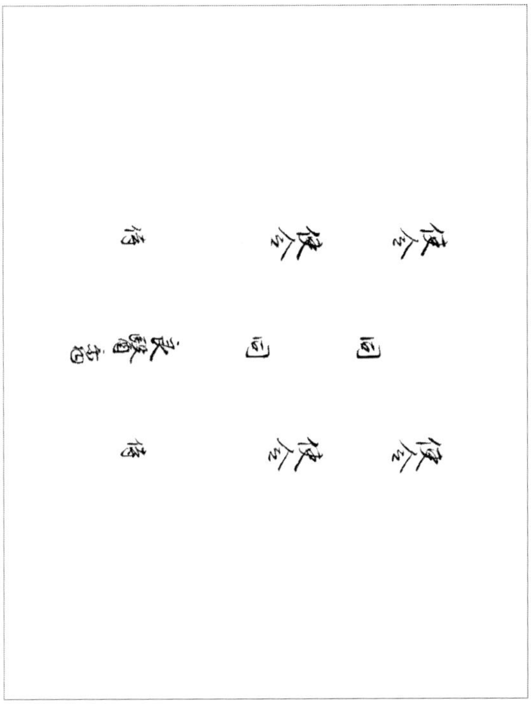

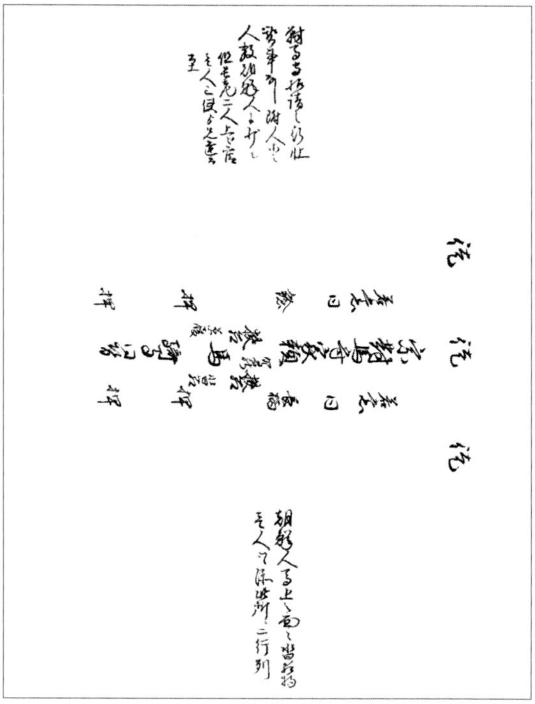

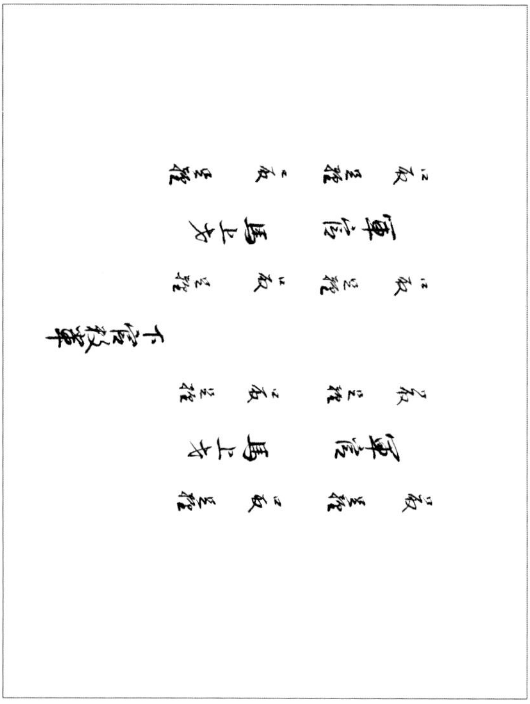

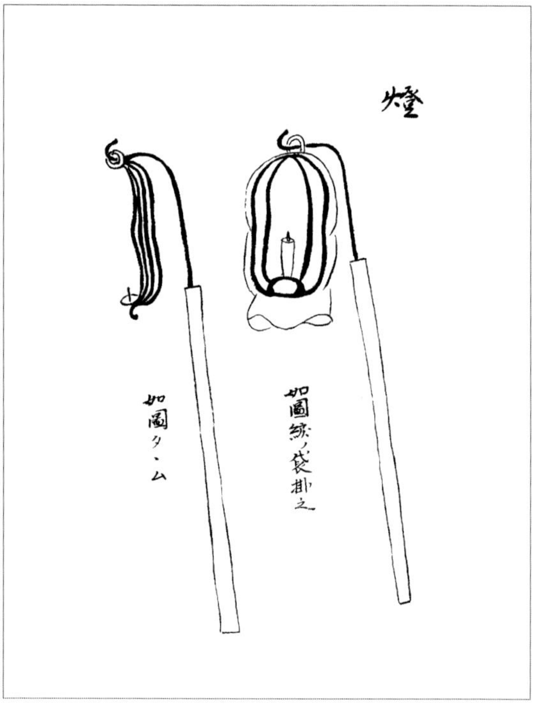
燈
如圖紙ノ袋掛之
如圖タヽム

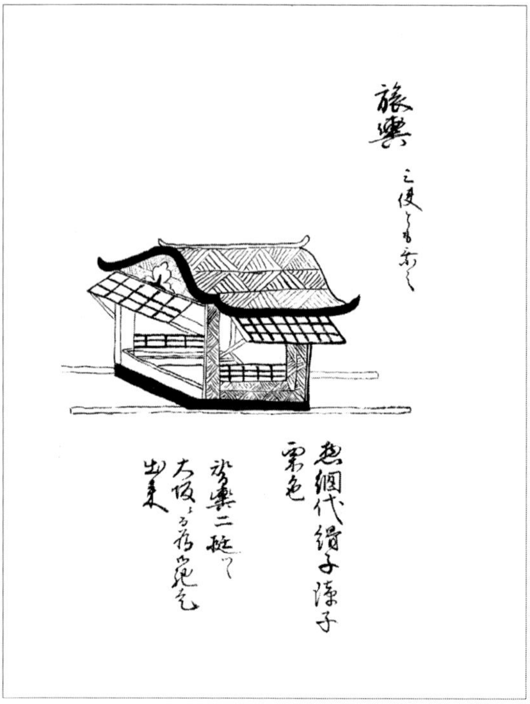
旅輿

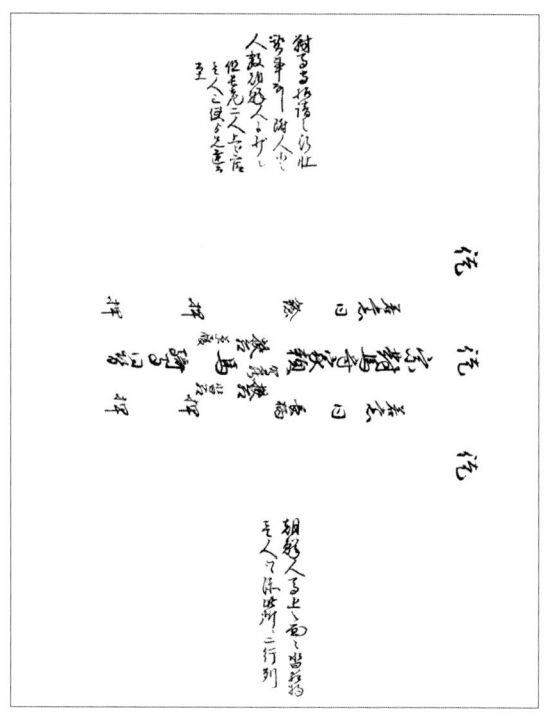

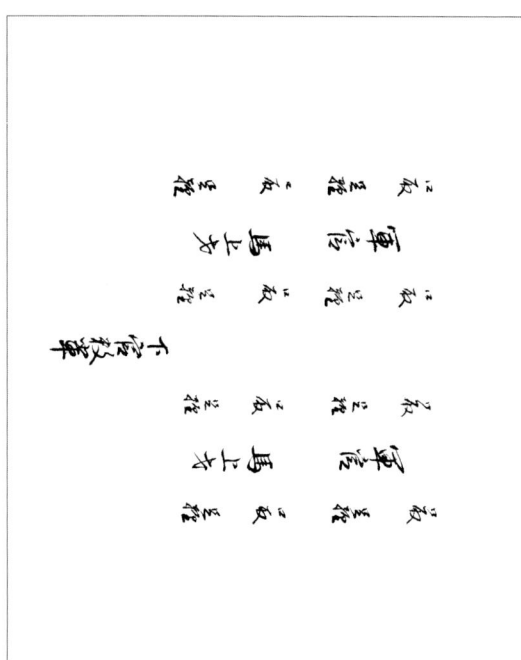

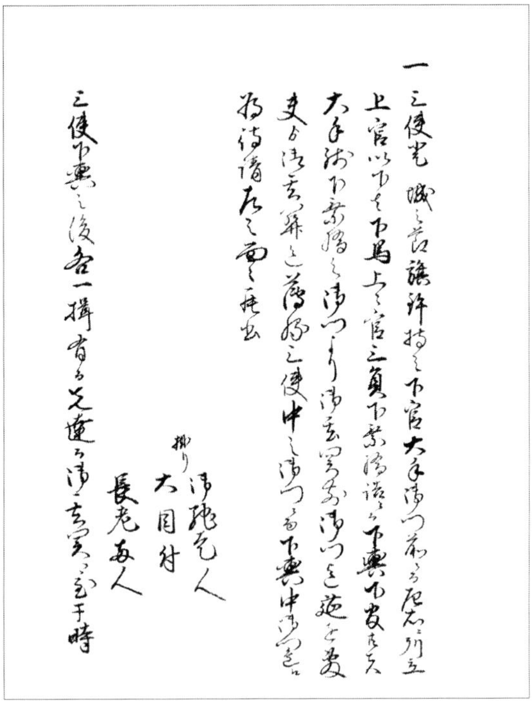
一 三使先牒ニ言議許持之下官大手御門前ニ而左右ニ列立
上官以下も下馬上々官三員下乗階讃ニ下乗下車ニ而大
大手御下乗階ニ而御門より御玄関前御門之庭ヲ度
吏ヲ諸玄関之唐破之使中ニ而御門ニ而下乗中済ニ
殊侍情在之面ニ拝出
掛り 御馳走人
大目付
長老両人
三使下乗之後各一揖有て足達ニ而御玄関之時

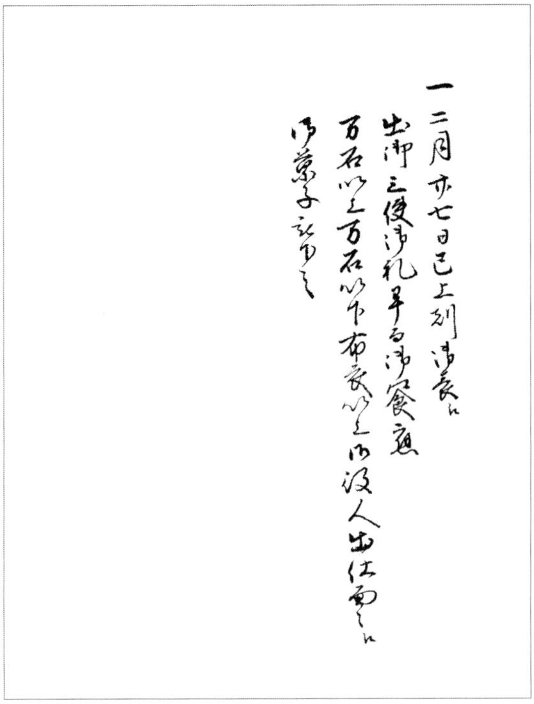
一 二月廿七日巳上刻御表ニ
出御 三使御礼并ニ御饗應
万石以上万石以下布衣以上諸役人出仕面々ニ
御奏者番

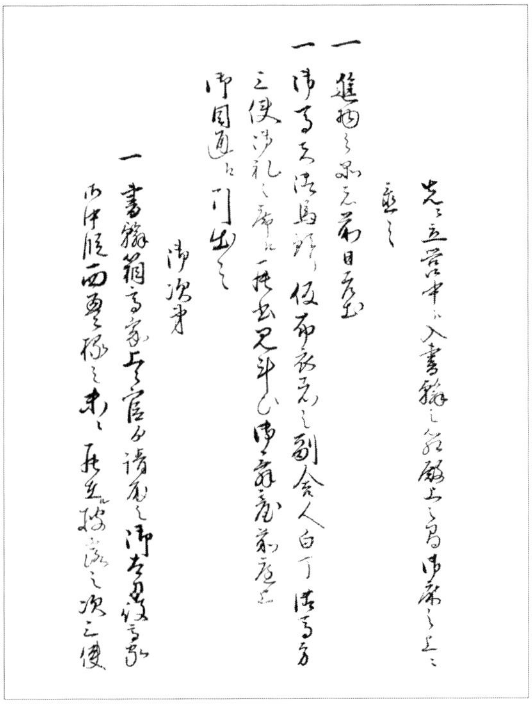
先ニ立営中ニ入書翰之箱ハ上々官御席ニ上ヶ
座之
一 進物之品之前日差出
一 御當日ニ諸馬・役布衣之副合人白丁清道
三使御礼之席ニ一拝出足所ニ而御前座前ニ而
御同道ニ而門出之
御次第
一 書翰箱ヲ家上々官ヲ請取之御中段ニ
御中段西聖縁之出之居座敷縁之次三使

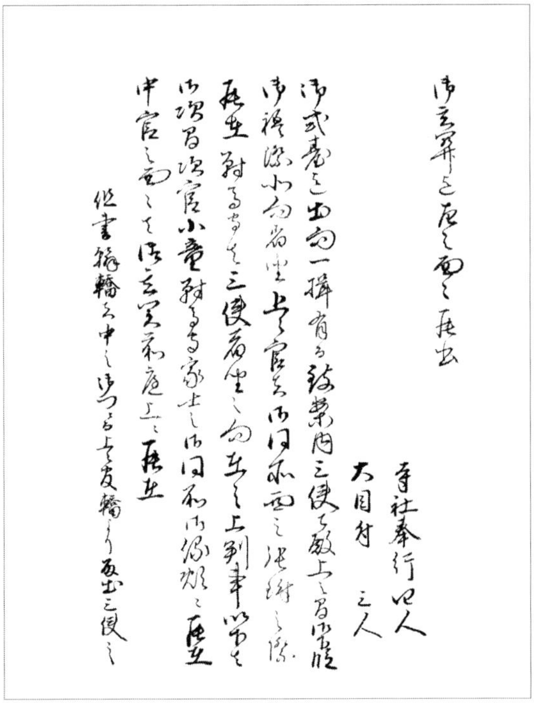
御玄関之居ニ面之居出
寺社奉行四人
大目付 二人
御式台之出向一揖有て繍繋内三使ヲ敷上之御中段
御持縁以向南之上々官ハ御同席之徙所之際
居座三使両之面之上列車以下も
御理居諸官小童御同席御縁之居座
中官之面々ハ御玄関前庭上之居座
従書翰輪之中ニ而御門ヲ上々官輪ヨリ敷出三使之

御茶ヲ両人退候而障子際ニ而上ニ東向ニ
列座此時對馬守被召ニ退去相済右京
大夫對馬守ニ會釈有之對馬守老中両人ニ
側ニ進候時三使ニ　上意之趣右通相済
對馬守ニ両人ニ而演述之對馬守被仰候而
上々官ニ相　上意之趣申之上々官達之
三使之側ニ進之右之趣ニ演説之上々官申
退對馬守ニ達之　對馬守老中相済
御前ニ罷出三使御請之趣言上之畢而元之

自分御礼被為之三使出席當家三使ヨリ
伴ひ御下段ニ罷出ニ對馬守殿取次御礼之
席之五家而御下段ニ於而當家國三使一同
御礼對馬守之當家國而之席ニ罷立不及
被為御礼畢而三使拾之上ニ退對馬守殿
而日本而御扱ニ退去
一御前ニ被為相済右京大夫ニ而出之使今般
来朝之儀大慶　思召候付御盃被下置候
信候之

出御候而銚子出坐及長老正使御中段ニ
罷出此時御引盃之取而使ニ渡之拝戴
加賀守右盃ヲ持帰坐又副之御盃ニ
右上御加賀守副使出迎拝戴之次第同前返事
官次第同前畢而對馬守御下段東之方三使
次之間ニ罷在御銚子引候而入置而對馬守
三使ニ會釈三使御下段中央ニ罷出一同拝礼
畢而三使拾之間ニ退
一上々官之輩一同出席御下段ニ而御禮相済

席ニ復坐三使又一同出席御下段東之方
上々官迄一同ニ着坐
三御盃　[illegible]　當家
御引渡　[illegible]　當家
三使ニ引渡出　給仕　中奥御小姓
御銚子　[illegible]　當家
御加　右之同　當家
御茶ニ而之御加賀守之御盃御銚子之献之
御中段ニ而三使一同ニ御引相済之時對馬守

再肴之有り御出ニ付退於之有り再拝御盃
三使出時三使ハ清道又清道旗令之節
御饗應之節　此儀宗対馬記
大廣間
三使
御三家御相伴
此時紀伊中納言殿
於之間
上々官

拝礼退去次ニ上判事製述官軍官ハ
三段之板縁ニ而拝礼次ニ次官小童落縁ニ
西ヨリ拝礼
但上々官一人之ハ上官衆ヘ不相付御同付
及案内
中官数輩御舞臺ニ而庭上ヨリ西段拝礼
内徒士同行之
右相済而
御前ニ而進物出右京大夫以為　右之使御答

畫士
柳之間
軍官
紅葉之間
次官
小童
此ニ付大一菜少料理出於之饗之菜之記
御玄関前橡掛
中官

虎之間
学士
良医
上判事
同所御屏風仕切
軍官
押物判事
書記
写字官

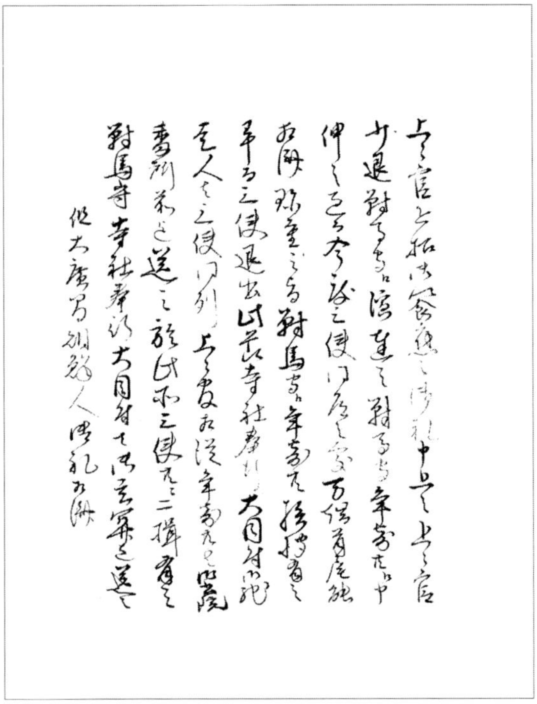

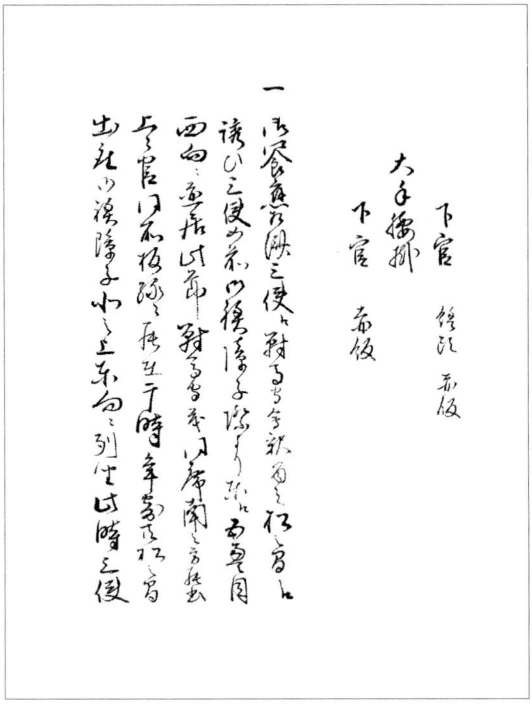

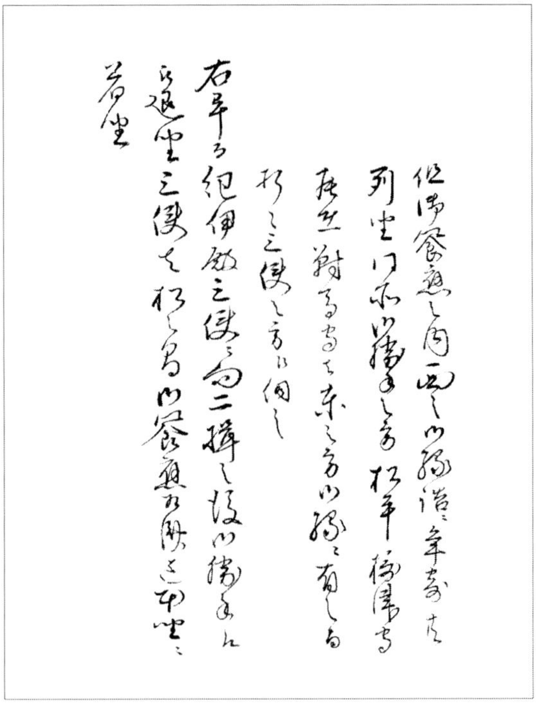

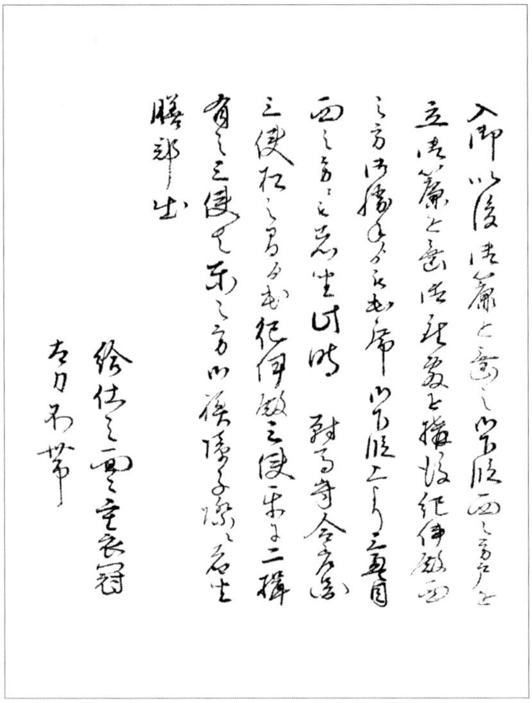

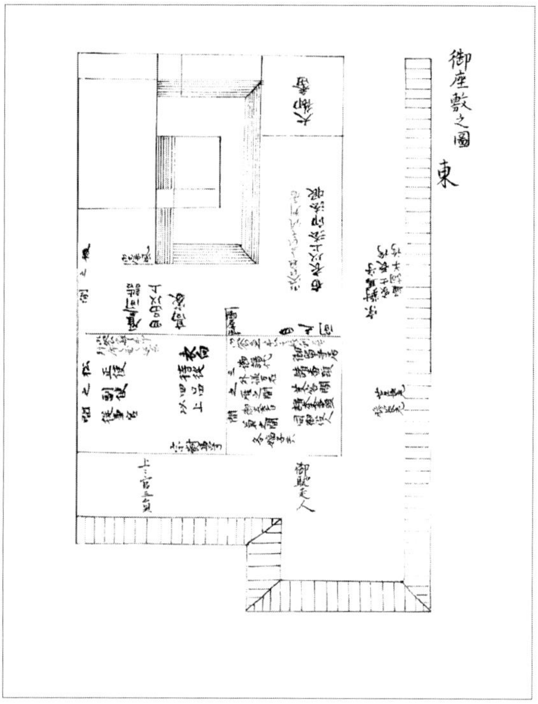

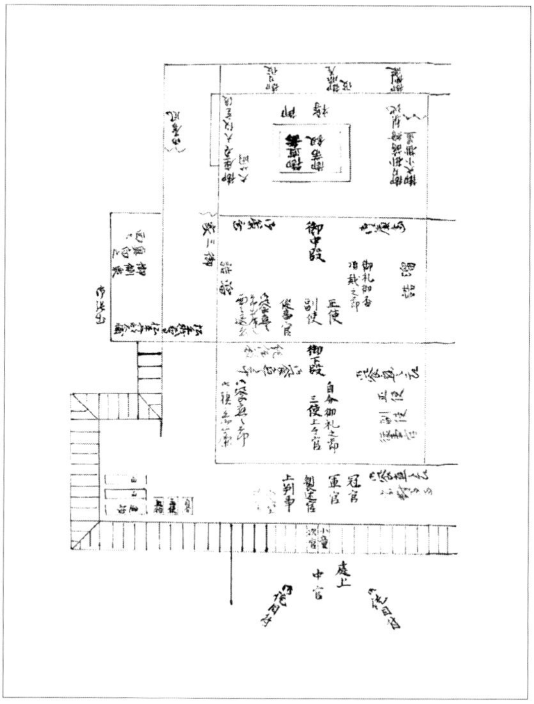

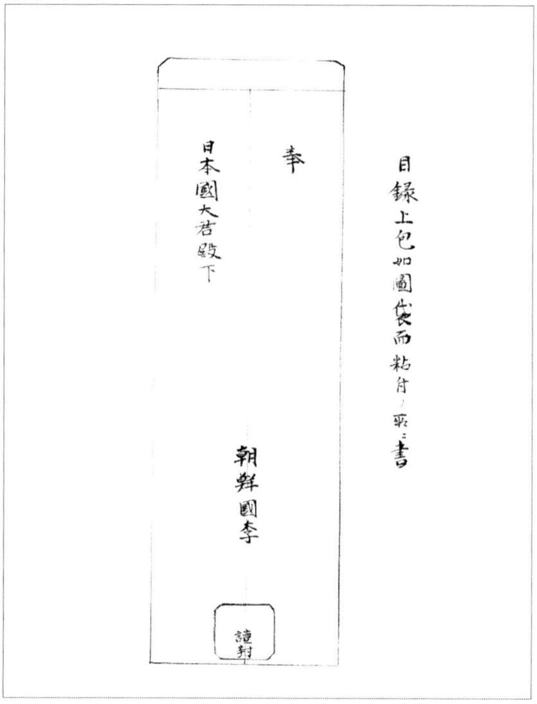

人蔘伍拾觔
大紕子拾匹
白苧布三拾匹
黑苧布三拾匹
白綿紬伍拾匹
生苧布三拾匹
彩花席貳拾張
青黍皮三拾張
色紙三拾卷

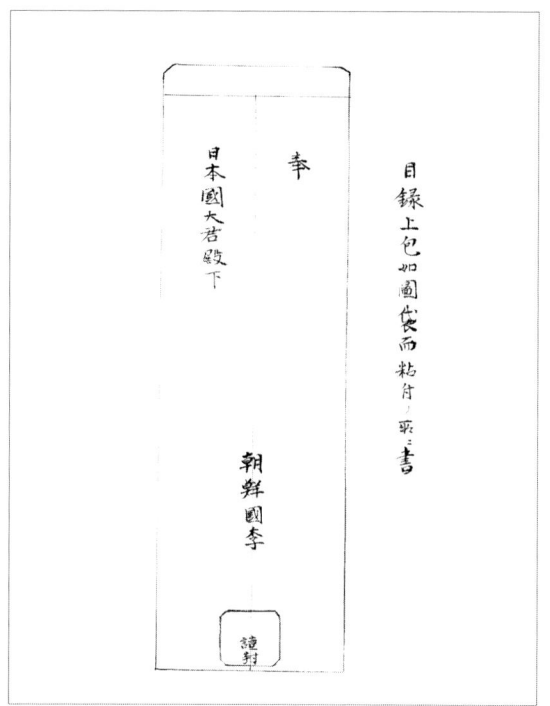

書翰
朝鮮國王李 昑 奉書
日本國大君 殿下
聘信之曠一紀有餘竊聞
殿下纘承
令緒
撫寧海宇其在交好曷勝欽聳
茲循故常亟馳使价致慶修睦
隣誼則然土宜雖薄表遠忱惟

虎皮拾伍張
豹皮拾伍張
清蜜拾斗
黃蜜拾斗
眞墨伍拾笏
各色筆伍拾柄
每紅壹疋
鷹子貳拾連
駿馬貳匹
際

日本國源 家治 敬復
朝鮮國王 殿下
信使遐臻聘儀寔盛就審
起居安寧嘉慶殊深方今以承紹
前緒撫育群黎仍由舊典斯叙
新懽
幣物既厚
禮意且隆乃知敦兩國講信之意
而昭奕世修睦之誼也言將菲品

冀勉懋
前烈
茂膺新祉不備
癸未年八月日
朝鮮國王 李 昑

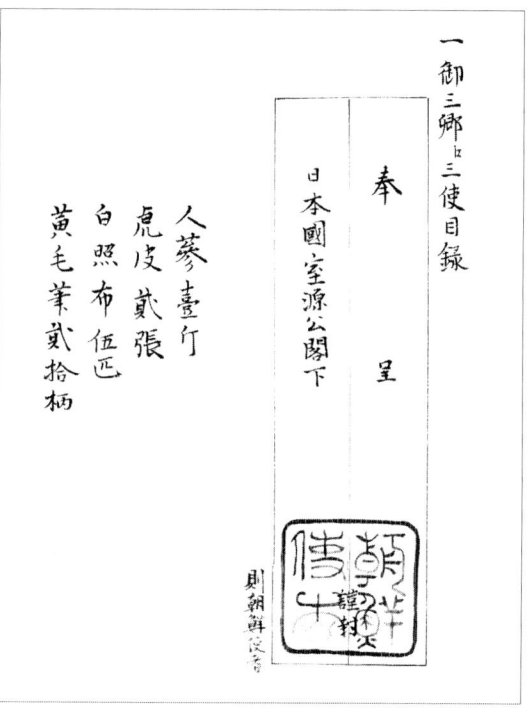

三使自分獻上 銘々
人蔘拾觔
白苧布拾匹
虎皮伍張
除
甲申二月 日
其外進物
右衛門督殿
刑部卿殿
宮内卿殿

附諸使歸惟冀永締鄰好共奉天休不備
寶暦十四年甲申三月 日
日本國源 家治

一 御三卿ゟ三使目録
奉 呈
日本國室源公閣下
人蔘壹斤
虎皮貳張
白照布伍匹
黄毛筆貳拾柄

尾張中納言殿
紀伊中納言殿
水戸宰相殿
松平肥後守
井伊掃部頭
御老中
若年寄
寺社奉行
御馳走人

副使

通信正使

則李仁培印

則趙曮印

眞墨貳拾笏
芙蓉香貳拾枝
鷹子臺連
際
甲申年二月
從事官

則金相翊印

正使
通政大夫吏曹參議知製教
趙曮

副使
通訓大夫行弘文館典翰知製教兼經筵侍讀官春秋館編修官
李仁培

從事官
通訓大夫行弘文館校理知製教兼經筵侍讀官春秋館記注官
金相翊

右同様之
右通詞殿 刑部卿殿 宮内卿殿江三使より之贈也
文字之大サ認方如圖紙之桃色之唐紙之厚紙中
從認壁圖様也 紙之丈ケ大サ從有之上包如例粘封波
有之
三使より以上之此段楮紙之京府奉書より之贈也
御三所より三使回答之節使より白紙ニ而其同
様之大サ唐紙大筆
白銀二百枚
計

書記　三員
押物判事四員
良醫　一員

上々官三員
上判事三員
学士　一員
製述官一員

佯倘(ヨウシヤウ)　三人
別破陣　三人
馬上才　二人
理馬　一人
曲馬乗　二人
騎船将　三人

醫　二員
寫字官　二員
画士　一員

一 老中ロ國王并三使自分進物 老中銘々ロ

虎皮	貳張
白苧布	拾匹
白綿紬	拾匹
黒麻布	伍匹
花席	伍張
油芚	伍部

都訓道	三人	吸唱	六人
下舩将	三人	使令	十八人
礼事通	三人	吹手	十八人
聽通	三人	刀尺	六人
盤纏通	三人	炮手	六人
小通事	十人	毒縣奉持	六人
小童	十八人	刑名旗奉持	六人
節鉞奉持	四人	旗手	八人
一行奴子	六人	三使官奴子	六人

三使登城ノ時金冠朝服玉佩
笏象牙
金毛彫
紗幅
衣ハ三使ハ紅色
繍物 鈴體ノ内ニ有
宗對馬守ニ招請ノ時如圖ノ冠
衣ハ桃色或黄大帯笏ホナシ
廿日 副使ノ紗幅ニシロロナシ

三使自分進物 老中銘々三員ヨリ如此

人参	壹斤
黒麻布	拾匹
色紙	三束
眞墨	拾笏
黄毛筆	貳拾柄
芙蓉香	貳拾柄
扇柏子	壹百顆
白蜜	壹壺

三使
旅中之服
衣浅黄或ハ白

上々官登城ノ服色ハ不定
萌黄浅黄ホ也
製述官
上判事
学士
写字官
各登城唐冠
御三家廻曲馬之節モ同

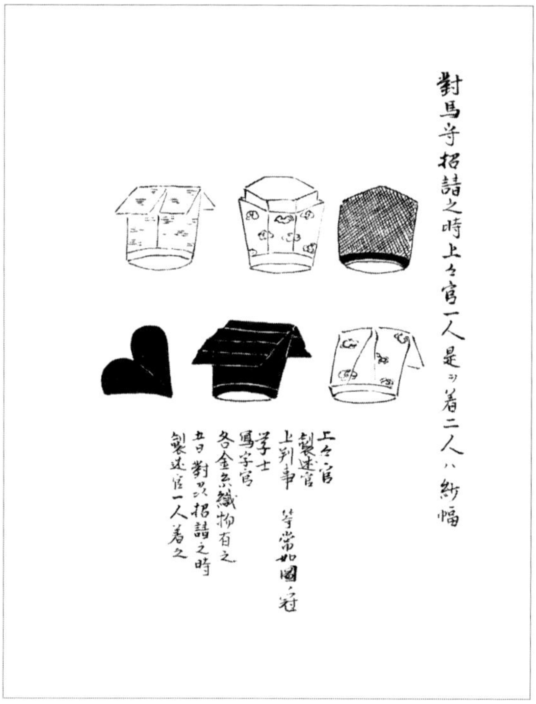
對馬守招請之時上々官一人是ヲ着二人ハ紗幅
上々官
製述官
上判事
学士
写字官
各金糸織物有之
廿日對州招請之時
製述官一人着之
等常如圖之冠

都而衣ノ下ハ如圖
皆白
網巾
縮撮
髻ヲ入テ竿ヲサス

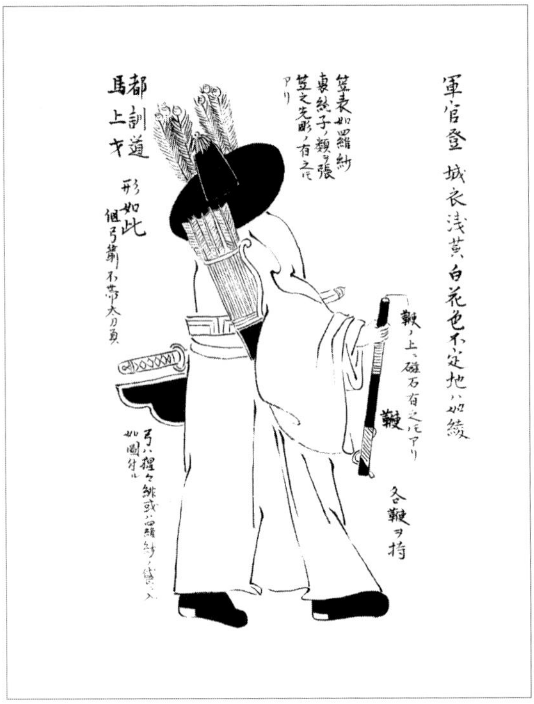
軍官登
城衣浅黄白花色不定地ハ如綾
都訓道
馬上ヤ
形如此

軍官
常之服
都訓道
馬上ヤ
常如圖

都訓道
馬上ヤ
登城ハ如圖衣之色無異
常ノ服ハ軍官常如形ノ
太刀ヲ負
鞭

小童礼服
色ハ不定浅黄花色或ハ白帯黒
皆紙子
浅黄紋
アリ

小童 常之服

吹手礼服
楽人
各赤麻
常ノ服都訓道常之服ノコトシ
中官
使令 吸唱 礼事通 小通事皆同

刀尺 如圖肩ニ掛
上ノ衣紺 但各如鴾紋ヲ掛
白布
白
浅黄
鈴付

下官服
薄萌色
或ハ白

中官以下衣之下如圖

三使
御三家
御献立

本膳
木地蒔絵 通三方
高盛 麁大盃下輪 枚

大重大盃下輪
熨斗盛

上同
蛸盛

小角
蒲鉾 きそく

大重大盃下輪
海月

本大盃下輪
飯

手塩
着落

大重大盃下輪
香物

上同
福目

小角
小桶 わしほ

小角
羽盛

間大盃
菜螺 きそく

右同
汁 大こん 筍すり

小角
鮑盛 露もく

右同
汁 鳥 七切

四ツ目 本地三方

格地紙足付大阪
香味 麺長流り 麺曲りき室 ころんす ころくし

改盃 きんさん 長さきん

小重大盃下輪
鯨足

右同
鯨子

二膳

上同
巻鴉

下輪
貝盛 きそく

間大盃下輪
汁 くしこ むきいも 小牛蒡 大こん 焼そうめん

三膳

上同
干鮎盛

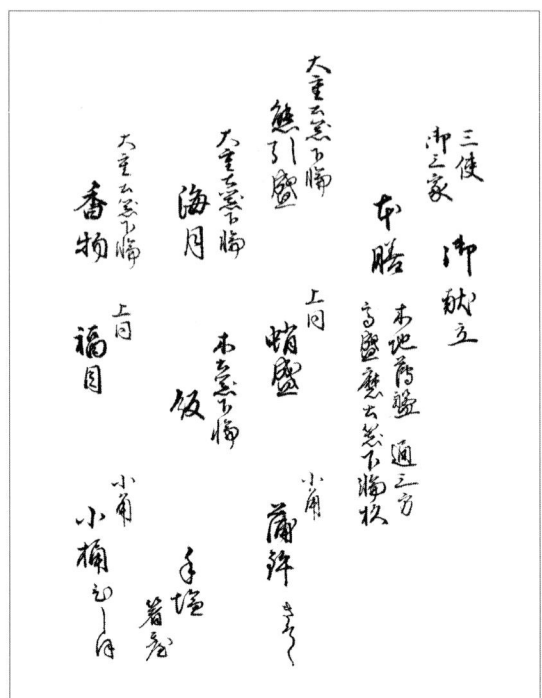

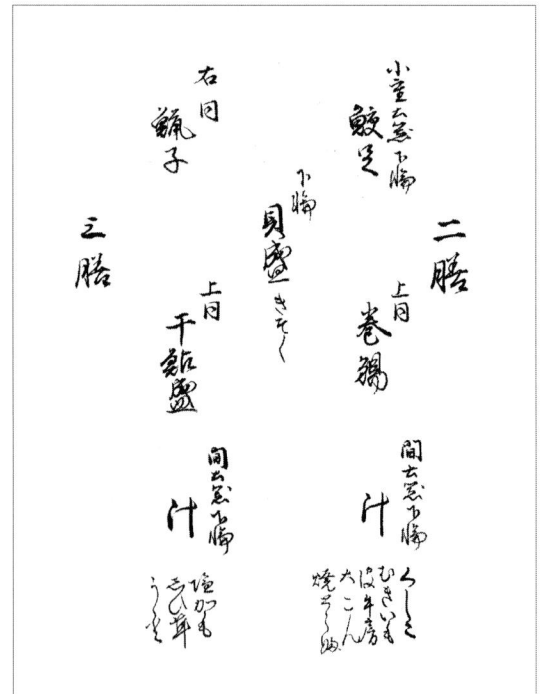

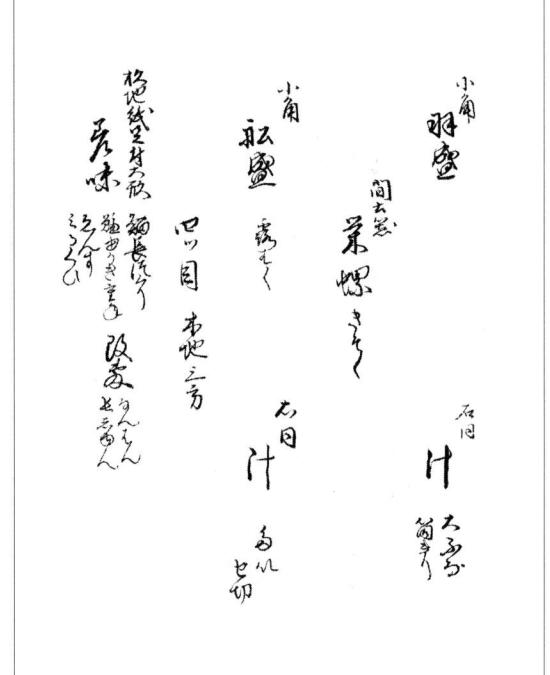

間大盃下輪
汁 塩かも 芝茸 うと

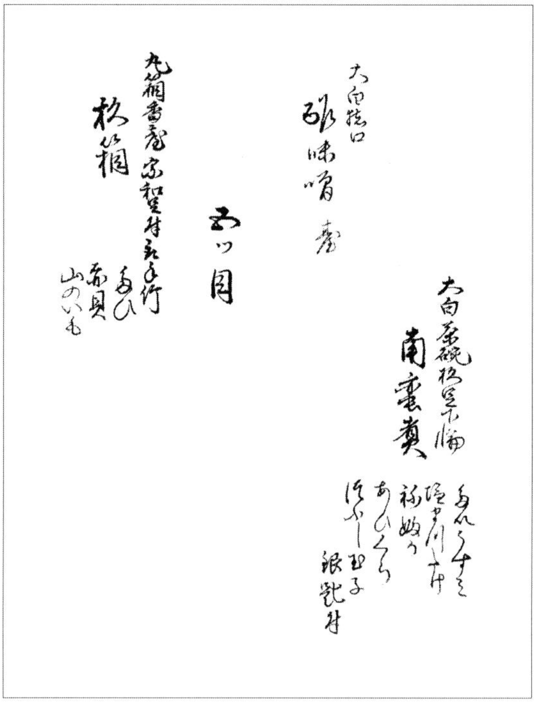

大白猪口

味噌

大白茶碗 杉形 下輪

南蛮煮

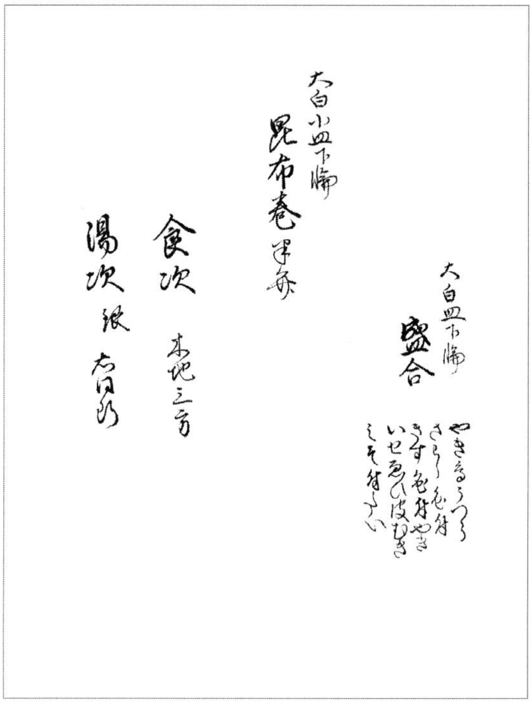

大白皿 下輪

盛合

大白小皿 下輪

昆布巻

食次 本地三方

湯次 銀

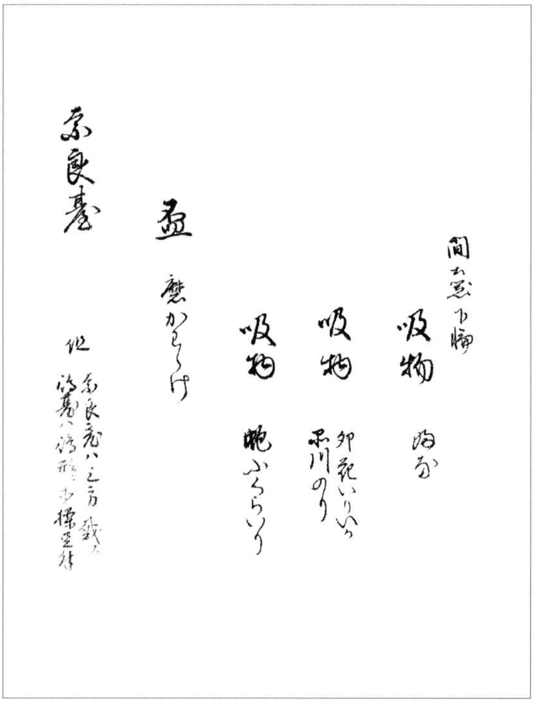

間 大皿 下輪

吸物

吸物

吸物

盃

奈良台

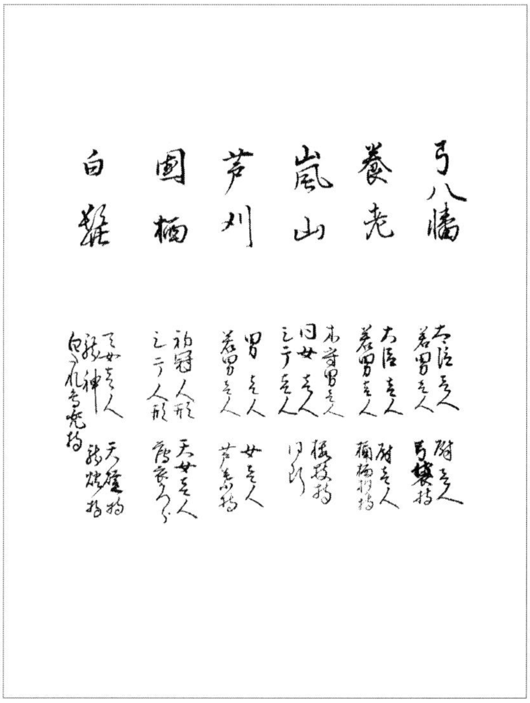

弓八幡

養老

嵐山

芦刈

国栖

白鬚

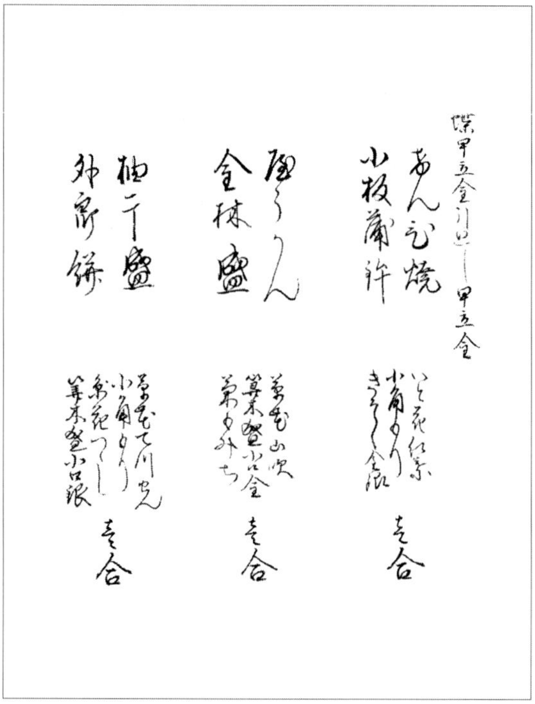

あんぺい焼
小板蒲鉾
壱合
金柑盛
壱合
柚子盛
外郎餅
壱合

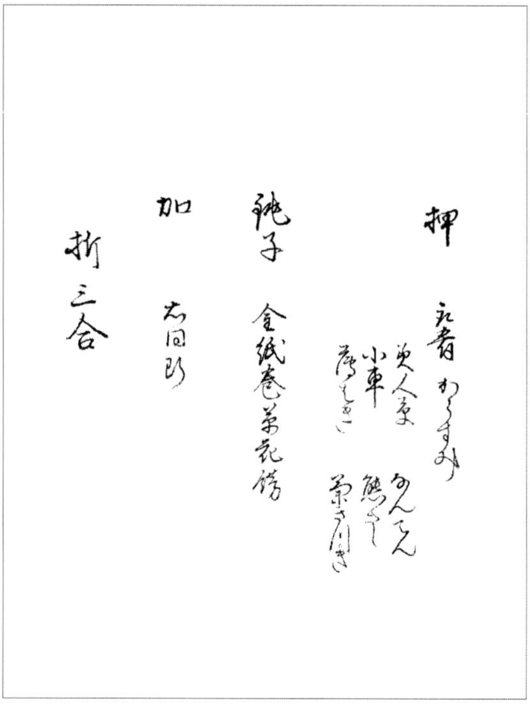

押
銚子
金紙巻
加
折三合

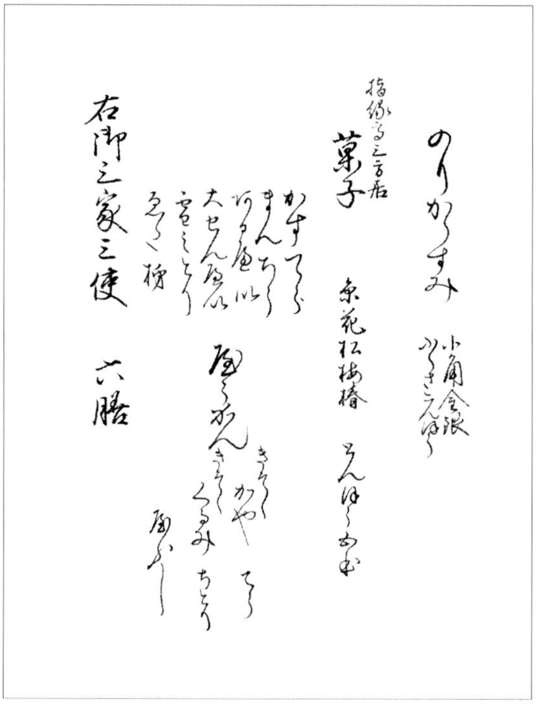

のりかすみ
菓子
右御三家三使 六膳

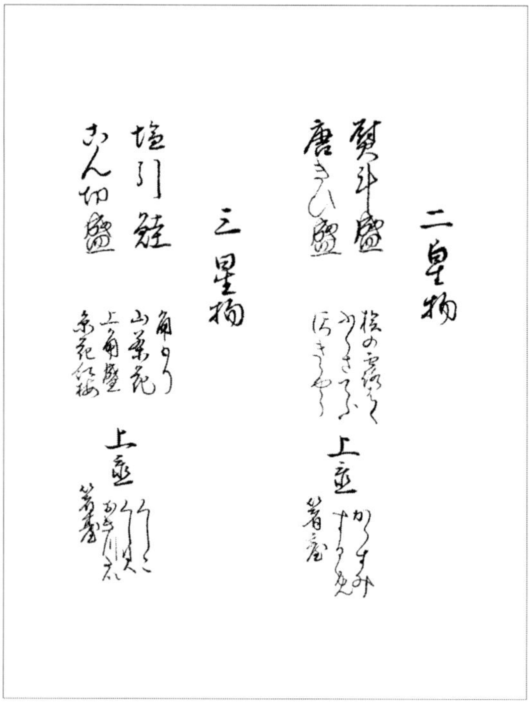

二皇物
唐きび盛
上盃
三星物
塩引鮭
おん切盛
上盃

御田　田植二人　烏帽子人形之人
同押　はやん　苟茶　老喜　山吹
菓子九種
上判事　学士　良馨　外指　九角板之打之蔵　麿餅之付小貝
七五三御献立右同断　但　菓子臺　星の物不出

与宮
七五三御献立右同断　口膳　但星物之不出
奈良臺
羽衣　稚人二人　女之人天冠
金札　大臣二人　男之札胸冠金札
難波　白之札之咒之人　大臣之人天女之人　右数

呉服　作り物機大臣之人　天女糸之くり物
黒塚　作り物糸くり山伏之人　尉形鉄杖杖物
小塩　作り物花車之人形　尉之人杖物
同押　かきつばた　但雁田り　化老花　かいとり　桔梗　ひもかし　あつみ
菓子九種

鴻臺
山の井　作り物いこ車大臣之人　女之人柄物
絵馬　作り物絵馬物之人　男之札鹿冠之人
羅生門　作り物羅生門人形　男之札鍬形人形
加茂　作り物矢天女男之札　鹿冠

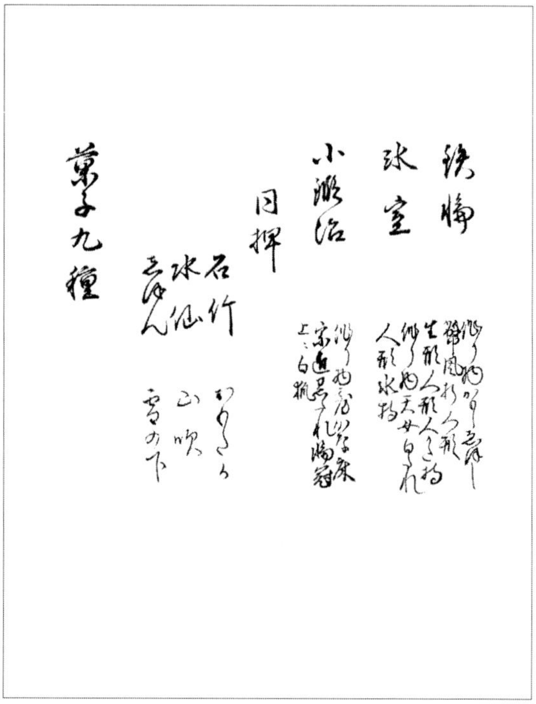

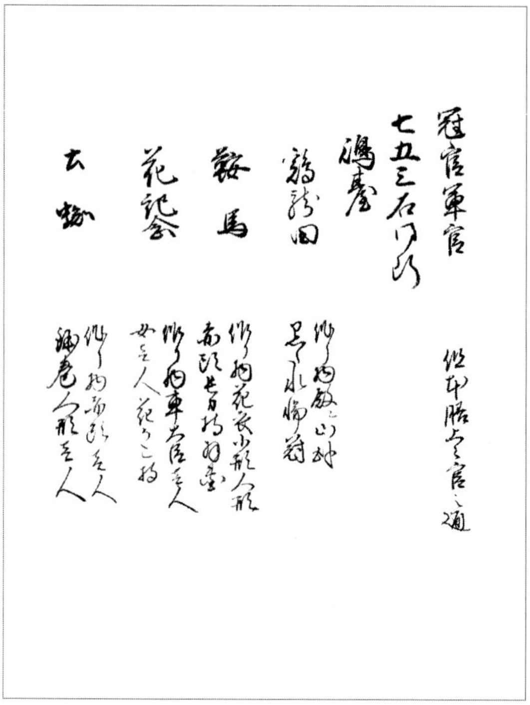

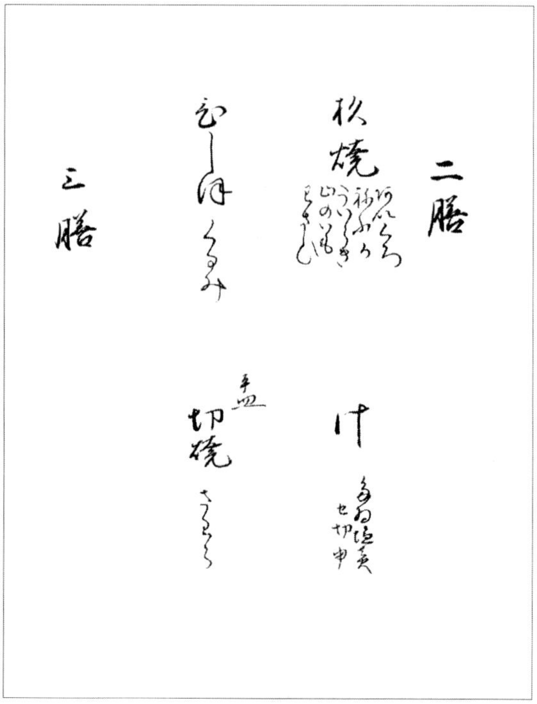

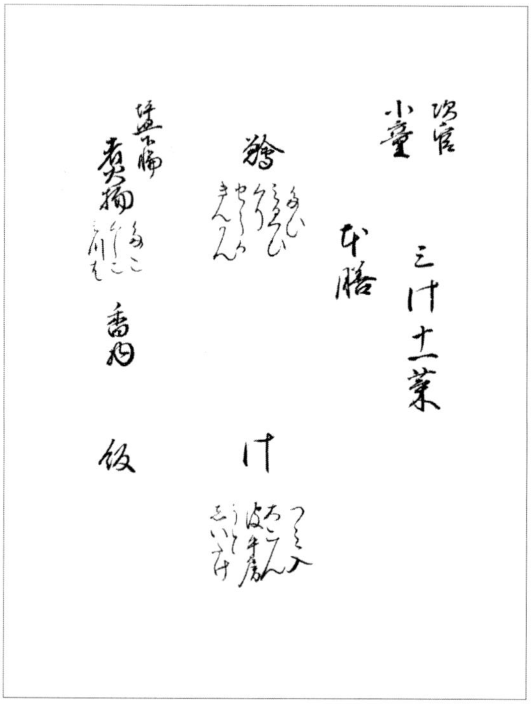

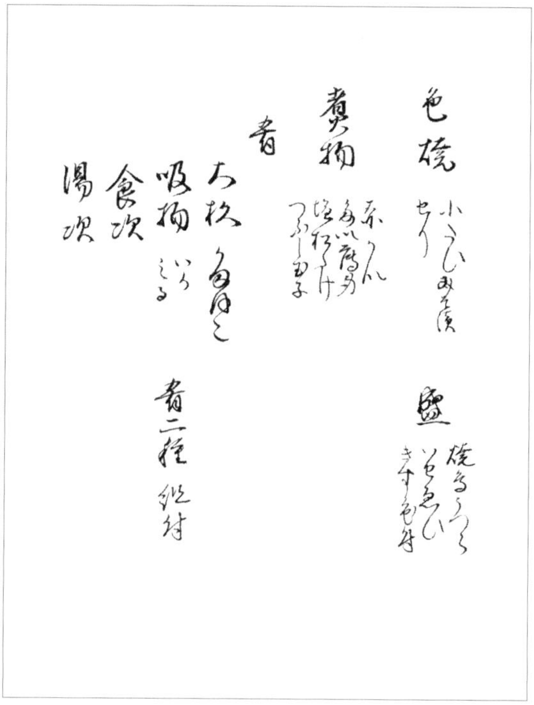

煮物
香
大根
吸物
食次
湯次
盛
香二種

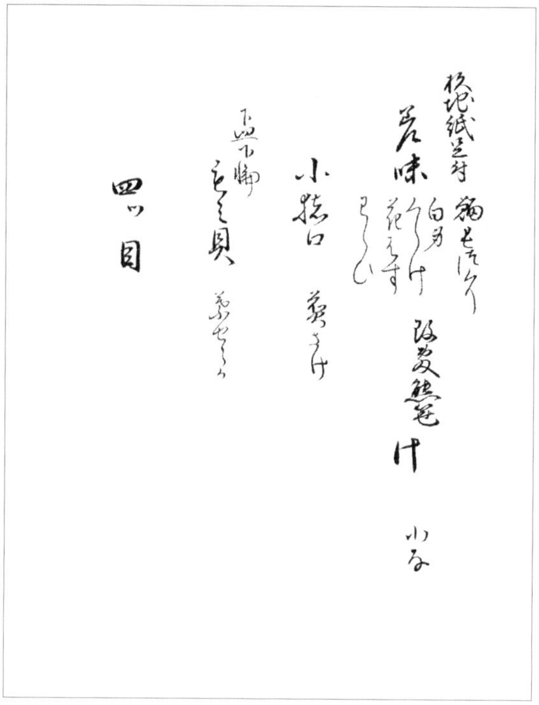

小猪口
四ツ目

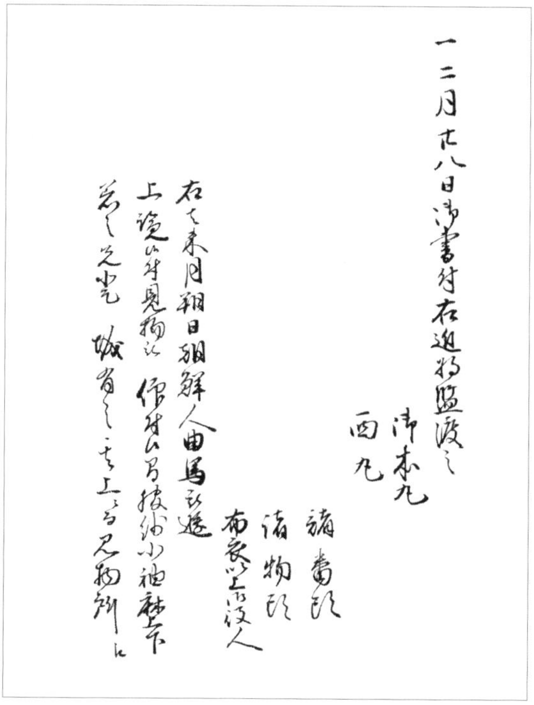

一 二月廿八日御書付右近将監渡ス
御本丸
西丸
諸番頭
諸物頭
布衣以上之役人
右ハ来月朔日朝鮮人曲馬被遊

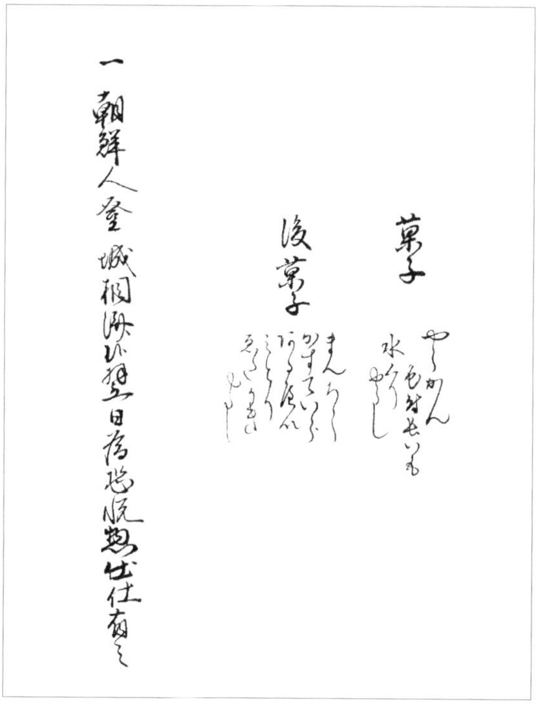

菓子
やうかん
水くわし
後菓子
まんぢう
一 朝鮮人登 城

可被成儀ニ付右之趣證書之通可申渡候
御用有之節ハ種々ニ不及ニ別段之儀を
大目付衆目付ニて承合候
右之趣向之ハ可被成旨達候

二月
朝鮮人曲馬
上覧之節見物之
御目付へ可申
右達候條迄之覚

可被成儀ニ付右之趣證書之通西之丸ニ而相
成候ニ不及ニ見物不致様可被成儀ニ付様子次第相成候
大目付衆目付ニ可承合候
御本丸
西丸
御目見以上之役人
右同断役付小納戸麻上下着之田安清水御門
半蔵御門清水御門之内内向着座可
席ニ而見物不致様右之御門ニ而承合

一 目付役共内ニ而退散之節心得之事
一 布衣以下之役人證書方之儀を半蔵御門
田安御門清水御門右之ケ所之御門之内ニ而
役衆之御門通之ニ而成候右場所之役目付
之小人目付衆出通ニ而承合見物所ニ於
成儀之事
一 半蔵御門田安御門清水御門ケ所三人宛
可被成儀之節手傘等用候事
一 万石以上以下共布衣以上之役人見物不致

一 万石以上以下共布衣以上之役人并供
御門迄以上見物不致様被成儀侍二人草履
取之人両之節之傘持之人召連
右供廻之儀紅葉山下御門之内之人
計以上見物不致候儀之事
一 退散之節も紅葉山下御門之人計
座敷又蓮池御門通大手御門桔梗御門
向之退散之事
一 紅葉山下御門之見物不致之目付衆小人

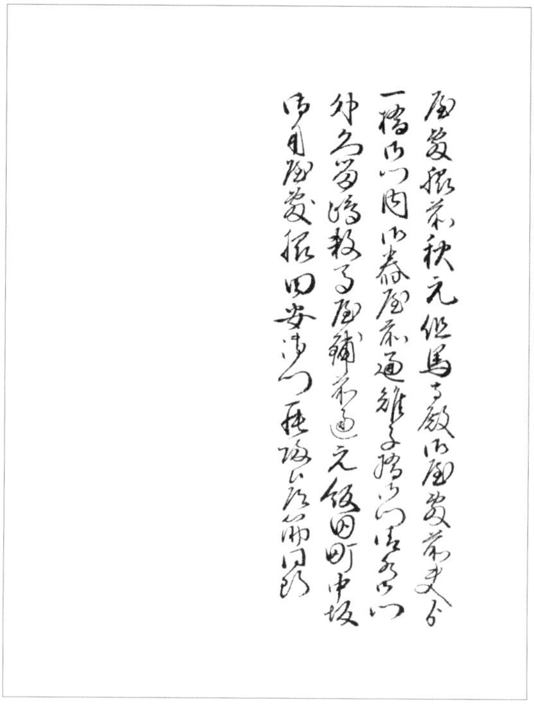

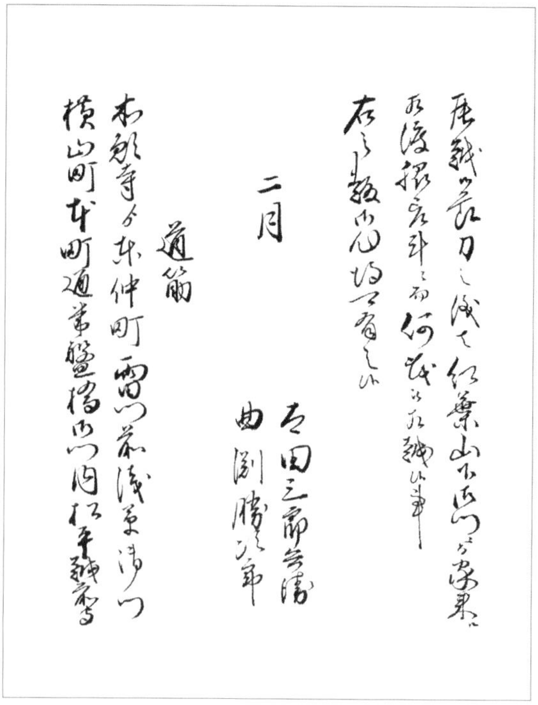

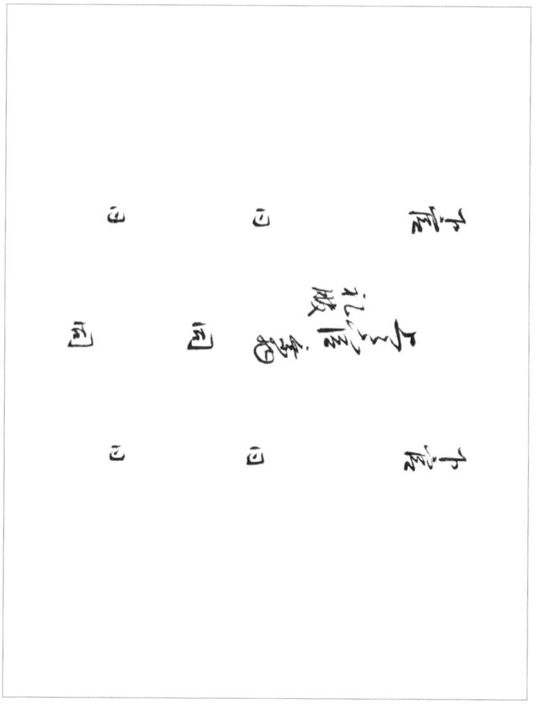

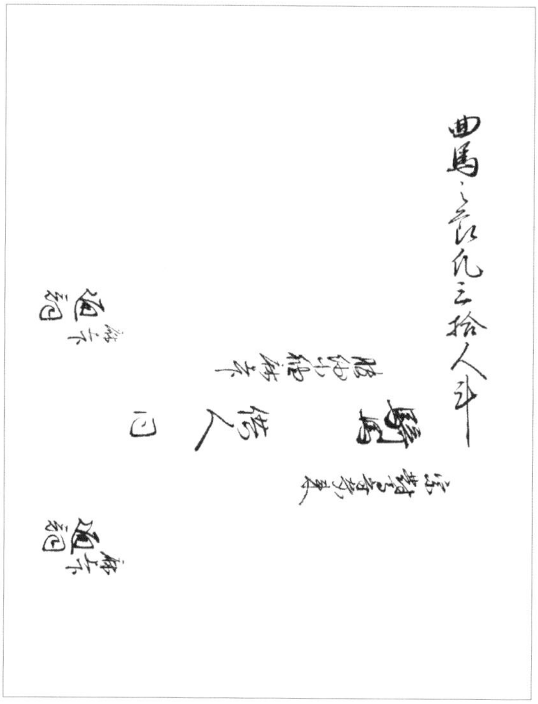

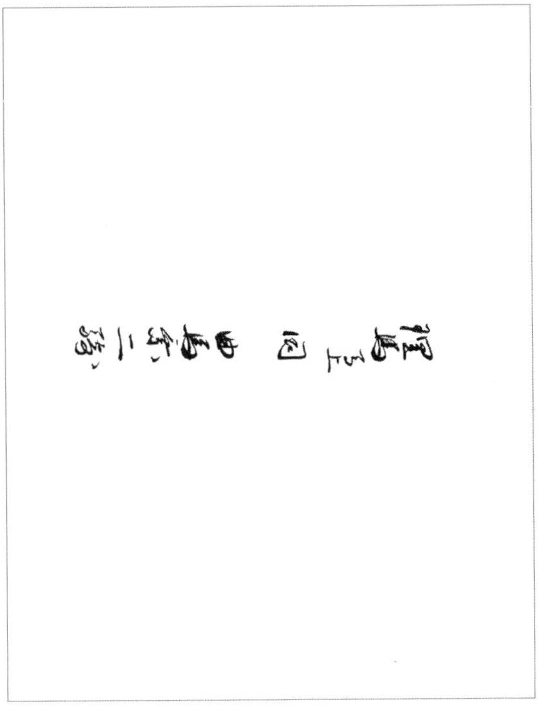

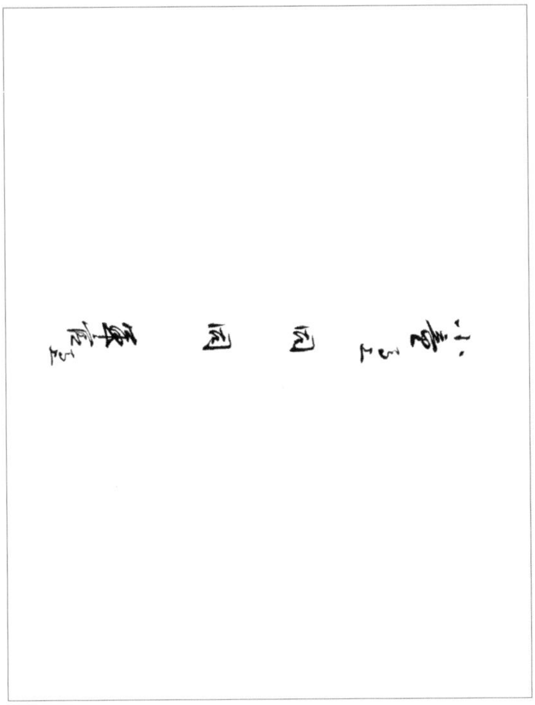

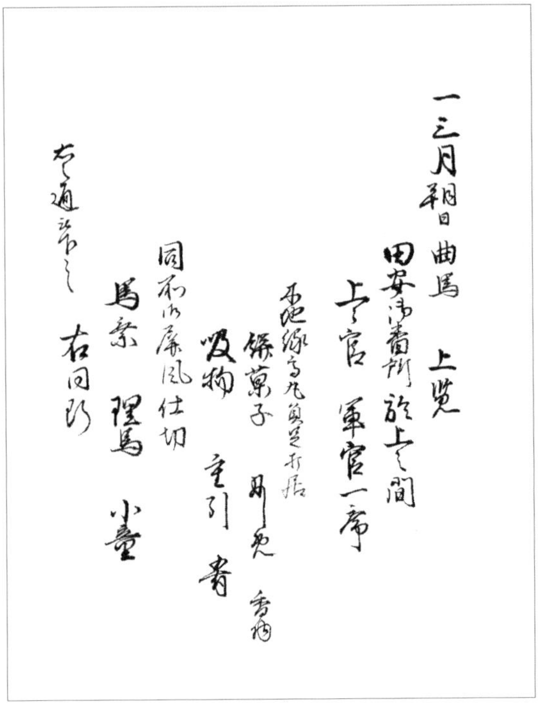

一 三月[illegible]日 曲馬 上覧
田安御番所於上之間
上々官 軍官 一席
[illegible]
御菓子 [illegible]
吸物 [illegible] 肴
同御座敷屏風仕切
馬[illegible] 理馬 [illegible]
右同断
[illegible]

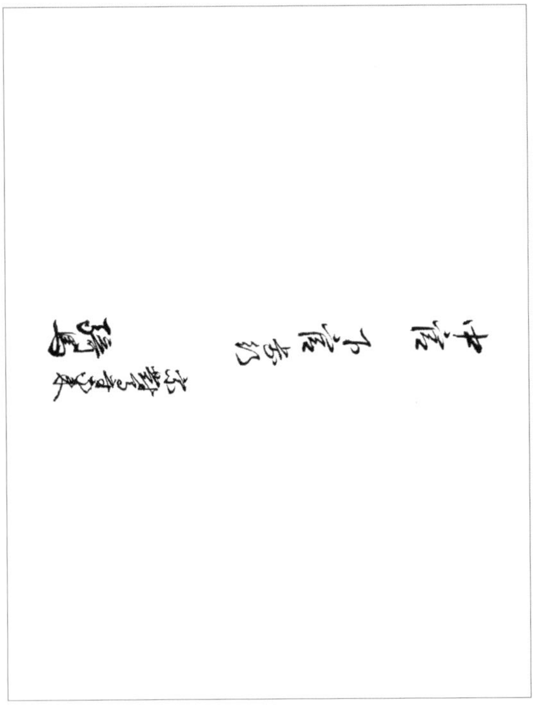

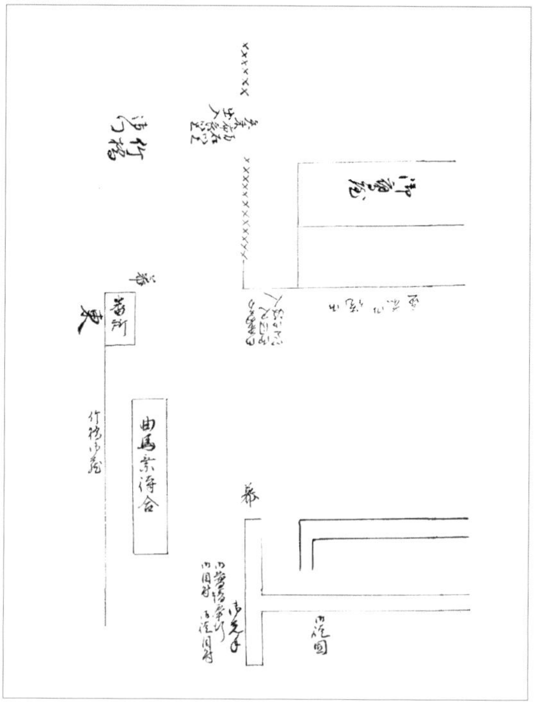

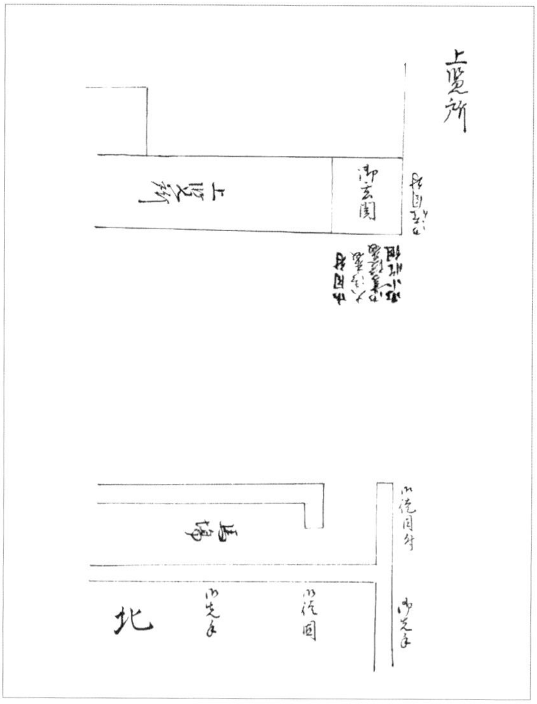

一 三月五日對馬守亭江三使招請
當執持
細川越中守
有馬上總介
藤堂和泉守
溝口出羽守
三使與表門内江入白洲中央ニ而宗對馬守江
對馬守用人五人布衣ニ而出迎一揖有之玄関ニ
至玄関家老五人布衣ニ而出迎二揖有之

右曲馬
馬上立　立一さん　左右七字
馬上御之　逆立　馬上仰卧
横乗　沈裏返り　見かへり
貫通　双騎馬　双馬
等也

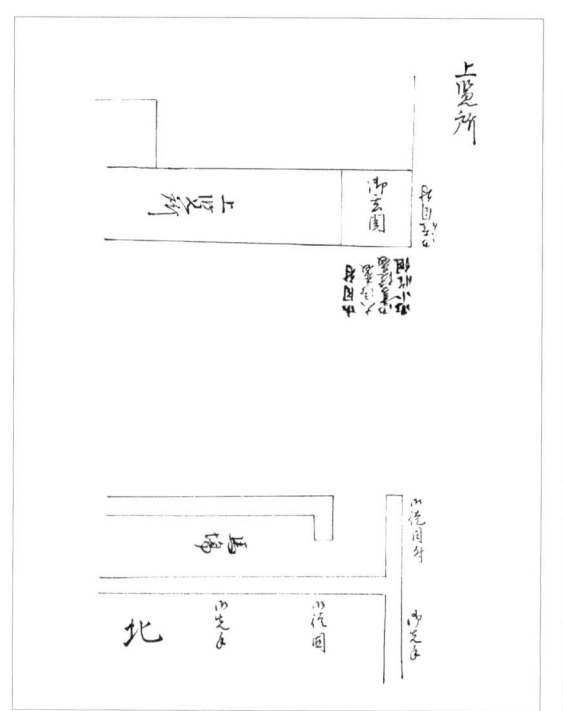

三使對馬守・兩長老ゟ出
提子熨斗

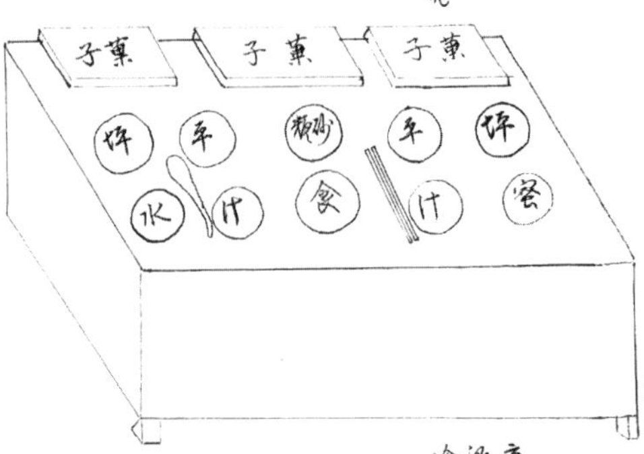

高三尺程
源御紋
塗椀

座敷ニ而時對馬守・兩長老三使ト書院迄
廊下ニ而逐二揖有之、同道ニて書院ゟ出院
入口鋪中ゟ上段和泉守出
對揖、書院ニ着席、和泉守上官以下中官
迄拝礼有之、夫ゟ三使附書院ニ出
饗應有之、對馬守・兩長老相伴、其所ニ
右之人々相揖之、大名出席、會釈有之
上官之之間ニ…席ニ…次官
中官小童ニも二汁七菜料理出

次
俵藤太百足退治
片桐ゟかゝり
次
たまの曲
次
まりの曲
又
松井源水

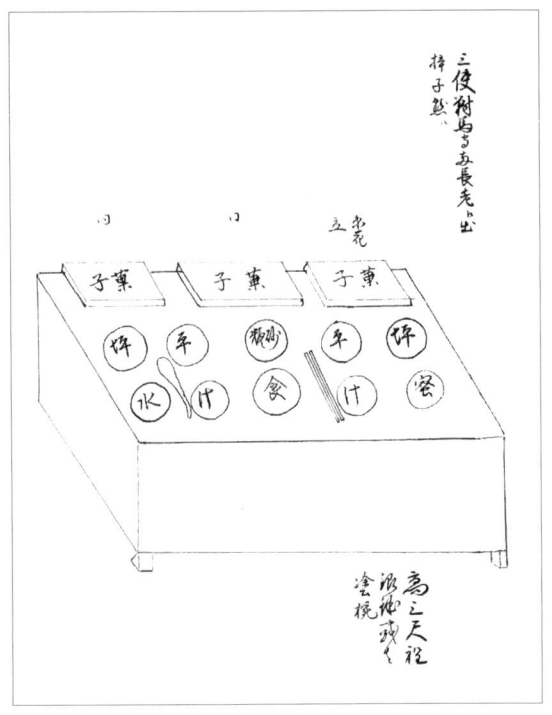

帰路和泉守
三番叟　人形
初
次
おやま道成寺
次
金時山ノ之人
大佐座

一 三月七日　上使

松平右近将監

松平右京大夫

御返翰御進物差上之三使え被下物

一 御屏風　二拾双

一 鞍皆具　二拾通

一 大卓　二鋪

一 紗綾　二百端

一 縮綿緞　百端

猿巴し

以上

公方様より

一 白銀　五百枚

一 綿　三百把宛

一 白銀　弐百枚宛

一 同　五拾枚宛

一 同　三拾枚宛

一 同　五百枚

一 同　千枚

一 同　百枚

一 同　六拾枚

三使え

上々官え

上判事え

学士え

上官押官小童え

中官下官え

馬藝者二人え

射藝之者え

一 色紬二重　百疋

朱海扇　拾把

右之旅館茶屋船被仰付被下之

[illegible]

一 白銀 三百枚
時服 三十
御刀 一腰 御刀代金千貫
御馬 一疋
[illegible] 宗 對馬守
同家来 平田将監 古川大炊 多田監物
銀子三十枚 時服十 充
諸向ゟ朝鮮江餞物如左
一 白銀二百卅枚充 田安
同 二百枚 三使江 清水ゟ
六拾枚 上官江 一橋

一 同 百枚
上々官 軍官 次官 小童 江
右曲馬之者共於殿中拝領被仰付之
一 同 百枚
時服 十 長老二人江
右朝鮮人共於殿中拝領被仰付之

一 同 四拾枚充
一 同 拾枚
右同代
板倉佐渡守
小出信濃守
松平播磨守
水野壱岐守
酒井石見守
松平和泉守

一 同
右同
一 同 六拾枚
一 同 百三拾枚充
尾張殿
紀伊殿より
水戸殿
酒井雅楽頭
松平右近将監
秋元但馬守
松平右京大夫
松平周防守

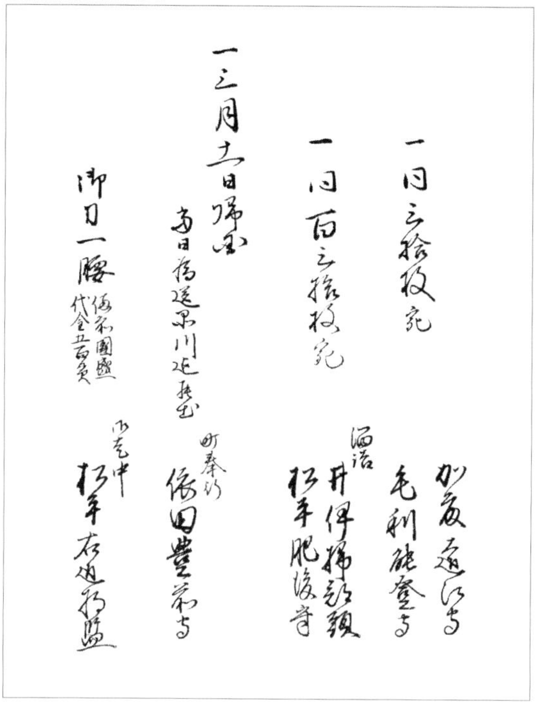

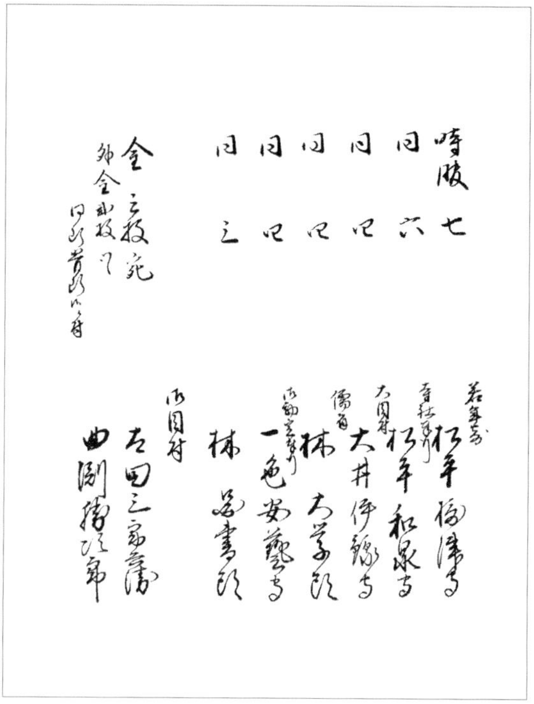

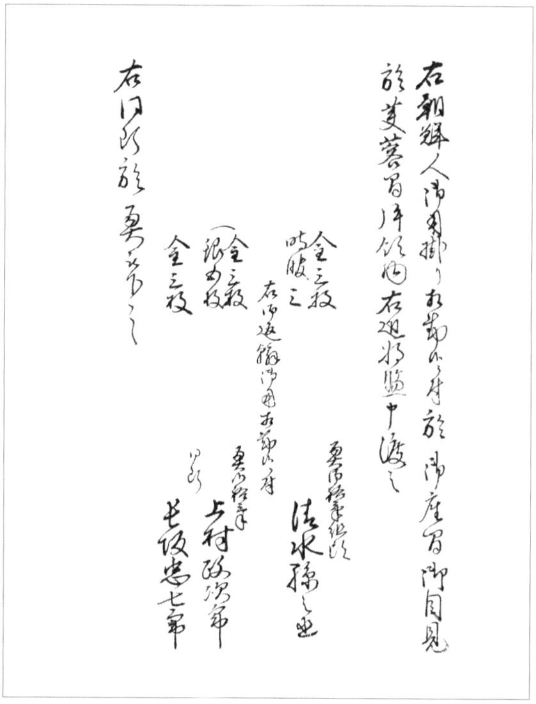

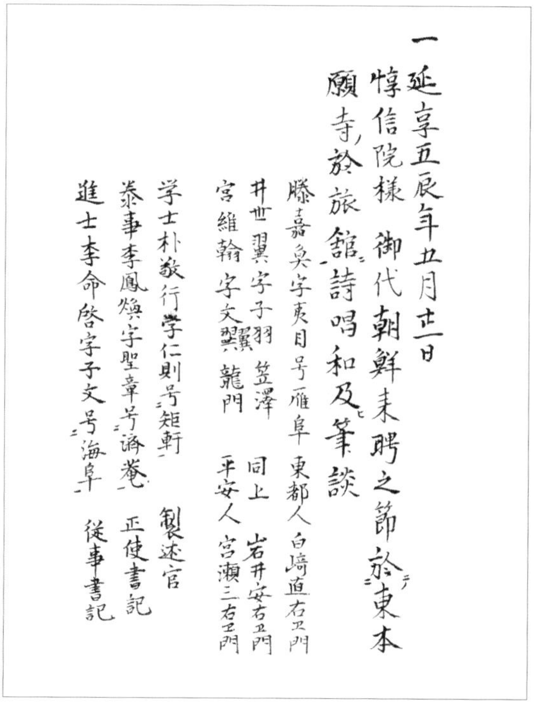

一延享五戊辰年五月廿一日
惇信院様 御代朝鮮来聘之節於東本
願寺於旅館詩唱和及筆談
滕嘉奐字虞目号雁阜 東都人 白﨑直右衛門
井世翼字子羽 号笠澤 同上 岩井安右衛門
宮維翰 字文翼 号龍門 平安人 宮瀬三右衛門
学士朴敬行字仁則号矩軒 製述官
泰事李鳳煥字聖章号濟菴 正使書記
進士李命啓字子文号海皐 従事書記

之矣方為延日大守雙鏃如舊耳
岩井氏
告矩軒
我
邦上古郡縣海内一倣漢唐之制
故 天朝春宮学士滋野貞主所撰經
國集詳載其策問對策文我 神祖受
命撥乱反正混一海内立諸侯分四民
大似三代封建之制唯其制無復五等
三等之目然公輩自對馬至東都所經
歷者往々諸侯封邑也而我邦

問矩軒 白崎氏
自明暦天和至正德享保諸聘使詩及
皆集録行于世余毎讀之以製述官青
泉申公詩為巨擘余獨不稱之哉 邦
老詩者亦為東来第一其詩格調秀穩
風度可思不知申公無恙乎余不堪慕
藺之情云
答 矩軒
青泉詩果如所教氣雄而語壯足下得

問濟菴 東海
公等今日所冠其名如何衣袍亦有所名乎
又本月朔日三使臺所冠及衣袍其名如何
六日應對馬侯招時衣冠與先所見者異請
詳聞焉
答 濟菴
矩軒卧龍冠僕東坡冠海皐高後八卦冠
三使大人金冠朝服玉佩閑居綸巾深衣
見馬守時紗帽團領

天皇歷世都于山城諸侯皆襲封大夫皆
世禄士之子恒為士農之子恒為農工商
亦然是以絶無及第科場之或可知也如
不佞世翼世禄于一侯家亦唯區々武人
幼好学誦其詩讀其書竊爾娛斯文遂有
所志而去當今時卑陋如僕亦無落第之
恥是為多幸耳嗚呼公等射策第一豈不
愉快哉欽羨々々

奉呈朴矩軒　龍門
知君奉使有輝光冠蓋軒々出玉堂
文獻一時傳舊德雄豪萬里競先鳴
轉親醇醲周郎美　惹風流荀令香
何是詩篇當贈貽紵七襄終日未成章

奉和宮龍門　矩軒
出使衣冠萬里光風流文墨繞禅堂
欲随天外溟鵬徙誰禁風前代馬鳴
蒲岸琪光猶屬旁隅蘺珠芰細分香

問海皐　龍門
騎吹中所用之絃貴国以何名爲
答　皐
騎吹所用絃即嵇琴
又問　龍門
騎吹中小管似笳者何
答　皐
似笳小管者太平簫

旌旆遥指瀛洌色　舟楫猶連韓國雲
應笑郵鳴兼犬吠　始看鶴立出雞群
定知桂樹攀来後　倚馬声名誰似君

奉和井笠沢　海皐
薄達惆悵人臨別　敍錦題江爛纈文
歳月蒼茫憑逝水　山川今古有帰雲
留人蜃市自如奇　倚釼午　氣不群
常得憚声牽別恨　落花時節更思君

奉呈朴矩軒　雁皐

華津帰路當三伏　原隰空吟四牡章
奉呈李濟菴　白崎雁皐
雲敞鴻臚星水限　天南昨夜使星閒
漢家樂府推都尉　自是河梁賦別戈
奉咊滕雁皐　濟庵
武昌城郭紫瀾隈　仙客相逢画硯閒
人傑地𠔿風土別　富山千疊孕奇戈
奉呈李海皐　笠澤
萬里乗槎滄海分　呉鈎紫氣犯星文

正使洪啓禧驛旅吟題富山
獨立巍々白玉巒中天積雪夏猶寒
五雲佳氣連金闕雄治扶桑萬歳安

國忌

二月 十七日 廿四日 三月 二日 廿四日 廿日
四月 七日 十五日 五月 四日 八日 十日 廿四日
六月 八日 廿七日 廿八日 廿九日 七月 十日
八月 十三日 十四日 十八日 廿二日 廿五日 廿六日

知君經術一時傳銜命星軺向日邊
自有握中明月色携来燦爛滿瓊筵

奉和藤雁皐 矩軒
蓬莱春色有詩傳夢入層濤萍藹边
淋漓文墨風流會只恨逢場是別筵

筆語告諸公
諸公迭唱意則可感而僕輩十餘日
来疲於酬應至廢寢食意倦神敗
恐難再酬恕諒焉

朝鮮王書翰

朝鮮國王李吟 奉書
日本國大君 殿下
聘問之曠今垂卅載遡承
殿下紹有
基圖
撫寧方域
休聞所及欣聳豈已致敬修睦於禮

九月 八日 廿三日 十月 廿六日

其外三使自分忌日有之

耑使 小使也

膺ハ親也 洪ハ大也 祉ハ福也

則然肆遣耑价用展鄰誼不腆土宜
仍表遠忱惟冀
益敦舊好
永膺洪祉不備

丁卯年十一月

朝鮮國王李 以德爲政 印 昑

御返翰

日本國源　家重　敬復
朝鮮國王　殿下
聘問修好書辭通信就審
起居恭寧寔切嘉慶迺今聞誕保
前緒以固
邦基仍率舊章爰叙新懽
幣儀既多

禮意兪深所以彰兩國交際之誼蓋知永世
講信之厚也聊將土宜附諸歸使惟冀
親睦無違休祥可期不備

日本國源　家重

寶暦十四甲申六月十三日明和攺元

참고문헌

사전

『日本國語大辭典』

『日本人名大辭典』

『日本歷史地名大系』

『國史大辞典』

『古文書字典』

『デジタル大辞泉』

『官職と位階』

『役職讀本』

『한국전통지식포탈』

『한국고전용어사전』

『두산백과』

『한국민족문화대백과사전』

조선시대 대일외교 용어사전 : http://waks.aks.ac.kr/rsh/?rshID=AKS-2012-EBZ-2101

JapanKnowledge Lib : https://japanknowledge.com/library/

The 能.com : https://www.the-noh.com/sub/jp/index.php?mode=dic

https://tei1937.blog.fc2.com/blog-entry-686.html?sp

http://kitabatake.world.coocan.jp/rekishi40.html

https://www.honganji.or.jp/docs/about/kantou02.shtml?pScasakusa02

https://wako226.exblog.jp/16483689/

사료

『邊例集要』『조선왕조실록』

『寛政重修諸家譜』『通航一覽』『江戶名所繪圖』

단행본과 논문

田中健夫[編],『善隣国宝記 · 新訂続善隣国宝記』, 集英社, 1995

田代和生,『新 · 倭館ー鎖國時代の日本人町ー』, ゆまに書房, 2011

田代和生,『近世日朝通交貿易史の研究』, 創文社, 1981

荒野泰典,『近世日本と東アジア』, 東京大學出版會, 1988

鶴田啓,『対馬からみた日朝関係』, 山川出版社, 2006

尹裕淑,『近世日朝通交と倭館』, 岩田書院, 2011

三宅英利,『近世日朝関係史の研究』, 文献出版, 1986

三宅英利,『近世の日本と朝鮮』, 講談社, 2006

仲尾宏,『朝鮮通信使と徳川幕府』, 明石書店, 1997

辛基秀,『朝鮮通信使往来』, 労働経済社, 1993

구자현 · 아소나가 가즈키 · 다지마 테쓰오,『시모노세키시립역사박물관소장 조선통신사등성행렬도』, 민속원, 2018

나카오 히로시 지음, 유종현 옮김,『조선통신사 이야기』, 한울, 2005

부산광역시사편찬위원회,『부산사료총서26 국역통신사등록Ⅶ』, 산지니, 2019

윤유숙 편『근세한일관계 사료집Ⅲ-1607년 · 1624년 조선통신사 기록』, 동북아역사재단, 2019

池内敏,「天宗殺害事件をめぐる徳川幕府と対馬藩」,『ヒストリア』132, 1991

윤유숙,「조선후기 문위행(問慰行)에 관한 재고(再考)-1635년 사행 및 막부의 재정원조를 중심으로-」,『한일관계사연구』50, 2015

참고자료 1

1. 1763년 조선국왕 국서. 49.9×117.3㎝ 도쿄국립박물관 소장

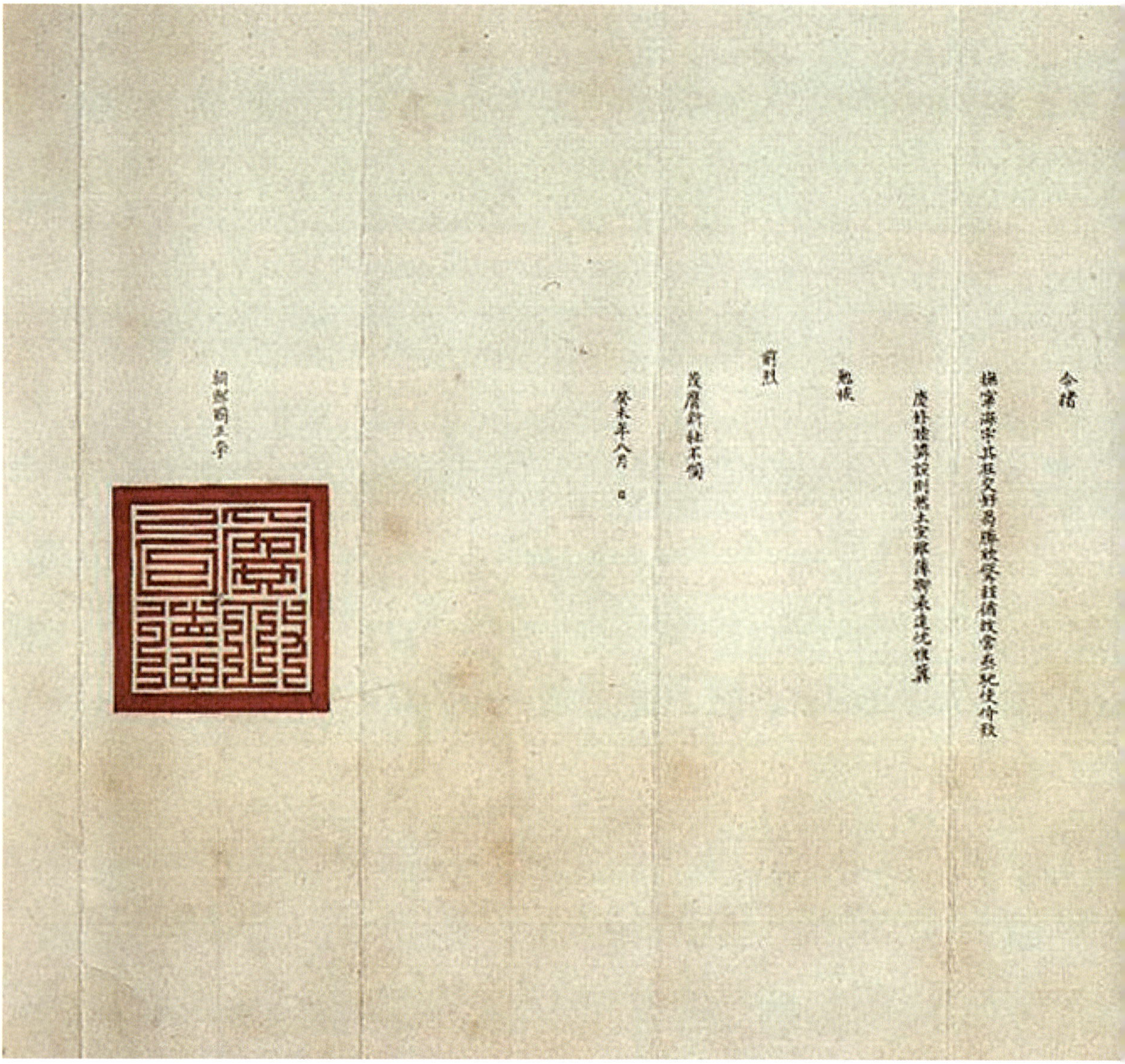

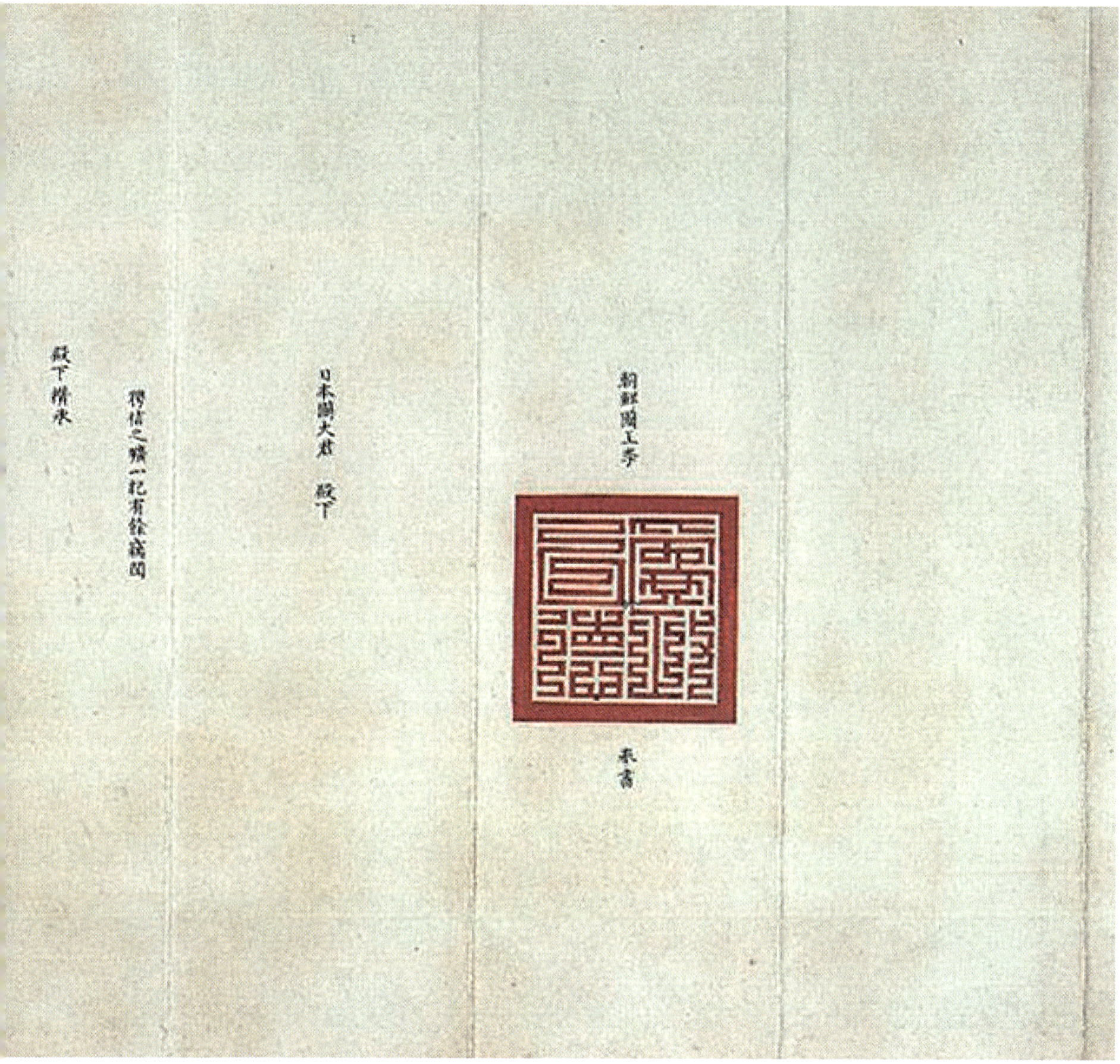
朝鮮國王李 奉書
日本國大君 殿下
聘信之續一紀有餘竊聞
殿下積承

2. 1763년 조선국왕 국서(별폭). 49.8×118.4㎝ 도쿄국립박물관 소장

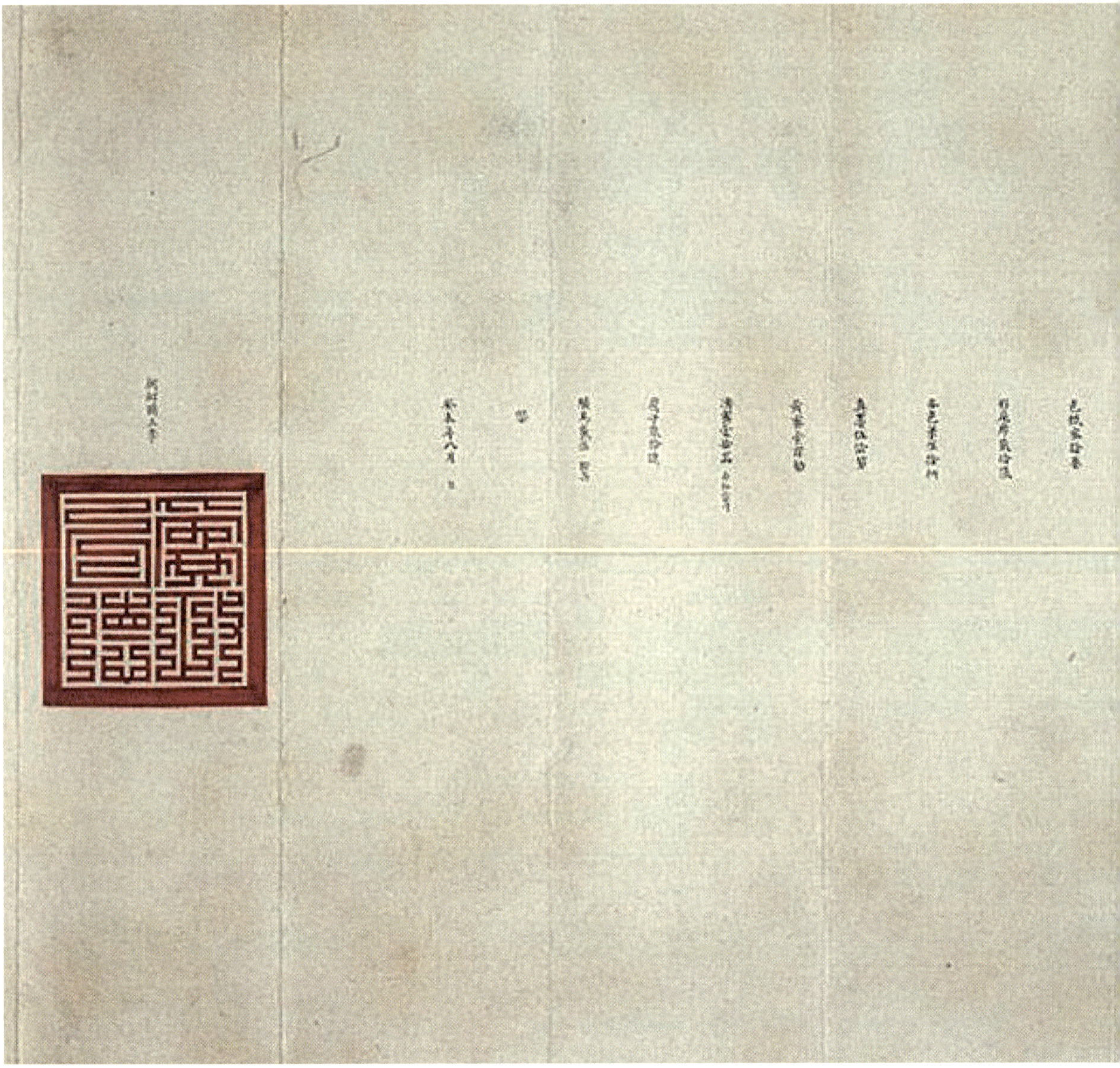

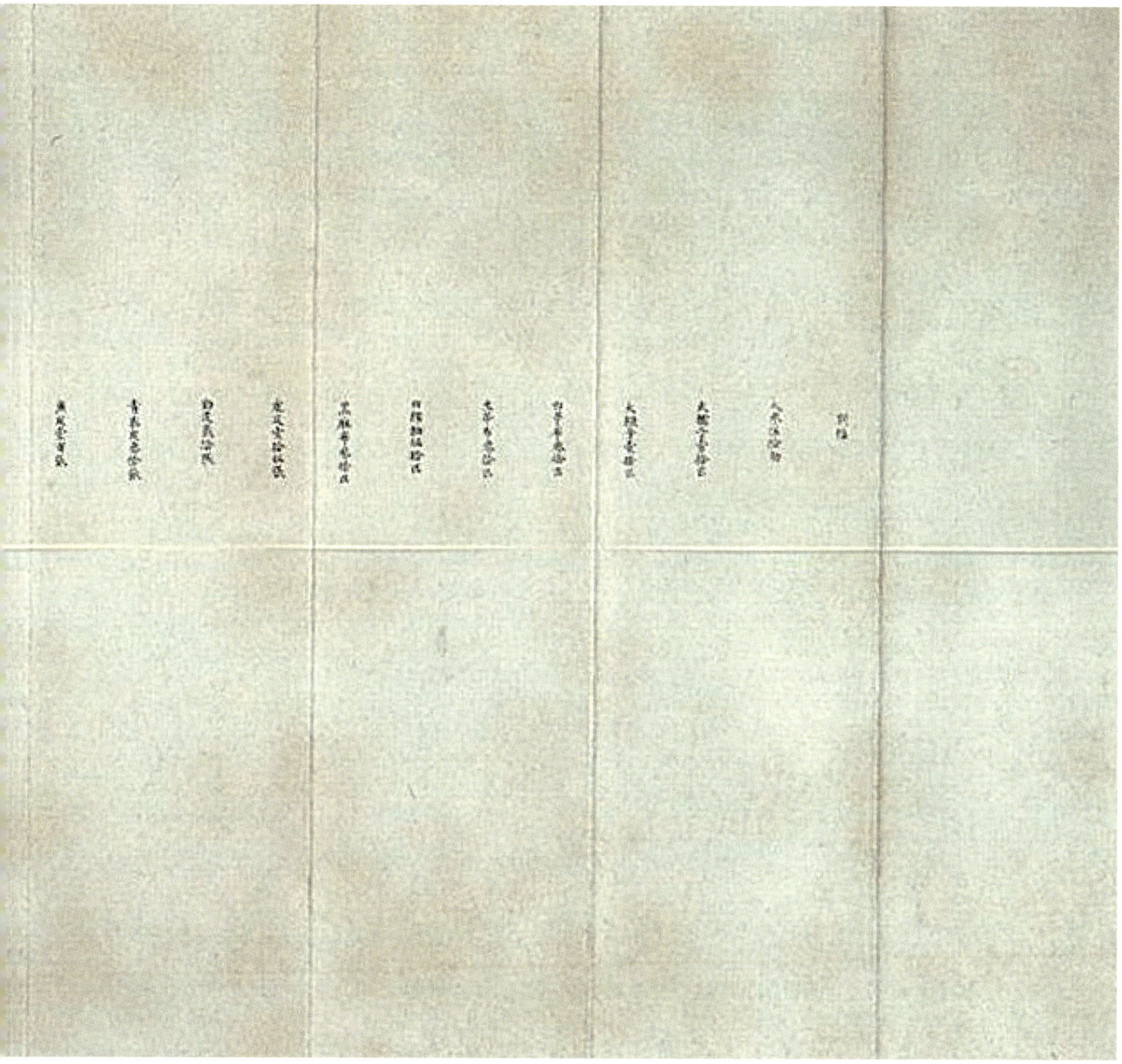

참고자료 2

1. 조선통신사 사행길(한글)

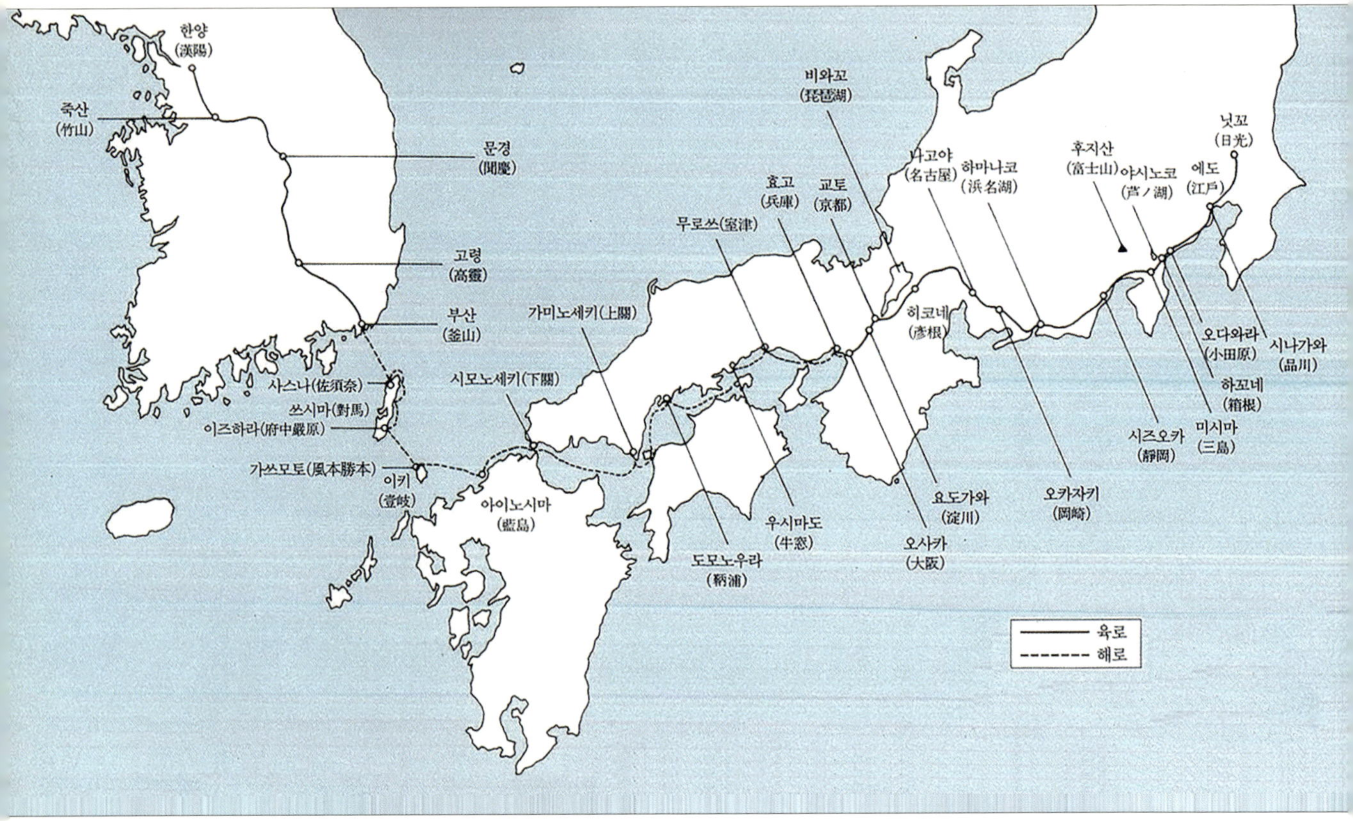

한양
(漢陽)
죽산
(竹山)
문경
(聞慶)
고령
(高靈)
부산
(釜山)
사스나(佐須奈)
쓰시마(對馬)
이즈하라(府中嚴原)
가쓰모토(風本勝本)
이키
(壹岐)
아이노시마
(藍島)
시모노세키(下關)
가미노세키(上關)
무로쓰(室津)
효고
(兵庫)
교토
(京都)
비와꼬
(琵琶湖)
히코네
(彦根)
나고야
(名古屋)
하마나코
(浜名湖)
후지산
(富士山)
야시노코
(芦ノ湖)
에도
(江戶)
닛꼬
(日光)
오다와라
(小田原)
시나가와
(品川)
하꼬네
(箱根)
미시마
(三島)
시즈오카
(靜岡)
오카자키
(岡崎)
요도가와
(淀川)
오사카
(大阪)
우시마도
(牛窓)
도모노우라
(鞆浦)
육로
해로

2. 조선통신사 사행길(한자)

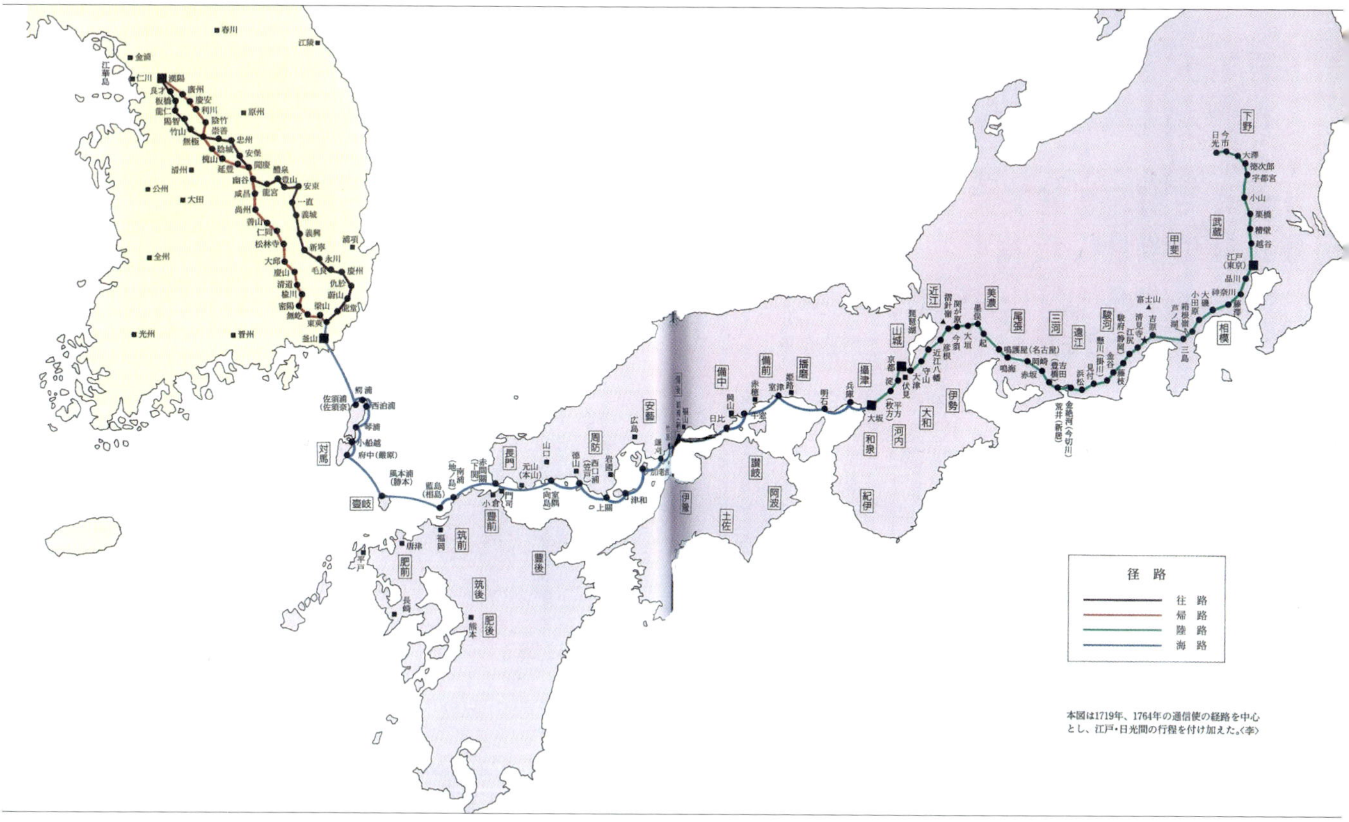

찾아보기

ㄱ

가나가와(神奈川) 035, 036
가나야(金谷) 033
가나와 194
가마(旅輿) 087, 100, 112~114, 117~119, 121, 122, 208, 218
가마가리(蒲刈) 023
가모(かも) 190, 191
가미노세키(上ノ關) 023
가쓰모토(勝本) 022
가와치(河內) 026
가치(徒士) 129
가치메쓰케 203
가케가와(掛川) 029
가타나(刀) 052, 205
가토 도토미노카미(加藤遠江守) 062, 230
가토 사도노카미(加藤佐渡守) 027
각색필(各色筆) 143, 144
간조부교(勘定奉行) 028, 038, 231
간토기(磨土器) 127, 177, 183, 190
게조바시(下乘橋) 121
겐카이(玄海) 021
경국집(經國集) 236
고간조(御勘定) 039
고간조긴미야쿠(御勘定吟味役) 039
고마노쿄쿠(こまの曲) 223
고모다 니에몬(菰田仁右衛門) 039
고산케(御三家) 031, 044, 047, 056, 059, 131, 150, 165, 177, 188
고산쿄(御三卿) 150, 154, 228
고소데(小袖) 200, 201, 207
고쇼(小姓) 127
고카지(小鑑治) 194
고케(高家) 124, 127, 128
곡마(曲馬) 047, 055, 058, 165, 200, 202, 207, 211, 216, 227
교고쿠 사도노카미(京極佐渡守) 034
교토(京都) 020, 022, 026, 027, 033, 060, 124, 230
교토쇼시다이(京都所司代) 029, 230
구라마(鞍馬) 193
구레하(吳服) 192
구로즈카(黑塚) 192
구미가시라(組頭) 039, 042

구보(公方) 226
구와에(加) 048, 185
구즈(國栖) 184
국서(國書) 04, 013, 015~017, 041, 060, 075, 082, 122, 126, 232, 247, 248
군관(軍官) 085, 088, 100, 110, 115, 129, 132, 133, 157, 158, 168, 170, 171, 193, 208, 211, 227
근봉(謹封) 140, 150
금궐(禁闕) 246
기선장(騎船將) 157
기소쿠(龜足) 178~180
기이 주나곤(紀伊中納言) 131, 149
기이(紀伊) 033, 046, 136, 137, 229
긴사쓰(金札) 189
김상익(金相翊) 003, 011, 013, 020, 152, 155

ㄴ

나가토(長門) 023
나각수(螺角手) 074, 096, 107
나니와(難波) 189
나베지마 기이노카미(鍋島紀伊守) 033
나이토 단고노카미(內藤丹後守) 033
나카가와 슈리노다이후(中川修理大夫) 023
나카오쿠(中奥) 124, 127
나팔수(喇叭手) 073, 095, 107
난다저(亂茶苧) 225
난반니(南蠻煮) 181
난부 다이젠노다이부(南部大膳大夫) 046
난텐(南天) 180, 185
노시(熨斗) 127, 187
녹모(鹿毛) 057, 058
니노젠(二膳) 054, 177, 179
니시노마루(西丸) 200, 201, 203
니시혼간지(西本願寺) 024
니와토리타쓰타(鷄龍田) 193

ㄷ

다야스몬(田安門) 201, 204~206, 211
다이칸(代官) 023~029, 031, 032, 035, 036, 038, 040, 041
다치(太刀) 052, 072, 124, 136
다치바나 사콘쇼겐(立花左近將監) 044
다케시마 야스자에몬(武島安左衛門) 039
단시(檀紙) 154
답서(返翰) 041, 042, 146
당관(唐冠) 080, 083, 090, 113, 165, 190, 191
당상관(堂上官) 047, 053~056, 073, 099, 113, 159
당지(唐紙) 154

대대(大帶) 162, 163
대세악(大細樂) 075, 096, 108
대순자(大純子) 141
대형명기(大形名旗) 066, 091, 103
데라사와몬(寺澤門) 203
덴조노마(殿上之間) 122, 123
도다 우네메노카미(戶田采女正) 031
도라노마(虎之間) 131
도모(鞆) 023
도시요리(年寄) 134, 135, 137
도에이잔(東叡山) 056
도위(都尉) 242
도척(刀尺) 073, 095, 106, 158, 175
도후쿠지(東福寺) 060
도훈도(都訓道) 014, 068, 072, 073, 092, 095, 104, 106, 158, 168, 170, 171, 174
독(纛) 065
동래부(東萊府) 020
등(燈) 119, 120
등리은신((鐙裏隱身) 217

ㄹ

라사(羅紗) 168
라쇼몬(羅生門) 190, 191
로주(老中) 029, 031, 037, 047, 048, 059, 141, 149, 159, 160, 199, 231

ㅁ

마가리부치 가쓰지로(曲淵勝次郎) 038, 205, 231
마상도립(馬上倒立) 217
마상립(馬上立) 217
마상앙와(馬上仰臥) 217
마상재(馬上才) 004, 014, 016, 047, 054, 055, 068, 077, 097, 108, 115, 157, 159, 168, 170, 171, 201, 203, 205, 216
마쓰노마(松之間) 013, 125, 126, 128, 130, 131, 134, 136
마쓰다이라 가가노카미(松平加賀守) 043
마쓰다이라 기이노카미(松平紀伊守) 026
마쓰다이라 나오지로(松平直次郎) 045
마쓰다이라 다이젠노다이부(松平大膳大夫) 023
마쓰다이라 도사노카미(松平土佐守) 046
마쓰다이라 도토미노카미(松平遠江守) 024
마쓰다이라 무쓰노카미(松平陸奧守) 043
마쓰다이라 사가미노카미(松平相模守) 046
마쓰다이라 사누키노카미(松平讃岐守) 045
마쓰다이라 사효에노카미(松平左兵衛督) 035
마쓰다이라 셋쓰노카미(松平攝津守) 037, 137, 231
마쓰다이라 스오노카미(松平周防守) 031, 229
마쓰다이라 시나노노카미(松平信濃守) 043

마쓰다이라 시모우사노카미(松平下總守) 045
마쓰다이라 아와노카미(松平阿波守) 043
마쓰다이라 아키노카미(松平安藝守) 023
마쓰다이라 야마토노카미(松平大和守) 044
마쓰다이라 에치젠노카미(松平越前守) 046
마쓰다이라 엣추노카미(松平越中守) 045
마쓰다이라 우콘노쇼겐(松平右近將監) 037, 048, 051, 057, 224, 229, 231
마쓰다이라 이요노카미(松平伊豫守) 024
마쓰다이라 이즈노카미(松平伊豆守) 028
마쓰다이라 치쿠젠노카미(松平筑前守) 022
마쓰다이라 히고노카미(松平肥後守) 045, 149
마쓰라 히젠노카미(松浦肥前守) 022
마쓰라도(松浦党) 020
마쓰이 겐스이(松井源水) 223
마이사카(舞坂) 043, 044
마치부교(町奉行) 038, 053, 230
만새기(熊引) 178
만주(饅頭) 134, 188, 199
말사(末寺) 056
매 144, 152
매홍 144
메쓰케(目付) 038, 129, 201, 202, 203, 204, 213, 216, 231
모노가시라(物頭) 200
모리 노토노카미(毛利能登守) 040, 062
모리야마(守山) 027
모모다치(股立) 062
모미지노마(紅葉之間) 133
모치가시(餅菓子) 211
무로쓰(室津) 024
미나모토노 요리토모(源頼朝) 020
미나모토노 이에시게(源家重) 248, 249
미나모토노 이에하루(源家治) 146, 147
미노(美濃) 031
미시마(三島) 035
미쓰케(見附) 029
미우라 시마노카미(三浦志摩守) 029
미조구치 슈젠노카미(溝口主膳正) 036
미토(水戸) 044, 059, 131, 229

ㅂ

박경행(朴敬行) 017, 234, 240
반가시라(番頭) 200
반전직(盤纏直) 158
백면주(白綿紬) 141, 159
백밀(白蜜) 161
백저포(白苧布) 141, 142, 148, 159
별파진(別破陣) 157
별폭(別幅) 056, 141

보행(步行) 061, 065, 069, 070, 073~075, 078, 079, 086, 209
복건(紗幅) 163
부사(副使) 011, 014, 016, 020, 021, 054, 065, 067, 073, 080, 086, 087, 099, 101, 112, 128, 152, 153, 155, 157, 163
부슈(武州) 036
부용향 152, 161
비단 양산(羅絹傘) 086, 101, 111
비슈(尾州) 031
비젠(備前) 024
빈고(備後) 023

ㅅ

사나다 이즈노카미(眞田伊豆守) 045
사령(使令) 073, 081, 098, 099, 109, 113, 114, 158, 174
사자관(寫字官) 014, 083, 132, 156, 165, 166
사카이 도타로(酒井東太郞) 044
사카이 우타노카미(酒井雅樂頭) 024
사카키바라 시키부다유(榊原式部大輔) 044
사타케 지로(佐竹次郞) 044
산노젠(三膳) 054, 177, 179, 196
산바소(三番叟) 222
산보(三方) 127, 177, 180, 182, 183
산슈(三州) 031
삼사(三使) 010, 012, 013, 053, 054, 056, 068, 073, 098, 116, 118, 120, 121, 122, 124~131, 134~137, 143, 148, 150, 154, 157~160, 162, 164, 177, 188, 218, 219, 221, 224, 226, 229, 238, 246
삼지창(三枝槍) 070, 094, 105
상사(上使) 055, 057
상판사(上判事) 090, 122, 129, 132, 155, 165, 166, 190, 226
색우(色羽) 225
색지(色紙) 142
생저포(生苧布) 141, 142
석고(石高) 046, 048, 120
선하(宣下) 011, 020
세악(細樂) 074, 096, 107
세이도(聖堂) 059
셋슈(攝州) 024
소 요시나가(宗義暢) 020
소 요시아리(宗義蕃) 011, 012, 020
소동(小童) 054, 084, 100, 110, 113, 122, 129, 133, 159, 172, 173, 195, 208, 211, 219, 226, 227
소슈(相州) 035
소씨 047, 049, 055, 228, 238

소통사(小通詞) 058, 063, 064, 073, 157, 158, 174
쇼인(書院) 135
쇼코쿠지(相國寺) 060
순령(荀令) 240
순시(巡視) 069
스기야키(杉燒) 196
스오(周防) 023
슨슈(駿州) 033
시게노노 사다누시(滋野貞主) 236
시나가와(品川) 036, 053, 182, 230
시라히게(白髭) 184
시마다이(島臺) 048, 183, 190, 193
시모노세키(下關) 021
시미즈몬(淸水門) 201, 204, 206
시복(時服) 227, 228, 231, 232
신유한 234, 235
쌍마(雙馬) 217
쓰루타 사주로(鶴田左十郞) 039
쓰메반(詰番) 201, 202
쓰시마 002, 011~017, 020, 022, 032, 047, 049, 055, 060, 064, 065, 075, 141, 144, 157, 161, 236, 238
쓰시마노카미(對馬守) 056, 058, 059, 116, 117, 124~128, 134~137, 163, 166, 207, 209, 218, 219, 221, 228
쓰치구모(土蜘) 193
쓰치야 에치젠노카미(土屋越前守) 053

ㅇ

아라시야마(嵐山) 183
아라이(新井) 028, 045
아리마 나카쓰카사다유(有馬中務大輔) 046
아시가루(足輕) 047, 061, 062, 068, 072, 077, 081, 082, 083, 085, 088, 089, 090, 093, 095, 097, 100, 104, 106, 108, 110, 113, 115, 120, 200
아시카리(芦刈) 183
아오야마 시모쓰케노카미(靑山下野守) 026
아이노시마(藍島) 013, 021, 022
아카마가세키(赤間關) 023
아카사카(赤坂) 032, 041
아키(安藝) 023
아키야마 산주로(秋山三十郞) 039
악부(樂府) 242
안도 단조쇼히쓰(安藤彈正少弼) 038
압물판사(押物判事) 132, 156
야나기노마(柳之間) 133
야마노이(山の井) 190
야마부시(山臥) 192, 193

야마시로(山城) 026, 027
야마시로노쿠니 237
양갱(羊羹) 186, 188, 199
에지리(江尻) 033
엔가와(緣側·椽側·緣頰) 122
엔마(繪馬) 190
엔슈(遠州) 028
연월도(偃月刀) 065, 092, 104
영(令) 070
오가사와라 이요노카미(小笠原伊豫守) 045
오가키(大柹) 031
오다와라(小田原) 035
오메미에(御目見) 052, 201, 215
오메쓰케(大目付) 037, 121, 122, 129, 135, 136, 201, 202, 231
오모테유히쓰(表右筆) 041
오사카(大坂) 004, 014, 016, 021, 022, 024, 025, 033, 119
오쓰(大津) 026
오와리(尾張) 003, 149, 229
오이 이세노카미(大井伊勢守) 037
오이소(大磯) 035
오카베 나이젠노카미(岡部內膳正) 025
오카자키(岡崎) 031
오코시(起) 031
오쿠다이이라 다이젠노다이부(奧平大膳大夫) 044
오쿠보 오쿠라다유(大久保大藏大輔) 035
오쿠유히쓰(奧右筆) 042, 232
오타 사부로베(太田三郎兵衛) 038, 205, 231
오타 셋쓰노카미(太田攝津守) 029
오테몬(大手門) 059, 121, 134, 203
오히로마(大廣間) 004, 013, 122, 124, 130, 136
옥패(玉佩) 162, 238
와라지 176
와카도시요리(若年寄) 037, 038, 041, 048, 059, 129, 149, 231
와키자시(脇差) 205
요도(淀) 026, 027, 043, 045
요로(養老) 183
요시다(吉田) 028
요시와라(吉原) 034
우마아즈카리(馬預) 123
우마카타(馬方) 123
우시마도(牛窓) 024, 054
우에스기 오이노카미(上杉大炊頭) 043
우이로모치(外郎餠) 186
우이코부리(初冠) 184
우콘노쇼겐(右近將監) 037, 048, 051, 053, 057, 125, 126, 129, 199, 224, 229, 231, 232
우쿄노다이부(右京大夫) 125, 126, 228, 229

월모(月毛) 058
유가(儒家) 039
유미야와타 183
유히쓰(右筆) 042
이금(李昑) 145, 146, 247
이나가키 쓰시마노카미(稻垣對馬守) 032
이나바 노도노카미(稻葉能登守) 036
이나바 단고노카미(稻葉丹後守) 026
이노우에 가와치노카미(井上河內守) 029
이누즈카 곤노스케(犬塚權之助) 039
이로야키(色燒) 198
이마(理馬) 054, 157
이마스(今須) 031
이명계(李命啓) 017, 234, 239, 242
이봉환(李鳳煥) 017, 234, 238, 242
이시카와 도노모노카미(石川主殿頭) 027
이에시게(家重) 003, 011, 012, 020, 146, 150, 233, 248, 249
이에하루(家治) 003, 011, 020,
이이 가몬노카미(井伊掃部頭) 030, 149, 230
이인배(李仁培) 003, 011, 021, 153, 155
이키(壹岐) 020, 22
이키노시마(壹岐島) 020
이토 분고노카미(伊東豊後守) 036
인삼 141, 148, 151, 160
일행노자(一行奴子) 159

ㅈ

자바라(錚子) 7998, 108
장국(吸物) 049, 182, 198, 211, 219
장로(長老) 049, 060, 116, 121, 219, 221, 227
장춘화(長春花) 180, 189
전악(典樂) 014, 054, 068, 80
절월(節鉞) 086, 100, 159
정사(正使) 003, 011~014, 016, 017, 020, 054, 065, 067, 073, 080, 086~089, 099, 101, 128, 152, 155, 157, 234, 245
정이대장군(征夷大將軍) 003, 011, 020
제술관(製述官) 017, 054, 089, 090, 129, 155, 165, 166, 234, 235
조리토리(草履取) 117, 203
조복(朝服) 162, 238
조엄(趙曮) 003, 011, 012, 020, 141, 153, 155
종사관(從事官) 003, 011, 013, 020, 080, 087, 112, 128, 152, 155, 157, 234
좌우칠보(左右七步) 217
주랑(周郎) 240
준마(駿馬) 144, 157
준신인(惇信院) 233
중관(中官) 014, 022, 049, 054, 058, 065~068,

073~075, 078, 079, 086, 087, 095~099, 107~109, 122, 129, 133, 158, 159, 174, 176, 209, 219, 226
즈슈(豆州) 035
증답(長老) 050, 051
진묵(眞墨) 143, 152, 161
짚신 117, 176

ㅊ

차관(次官) 054, 058, 080, 122, 129, 133, 157, 195, 219, 226, 227
참마 181, 196, 199
창화(唱和) 051, 089, 233, 235, 241
채화석(彩花席) 142
철포(鐵炮) 072, 095
청도(淸道) 065
청모(靑毛) 057
청밀 143
청서피 142
청직(聽直) 073, 158
치쿠젠(筑前) 020~022

ㅋ

카스테라 188, 199

ㅌ

태평소(太平簫) 075, 096, 107, 239
통사(通詞) 014, 015, 022, 049, 063, 083, 091, 102, 111, 113, 207

ㅍ

표피(豹皮) 143
필담(筆談) 050, 051, 233, 235

ㅎ

하고모로(羽衣) 189
하관(下官) 014, 022, 054, 065, 067, 069, 070, 086, 087, 094, 100, 102, 103, 105, 115, 121, 134, 175, 208, 209, 226
하리마(播磨) 024
하마마쓰(濱松) 028, 029, 043
하모리(羽盛) 180
하야시 다이가쿠노카미(林大學頭) 039, 050, 051, 231
하와카 야시로(葉若彌四郞) 039
하치만(八幡) 027, 058
하코네(箱根) 035
하쿠테이 123
학사(學士) 090, 131, 155, 165, 166, 190, 226, 234

한성(漢城) 003, 004, 012, 013 016, 017, 020
한조몬(半藏門) 201, 204
해금(嵇琴) 074, 078, 080, 097, 108, 239
행장(行壯) 116
호이(布衣) 052, 120, 200, 203, 204, 218
호피(虎皮) 143, 148, 151, 159
혼다 오키노카미(本多隱岐守) 026
혼마루(本丸) 200, 201
혼젠(本膳) 177, 190, 193, 195
홍계희(洪啓禧) 245
홀(笏) 162, 163
황모필(黃毛筆) 151, 161
황밀 143
횡승(橫乘) 217
횡적(橫笛) 077, 108
효고(兵庫) 024
후나모리 180
후나와타시부교(船渡奉行) 029
후지사와(藤澤) 036
후추(府中) 013, 014, 033
후쿠도네리(副舍人) 123
후쿠메(福目) 178
후쿠오카(福岡) 020~022
후키치라시(吹ちらし) 127
휴상(休床) 079, 098, 109
흑마포(黑麻布) 159, 160
흑저포 141
히가시혼간지(東本願寺) 017, 047, 233, 241
히라도(平戶) 020~022
히라카타(平方) 026
히무로(氷室) 194
히시오(醬, 醢) 196
히코네(彦根) 030
히키와타시(引渡) 127, 128

동북아역사 자료총서 45

근세 한일관계 사료집Ⅳ
1764년 조선통신사 기록
조선인내빙기 보력(朝鮮人來聘記 寶曆)

초판 1쇄 인쇄 2020년 12월 20일
초판 1쇄 발행 2020년 12월 28일

엮은이 윤유숙
펴낸곳 동북아역사재단

등록 제312-2004-050호(2004년 10월 18일)
주소 서울시 서대문구 통일로 81 NH농협생명빌딩
전화 02-2012-6065
팩스 02-2012-6189
홈페이지 www.nahf.or.kr
제작·인쇄 청아출판사

ⓒ 동북아역사재단, 2020

ISBN 978-89-6187-606-3 94910
978-89-6187-433-5 (세트)

* 이 책의 출판권 및 저작권은 동북아역사재단에 있습니다.
저작권법으로 보호를 받는 저작물이므로 어떤 형태나 어떤 방법으로도 무단전재와 무단복제를 금합니다.
* 책값은 뒤표지에 있습니다. 잘못된 책은 바꾸어 드립니다.